BOWUGUAN
JIAOYUDAOLUN

中南民族大学本科教材建设项目资助

博物馆教育导论

林毅红 / 主编

华中科技大学出版社
http://press.hust.edu.cn
中国·武汉

图书在版编目（CIP）数据

博物馆教育导论/林毅红主编 . —武汉：华中科技大学出版社，2023.11
ISBN 978-7-5772-0129-0

Ⅰ.① 博…　Ⅱ.① 林…　Ⅲ.① 博物馆-社会教育-研究-中国　Ⅳ.① G269.23

中国国家版本馆 CIP 数据核字（2023）第 222594 号

博物馆教育导论
Bowuguan Jiaoyu Daolun

林毅红　主编

策划编辑：庹北麟　傅　文
责任编辑：唐梦琦
封面设计：廖亚萍
版式设计：赵慧萍
责任校对：余晓亮
责任监印：曾　婷

出版发行：华中科技大学出版社（中国·武汉）　　电话：(027) 81321913
　　　　　武汉市东湖新技术开发区华工科技园　　邮编：430223
录　　排：华中科技大学出版社美编室
印　　刷：广东虎彩云印刷有限公司
开　　本：787mm×1092mm　1/16
印　　张：13.75
字　　数：286 千字
版　　次：2023 年 11 月第 1 版第 1 次印刷
定　　价：68.00 元

本书若有印装质量问题，请向出版社营销中心调换
全国免费服务热线：400-6679-118　　竭诚为您服务
版权所有　侵权必究

目录 CONTENTS

第一章 绪论 /001
- 第一节 博物馆教育的相关概念　002
- 第二节 博物馆教育的研究对象和研究方法　004
- 第三节 博物馆教育的学科体系　006

第二章 博物馆教育理论、特点及主要任务 /009
- 第一节 博物馆教育的理论　009
- 第二节 博物馆教育的特点　013
- 第三节 博物馆教育的主要任务　016

第三章 博物馆教育与其他教育形式的比较 /021
- 第一节 博物馆教育与学校教育　021
- 第二节 博物馆教育与其他教育形式　023
- 第三节 博物馆教育的意义　024

第四章 博物馆教育的历史与现状 /026
- 第一节 国内博物馆教育历史与现状　026
- 第二节 国外博物馆教育历史与现状　032

第五章 博物馆教育研究对象 /041
- 第一节 博物馆观众基本概念　041
- 第二节 博物馆观众研究内容　043
- 第三节 博物馆观众研究方法　054
- 第四节 国际博物馆与观众研究　060

第六章 博物馆教育内容 /064

第一节	作为教育资源的陈列展览	064
第二节	陈列展览的教育要素	067
第三节	陈列展览的教育特点	072

第七章 博物馆教育类型 /075

第一节	博物馆参观	075
第二节	研学活动	077
第三节	科普活动	080
第四节	学术讲座	083
第五节	数字化教育	086
第六节	教育活动的课程设计	088

第八章 博物馆教育方式 /100

第一节	博物馆讲解的发展历程	100
第二节	博物馆讲解的内涵	107
第三节	博物馆讲解的四种形式	112
第四节	博物馆讲解的意义	117

第九章 博物馆教育的实施者 /120

第一节	博物馆讲解员的基本概念	120
第二节	讲解员的形态规范	128
第三节	讲解团队构成	132
第四节	讲解团队建设	135

第十章 博物馆教育文本 /140

第一节	博物馆讲解词特点	140
第二节	讲解词的撰写特点	142
第三节	讲解词的编写步骤	149

第十一章 博物馆教育的艺术表达 /160

第一节	讲解的语言表达艺术	161
第二节	讲解的有声艺术	173
第三节	讲解的表情艺术	182
第四节	讲解的手势艺术	184
第五节	讲解的体态艺术	186

·第十二章·	第一节	社会历史类博物馆讲解	190
不同类型	第二节	自然科学类博物馆讲解	195
博物馆讲解艺术	第三节	红色革命类博物馆讲解	200
/189			

·第十三章·	第一节	博物馆教育面临的机遇	206
博物馆教育	第二节	新形势下博物馆教育的新要求	208
发展展望	第三节	博物馆教育发展趋势	210
/205			

·后记·

/214

第一章

绪论

博物馆是一个为社会及其发展服务的、非营利的永久性机构,并向大众开放。它为研究、教育、欣赏之目的征集、保护、研究、传播并展出人类及人类环境的物质及非物质遗产,这是国际博物馆协会对博物馆的基本定义。而博物馆学,则是研究博物馆的性质、特征、社会功能、实现方法、组织管理和博物馆事业发展规律的科学。博物馆教育,是博物馆学的学科分支,是研究博物馆教育的基本规律、主要特点、教育方法、对象和实现路径的一门学科。

博物馆教育不仅是博物馆的重要功能,也是博物馆公共服务角色的中心任务,是博物馆社会责任的体现。早在2007年,在奥地利维也纳召开的第21届国际博物馆协会(International Council of Museums,ICOM)代表大会对博物馆的定义进行修订,首次将"教育"作为博物馆的第一功能给予阐述,将博物馆定义为:博物馆"是一个为社会及其发展服务的、向公众开放的非营利性常设机构,为教育、研究、欣赏的目的征集、保护、研究、传播并展出人类及人类环境的物质及非物质遗产"。此次大会将"教育"调整到博物馆业务的首位,取代了多年来将"研究"置于首位的认识。这反映国际博物馆协会对博物馆社会责任的强调和重视,以及对其社会效益的关注。该定义还将"教育"作为"征集、保护、研究、传播、展出"等基本业务的共同目的,也就是说各项业务活动的最终目的是"教育、研究和欣赏"。

国际博物馆协会从成立以来,不断根据时代变化适时修订关于博物馆的定义。1946年,博物馆定义为"向公众开放的美术、工艺、科学和技术方面的藏品以及考古学藏品的机构,也包括动物园和植物园"。随着时代的发展,博物馆的定义在适应社会发展需求上不断修订更新。2022年,国际博物馆协会通过了新修订的博物馆定义:"博物馆是为社会服务的非营利性常设机构,它研究、收藏、保护、阐释和展示物质与非物质遗产。向公众开放,具有可及性和包容性,博物馆促进多样性和可持续性。博物馆以符合道德且专业的方式进行运营和交流,并在社区的参与下,为教育、欣赏、深思和知识共享提供多种体验。"该定义对 2007 年形成的博物馆定义进行了大幅扩容，不仅表明了博物馆的基本职能，更加强调了博物馆与社会公众的关系及博物馆与教育的关系，强调了博物的社会性、开放性、包容性，并指出在社区的参与下，为教育、欣赏、深思和知识共享提供多种体验。这说明在以往的基础上，博物馆将更加注重教育、欣赏、知识共享以及在欣赏过程中带来的体验感。随着时代的不断发展，博物馆教育也需要朝着多样性、可持续性的方向前进，并且博物馆还应该更多地与社会公众交流，为人们在接受教育和知识共享等方面提供更加深刻的体验感。

国际博物馆界的发展趋势表明，当代博物馆的职能已经从过去以收藏和研究为主，转变为今天以教育和服务为主，由"藏品中心"向"公众中心"转化，从关注"物"到关注"人"，意味着博物馆由过去关注少数群体到服务社会大众的转变。世界各国在坚持博物馆的公共服务角色，并将"博物馆教育"置于这一角色的核心位置上已经达成共识。我国《博物馆条例》（2015）中关于博物馆的定义如下："本条例所称博物馆，是指以教育、研究和欣赏为目的，收藏、保护并向公众展示人类活动和自然环境的见证物，经登记管理机关依法登记的非营利组织。"我国把博物馆的教育功能放在定义的最前端，这足以说明博物馆教育的重要性。

第一节　博物馆教育的相关概念

一、教育

"教育"一词，中国最早来源于孟子的"得天下英才而教育之"，是以教育者的身份来理解教育；在西方，教育一词本义源于拉丁文 educate，前缀"e"有"出"的意思，意为"引出"或"导出"，意思就是通过一定的手段，把某种本来潜在于身体和心灵内部的东西引发出来。从词源上说，"教育"一词是内发之意，强调教育是一种顺其自然的活动，旨在把自然人所固有的或潜在的素质，自内而外地引发出来，以成为现实的发展状态。

关于"教育"的概念，从不同的角度，理解不同，定义也就不同。一般来说，人们是从两个不同的角度来给"教育"下定义的，一个是社会的角度，另一个是个体的角度。从社会的角度来定义"教育"，可以把"教育"区分为不同的层次：一是广义的教育，凡是增进人们的知识和技能，影响人们的思想品德的活动都是教育，"教育"作为整个社会系统中的一个子系统，承担着一定的社会功能，教育的本质就是社会对人的思想进行知识传授和行为指导，教育的对象是人，教育的内容必须是符合社会发展需求的，是为社会发展服务的，这种定义强调个人对社会的作用和影响；二是狭义的教育，指个体精神上的升华，这种定义方式强调社会因素对个体发展的影响，是从个体的角度来定义"教育"，往往把"教育"等同于个体的学习或发展过程。狭义的教育，主要指学校教育，指教育者根据社会的要求，向受教育者传授知识，并帮助其树立正确的导向和价值观，把他们培养成社会所需要的人的教育活动。教育不仅包括全日制的学校教育，而且也包括非全日制的业余的学校教育、函授教育、技能教育、职业教育等，它是根据一定社会的现实和未来的需要，遵循年轻一代身心发展的规律，有目的、有计划、有组织、系统地引导受教育者获得知识技能，陶冶思想品德，发展智力和体力的一种活动，以便把受教育者培养成为适应社会需要和促进社会发展的人。在我国，教育主要指大中小学全日制教育，包括义务教育和非义务教育。

二、博物馆教育

什么是博物馆教育？关于这个理论问题，很多学者都提出过自己的见解。从功能主义来看，我国著名教育家蔡元培认为，博物馆与学校具有同样的功能，"都有教育的作用"，且博物馆教育重在科学与美育。[①] 中国博物馆学、考古学重要的开创者胡肇椿认为："博物馆之主要目的，其功能有二，一是增加知识，二是分享知识和乐趣"，"博物馆的使命在于利用物品以求教育之普遍化"，"博物馆教育活动可分为两种方式，一种是本地生活各时期之各形态，一种是对于儿童及学校之活动"。[②] 南京博物院前院长、博物馆家、考古学家曾昭燏认为，博物馆教育对于人来说，第一就是获得某一方面的知识，启迪人们探究世界，第二是陶养性情，使人人有爱美之心，第三是启发人民爱国家爱民族之心。[③]

"教育"作为博物馆的第一功能，在第21届国际博物馆协会代表大会上给予了确立。2010年国际博物馆协会博物馆学专业委员会编写的《博物馆学关键概念》中对博物馆教育做了较为宽泛的定义：博物馆教育是从博物馆获取的知识，通过知识整合，激发感知，获取新体验，帮助个人发展和获得成就。国内外学者从不同角度对博物馆的定义进行了界定和阐释，博物馆教育的定义多样化也说明博物馆教育的内涵丰富性。

---

① 蔡元培. 市民对于教育之义务 [M] //高平叔. 蔡元培教育论著选. 北京：人民教育出版社，1991：451-452.
② 胡肇椿. 现代化博物馆与学校合作问题初探 [M] //李淑萍，宋伯胤. 博物馆历史文选. 西安：陕西人民出版社，2000.
③ 曾昭燏. 博物馆 [M] //南京博物院编. 曾昭燏文集·博物馆卷. 北京：文物出版社，2009.

关于博物馆教育的基本概念，普遍认为：博物馆教育是一种交往行为，以博物馆的"物"为根本媒介而进行知识、情感、态度、观念的交流与对话，以形成相互理解与非强制性"共识"的行为，是一种有目的地培养人的社会活动，它的目的在于影响和促进人的发展，培养人的实践意识和实践能力。这里采用了"教育"的广义定义，即博物馆教育被广泛地理解为任何促进公众知识或体验的博物馆活动，并且教育的愿景事实上也是博物馆的使命和整体目标的愿景。

狭义概念的博物馆教育，则是社会教育的一种类型，又称博物馆社会教育工作，是根据社会的需求，依托博物馆陈列展览、藏品、设施与相关资源，对社会公众开展学制以外的有目的、有计划、有组织的教育活动并提供相关服务。教育活动是发挥博物馆教育功能的重要渠道，其目的不在于教育公众，而是根据公众需要协助或帮助公众学习，为他们创造参与学习的机会并为其提供教育场所。[①]

第二节 博物馆教育的研究对象和研究方法

一、博物馆教育的研究对象

博物馆教育是博物馆学的一个分支，在博物馆学建立和发展的过程中，博物馆教育的研究对象成为博物馆学学科建设的重要组成部分。与任何一门学科一样，博物馆教育也有自身客观的研究对象，博物馆教育与博物馆学的研究对象密切相关。所谓研究对象，就是某一领域所特有的运动形式和内在规律，博物馆所特有的运动形式和内在规律就是博物馆教育的研究对象。根据《中国大百科全书·文物·博物馆卷》：博物馆学的研究对象是保存、研究和利用自然标本与人类文化遗存，以进行社会教育的理论和实践，包括博物馆事业的发生、发展的历史及其与社会的关系，也包括博物馆社会功能的演进，内部机制的运行和相互作用的规律。简言之，博物馆学的研究对象是微观的博物馆系统和宏观的博物馆事业。

博物馆教育的研究对象是实现博物馆教育功能的所有内容，包括宏观研究和微观研究。宏观研究包括博物馆教育的历史发展研究、理念研究、体制机制研究等；微观研究包括博物馆观众研究、博物馆陈列展览研究、博物馆教育方法和技巧研究、博物馆教育工作者研究、博物馆教育资源研究、博物馆教育产品研究、博物馆教育路径和策略研究等。

博物馆观众研究是博物馆教育的核心内容，社会公众的心理研究和行为研究，

---

① 杨丹丹. 论博物馆教育活动的可持续性发展——以首都博物馆青少年教育活动为例 [J]. 中国博物馆，2010（1）：70-73.

是博物馆开展教育活动的依据。博物馆讲解工作是博物馆教育的基本方式，因此，研究讲解工作的方法、技巧、实现方法也是博物馆教育的重要内容。博物馆陈列展览的内容、主题、形式既是博物馆重要的教育资源，也是开展教育的载体，是开展教育活动的依托和基础，作为教育资源的陈列展览研究是博物馆教育的一个方面。另外，对社教工作者的研究是开展博物馆教育的人才保障。此外，对教育方法和技巧、教育路径和策略的研究，是博物馆教育的主要途径和方式，以上研究都属于微观层面的研究范畴。

二、博物馆教育的研究方法

科学的研究方法是实现科学研究目的的手段和保障，在科学研究中，掌握和运用正确的研究方法，将直接影响最终的研究结果。研究方法属于方法论，源于人类对科学真理不懈追求的经验总结，有利于揭示事物的规律，通过社会实践、生产实践和科学实验而逐步形成。根据不同的研究对象，研究方法可以是综合的，也可以是针对性的，通常可以分为三个层次：哲学方法、一般研究方法、专门研究方法。

博物馆教育的研究目的，就是更好地实现博物馆的教育功能，发挥博物馆与人、社会之间的和谐关系，将教育的目标与人类社会的发展结合起来。研究博物馆教育要以"人"为中心，运用马克思主义的唯物论、辩证法、辩证唯物主义认识论、唯物史观等有关理论，用联系和发展的眼光看问题，把教育的发展规律作为博物馆教育的对象；用辩证法的对立统一规律看待问题，结合中国博物馆教育的具体实际进行研究。总之，要将辩证唯物主义和历史唯物主义作为博物馆教育研究的重要指导和遵循依据。

博物馆教育的研究方法借鉴了人文社会科学的一般研究方法，作为博物馆学的一个分支，博物馆教育理应采用和借鉴人文社会科学的一般研究方法，如文献收集法、实地调查法、比较研究法等。

（一）文献收集法

文献收集法是人文社会科学，如历史学、考古学、社会学等学科通常采用的研究方法，通过资料的收集整理，认识博物馆教育的历史发展规律，为揭示其本质规律提供历史依据。

（二）实地调查法

实地调查法，是博物馆教育的主要研究方法之一，没有调查就没有发言权，只有深入博物馆、深入展厅和深入观众之中，通过问卷和访谈，才能获取研究的第一手资料。为了保证获取资料的全面性和准确性，需要多次反复深入展厅，观察观众的行为，观察讲解员的教育方式。调查方法有很多种，如问卷调查、田野调查等。问卷调查是社会学通常采用的方法，在定性研究和定量研究中都会使用到。田野调查主要是民族学、考古学常用的方法。博物馆教育的实地调查，主要是深入博物馆：一是以观众身份实地参与博物馆教育，感受和体会博物馆教育的方法、效果；二是通过访谈博物馆的社教工作者，从教育者的角度，获取调查者需要的信息资料；三是观察和访谈观众，从观众的角度，获取研究资料和信息。博物馆的观众访谈分为随机访谈和小型座谈，目的就是了解观众的真实想法。在博物馆教育研究中，通常需要结合多种调查研究方法。

（三）比较研究法

比较研究法是对两个或两个以上有内在联系的事物进行比较，寻找异同，探索普遍规律和特殊规律的方法。通过单向比较和综合比较、横向比较和纵向比较、定性比较和定量比较、宏观比较和微观比较，可以分析不同类型、不同性质、不同区域的博物馆教育特征的异同点，研究不同受众对于博物馆教育的认知，有助于博物馆更好地策划、设计展览和教育活动。如不同地域同一类型的博物馆的比较、同一地域不同类型的博物馆的比较、不同教育方式的比较，等等。总之，可以通过比较研究法，分析博物馆教育的规律和特点。

第三节 博物馆教育的学科体系

博物馆教育的学科体系涉及博物馆学的学科体系、博物馆教育的学科结构等问题。

一、博物馆学的学科体系

博物馆学作为一门新兴的学科，属于人文社会科学，具有人文社会科学的一般特点。人文社会科学是人文科学和社会科学的总称，人文科学是以人类的精神世界及其沉淀的精神文化为研究对象的科学，社会科学是指以社会现象为研究对象的科学。人文社会科学也被称为哲学社会科学、社会科学、文科等，其任务是研究并阐述各种社会现象及其发展规律，它既要研究共同性和普遍性，又要研究个性和特殊性。人文社会科学不但无法排除而且要研究偶然性，同时，它的研究主体与客体之间也并非像自然科学那样是人与物之间不能沟通只能说明的单向度关系，而是人与人之间沟通联系的双向互动关系。作为人文社会科学的博物馆学是具有逻辑性和功能性的博物馆学学科体系结构，研究博物馆学是新兴博物馆发展的必由之路。

根据博物馆的性质和任务、功能和特点，结合目前普遍性的博物馆学研究内容及未来博物馆学的发展方向，一般认为博物馆学的学科体系主要包括理论博物馆学、应用博物馆学、历史博物馆学、专门博物馆学、信息博物馆学。[①] 理论博物馆学主要研究博物馆基本原理、博物馆性质、博物馆制度及博物馆学的历史等。应用博物馆学主要研究博物馆藏品管理、博物馆陈列展览设计与实施、博物馆教育与服务、博物馆建筑等。历史博物馆学主要探讨博物馆事业发展的过程及其规律，博物馆在不同社会发展阶段的不同性质、作用和特点等。专门博物馆学主要研究特殊的博物馆类型，如生态博物馆、民族博物馆、数字博物馆等。信息博物馆学则是将信息科学的理论、知识和技术与博物馆学相结合而成的研究藏品信息采集、加工、存储、管理、利用和传播的新型分支学科。

二、博物馆教育的学科结构

作为分支学科的博物馆教育，属于博物馆学科体系中的应用博物馆学的范畴，应用博物馆学是博物馆学学科体系的重要组成部分，三者包含关系是：博物馆学—应用博物馆学—博物馆教育。博物馆学的研究方法仍然适用博物馆教育的研究。博物馆教育是研究博物馆教育的基本原理和基本规律的一门新兴分支学科。作为一门独立学科，目前国内系统的研究较少，属于新兴学科，博物馆教育作为博物馆基本职能的核心，日益引起学术界的重视，博物馆教育研究欣欣向荣。博物馆教育具体研究博物馆教育的历史、博物馆教育的基本特点、博物馆教育的方式方法、博物馆教育的途径等。博物馆教育的历史主要研究博物馆教育的发展史，为现代博物馆教育提供经验借鉴。博物馆教育的基本特点主要研究博物馆教育与学校教育和其他社会教育的区别和联系。博物馆教育的方式方法主要研究博物馆讲解，包括讲解形式规范、讲解技巧、讲解词等。博物馆教育的途径亦包括研学活动、社区活动、亲子活动等多种途径。

博物馆教育与其他学科密切相关。博物馆教育并不是孤立存在的，而是与其他学科具有关联性，所谓相关学科，是指博物馆教育与其他学科的研究方法、研究对象有相通之处，博物馆教育可以借鉴和吸收其他学科的研究方法，如教育学、传播学、心理学、公共关系学等。

教育学是研究教育现象和教育规律的社会科学，包括学校教育和社会教育等，教育学的研究对象有学生和社会公众。而博物馆教育的研究对象是社会公众，因此，教育学的研究方法和理论对博物馆教育具有一定的借鉴作用。博物馆教育是博物馆的核心职能，博物馆教育的教育规律与教育学的教育规律有相通之处，博物馆的讲

---

① 陈红京. 博物馆学概论 [M]. 北京：高等教育出版社，2019.

解和社会教育活动都离不开教育学的有关理论和方法。博物馆教育中的互动教育、情景教育和体验教育都属于教育学的研究内容，因此博物馆教育是大教育学中的一种类型。

传播学是研究人类如何运用符号进行社会信息交流的学科。博物馆具有文化传播的职能，其目的是通过讲解员的讲解，向公众传播博物馆的知识，博物馆教育正是文化传播的具体表现。因此，博物馆教育需要借鉴传播学的理论与方法，比如传播者、接收者、媒介、传播内容、传播途径、传播效果等。

心理学是研究人类心理现象和行为的一门学科。博物馆教育的研究对象是社会公众，社会公众的心理、行为方式直接影响博物馆教育的传播效果。因此，研究馆内观众、潜在观众的心理和行为，有利于博物馆教育职能的发挥。

公共关系学是研究组织与公众之间传播和沟通的行为、规律和方法的一门学科。博物馆作为公共文化服务机构，其服务对象是社会公众，运用公共关系学的理论与方法研究博物馆与社会公众的关系，有利于维护和提升博物馆的公众形象和社会影响力。

第二章

博物馆教育理论、特点及主要任务

第一节　博物馆教育的理论

一、实用主义教育理论

实用主义教育理论产生于19世纪末20世纪初，其主要代表人物是美国教育家杜威。杜威的实用主义教育理论提倡的是一种以学生、活动和经验为中心的教育，强调"在做中学"。他的教育思想直接影响了美国20世纪进步主义教育改革。

实用主义教育理论以实用主义经验论、民主主义和机能心理学为基础，批判传统教育，强调教育与生活、学校与社会的联系。对此，杜威就教育的本质提出了他的著名观点："教育即生活""学校即社会"。杜威认为，"经验"是一个最重要的名词，经验是指人的主动的尝试行为和结果之间连续不断的联系和结合。他根据实用主义经验论来论述教育，提出教育就是经验的改造和改组。这种改造和改组，既能增加经验的意义，又能提高指导后来经验进程的能力。因此，他提出了"在做中学"这个教学的基本原则，也就是在活动中学、在经验中学。[1] 这一观点和博物馆教育的内涵不谋而合，在博物馆教育中，观众在博物馆的展陈环境中主要通过身体的感觉、触摸、操作等，不断地与展品、周围环境等进行交互，通过身体对环境实施的各种尝试形成各种新的经验，而这些新的经验又会指引之后的博物馆参观与学习活动。[2] 杜威的实用主义教育思想对博物馆教育的理论建构具有重要的参照价值。

---

[1]　单中惠. 外国教育思想史 [M]. 北京：高等教育出版社，2006.
[2]　郑旭东，李洁. 经验、教育与博物馆：走近杜威的博物馆教育思想 [J]. 现代远程教育研究，2019（1）：30-39.

随着教育改革的逐步推进，杜威认识到博物馆在学校教育中的重要作用，所以在他所描绘的理想学校中，博物馆占据了一席之地。博物馆作为理想学校中的一部分，它能够熏陶意识、启迪思想，从而将思想延伸到具体的行动中去。可以说，博物馆是学校教育中不可忽视的重要部分。

博物馆教育是一种参与活动和获得直接经验的教育，是学生通过学到的间接经验联系社会生活的桥梁，能够帮助学生突破因在学校而与社会生活隔离的状态。观众在博物馆中浏览、参观及亲自参与活动，如儿童博物馆中开展的活动、游戏，贴近儿童的生活经验，对儿童具有很强的吸引力，而活动、游戏中的道具"教材"，则构成儿童知识内容的重要来源，这与杜威所提倡的"以儿童为中心"不谋而合。我们可以看到，博物馆的教育活动所包含的直观性和参与性，能够使认知主体将这些外来的刺激同原有的认知结构发生适应或者调整，从而推动了认知的发展。

二、结构主义教育理论

结构主义（structuralism）教育理论是以瑞士心理学家皮亚杰的认知心理学为基础提出的。20世纪60年代，美国教育和心理学家布鲁纳把认知心理学理论应用到教学和课程改革上，形成了结构主义教育理论。结构主义教育理论的主要观点是知识既非来自主体，也非来自客体，而是在主体与客体相互作用的过程中建构起来的。通过外部动作和活动，使主体对自然社会环境的适应达到主体与环境之间的平衡，从而推动认知的发展。皮亚杰认为学习是学习者通过新旧知识经验的双向交互过程，形成、调整、融合自己的认知结构的过程。以原有的知识经验为基础融入新经验中，获得新经验的意义，即同化；新经验的进入使原有经验发生一定的改变，使它得以丰富、调整或改造，即顺应。[1] 结构主义教育思想强调知识体系的自我建构，知识的自我建构是外界和个体相互作用的结果。结构主义教育理论对博物馆教育理论有重要的参照价值。

皮亚杰从认知心理学角度阐述了一切教育和教学都应该遵循儿童认知发展的规律以及与成人心智发展的关系。儿童的知识发展表现为一种内部结构的变化，每一种认知活动都有一定的认知结构。结构主义教育者特别注重各门学科的基本结构，即概念、原理等，他们强调教育和教学的任务就是根据儿童认知发展的规律，促进儿童的智能发展，培养他们的逻辑推理能力和抽象思维能力。在教学方法上，结构主义教育理论倡导发现学习法，认为学习过程类似人类探求知识的过程，应采取从发现中学习的方法。在这个过程中，教师是辅助者，他的主要任务是创设情境，激起学生的兴趣和动机，使他们主动寻找对问题的解答。[2]

---

[1] 张大均. 教育心理学 [M]. 2版. 北京：人民教育出版社，2011.
[2] 叶澜. 教育学原理 [M]. 北京：人民教育出版社，2007：309.

结构主义教育理论与博物馆教育理念基本吻合，都是强调学习的主动建构性、社会互动性和情境性。个体通过对外部信息主动地选择和加工，与已有的知识经验交互、调整，建构自己新的知识体系。结构主义理论中情境性认知的观点强调知识是存在于具体的、情境性的、感知的活动之中，通过一系列的实际应用活动才能被个体所理解。个体的学习应该与情境化的社会实践活动结合在一起。[1] 结构主义侧重自我知识体系的建构，是借助外力的自我完善。学习者通过博物馆营造的环境，与所展示的事物发生联系，根据原有的知识经验，对外部信息进行选择、加工和处理，对所接收到的信息进行解释，无论是自发地参观还是在有工作人员的讲解指导下参观，学习者都参与了知识的建构过程。

三、多元智能理论

20世纪80年代，美国发展心理学家加德纳提出了多元智能理论，认为人类有七种智能，包括数理逻辑智能、语言智能、空间智能、身体动作智能、音乐智能、自然观察者智能、人际关系智能。这七种智能不仅是解决问题的能力，也包含了如何运用自己已有的经验进行创造的能力。加德纳主张，无论进行什么样的学习，都应该要有审美、叙述、逻辑、论据和经验这五个要点。

加德纳强调，人的智能是多元的，每个人都不同程度地拥有多种智能，个体的智能差异是智能之间不同组合的表现。多元智能理论认为，每个学生都具有自己的智能强项，有自己的学习风格，教育应该考虑学生个人的强项而不是否定或忽视这些强项，可以通过"专题作业"项目或"学徒制"方法，为学生量身打造个性化课程。据此，他也提出了"个人为本"的教学评价观，即通过标准参照评价、基准、自比和真实性评价，全面揭示学生的成长轨迹。[2] 在相对松散的博物馆教育环境中，就可以采取多元智能的理念设计教育方式，如：在学习环节，关注学习者的多种潜能，从其强项切入，鼓励他们的特长运用和个性表达，促进其多元发展；在评价环节，多采用真实性评价，以学习者创作的实际作品或者现场表现来进行评价，而非采取传统的书面测试等评价方法。这样既是对学习者全面发展、个性成长的帮助，也可以在很大程度上突出博物馆教育的特色。[3]

博物馆教育是根据个人兴趣，以"自由的学习"为主，其教育方法不固定，具有个别性。博物馆教育能够帮助人们在自己擅长的智能方面发展，在博物馆中进行的学习，具有多元的学习环境和要点。博物馆教育中开展的活动有很大的开放性，能够给予个体充分的学习空间。这种学习空间是轻松的、没有压力（是指在学习过程

---

[1] 张大均. 教育心理学 [M]. 2版. 北京：人民教育出版社，2011.
[2] 叶澜. 教育学原理 [M]. 北京：人民教育出版社，2007：310-311.
[3] 陈慰. 博物馆教育课程设计的理论与实践 [J]. 中国博物馆，2020（4）：18-21.

中因各种因素所导致的心理压力）的，学习环境比学校更为轻松自在，学习方式的自主性强，学习者可以根据自己的兴趣爱好进行有选择性的学习。

四、博大精深的中国教育理论

中国教育理论博大精深，早在春秋战国时期，著名思想家和教育家孔子的教育思想就奠定了中国教育的基础，其思想深邃，影响深远。孔子把教育、人口和财富作为"立国"的三大要素，孔子强调："大学之道，在明明德，在亲民，在止于至善。"从个体教育角度，孔子认为知识和道德都是要靠学习培养出来的，教育是形成人的个别差异的重要原因，因而他说"性相近也，习相远也"，对于"教"的态度，他的"有教无类"主张，也是从"性相近"的思想源出的。他的"诲人不倦""有教无类""因材施教"的精神，是我国教育史上的优良传统。从教育对象上，孔子的教育对象主要是"士"，教育目的就是要培养"士"，培养"士"成为君子，而君子则应具有对己能"修己"、对人能"安人""安百姓"的思想道德品质。孔子意图培养出他所认为的理想人才，以改善春秋以来天下无道的局面，从而实现他心目中的理想社会。孔子所要达到的理想社会是"至于道"，这种最高的理想社会是"天下为公"的家国情怀、"大道"得行的大同社会。孔子的这种教育理念与当下教育为社会服务、为国家战略服务不谋而合。在教育方法上，孔子注重善于诱导学生提高学习的积极性和注意培养学生的独立思考能力，如"循循善诱""温故知新"等观点。孔子认为要注重学生的个体差异和学习的过程和态度，主张"因材施教""学思行"等观点，他还善于运用问答法的教学形式，启发学生积极的思维活动。在教育内容上，孔子注重道德教育的培养，向学生传授"知""仁""勇"等方面的知识，契合了当下培养学生"知""情""意""行"的道德教育的基本过程。在教育者自身角度上，孔子对于教师的观点，至今闪烁着哲人的光辉。孔子秉承了尊师重教的理念，把师德提到了"仁"的高度，孔子教学成功的一个重要因素，是他作为教师以自身的人格对学生的感化，重视以身作则。孔子要求的博学、学思结合、学行结合、学无常师、专业乐业、诚实、不固执、谦虚等优良品格，既是对自己的要求，又是作为教师的标准。孔子的教育思想和教育理念不仅在中国影响深远，在国外得到了广泛传播且影响较大，法国教育家狄德罗、霍尔巴赫、魁奈，德国数学家莱布尼茨等人都受到了孔子思想的影响，以美国芝加哥大学东方语言文化系教授顾立雅为代表，称孔子是教育的"革命家"、"现代民主主义的奠基人"、"万世师表"等。[①]孔子博大精深的教育思想和教育理念，具有很多独创性和启发性，不仅在他生活的时代具有进步意义，亦对当今的博物馆教育理论具有很大的启发作用，仍有许多合理的因素值得我们学习和借鉴。

---

① 陈景磐. 孔子的教育思想[M]. 武汉：湖北人民出版社，1981.

蔡元培是近代中国杰出的教育家，毛泽东曾赞誉他为"学界泰斗，人世楷模"。他的教育思想和教育实践在很大程度上反映了中国教育发展的共同规律，对我们今天仍有鲜活的借鉴和启迪意义。蔡元培引进了西方学术思想资源，努力将其与中国国情结合，筚路蓝缕，拉开了中国近现代教育的帷幕。蔡元培指出："教育是帮助被教育的人，给他能发展自己的能力，完成他的人格，于人类文化上能尽一分子的责任；不是把被教育的人造成一种特别器具。"①

此外，还有一批教育家、思想家的教育理论对现代教育发展的影响较大，如鲁迅认为教育首先要"立人"，儿童的教育主要是理解、指导和解放，这一观点与如今"立德树人"的教育理念不谋而合。著名教育家陶行知认为"生活即教育"，他指出，教育是依据生活、为了生活的"生活教育"，能够培养有行动能力、思考能力和创造能力的人。他在理论上进行探索，又以"甘当骆驼"的精神践行平民教育。

教育是奠定学生发展与人格成长的基础。儿童文学作家秦文君充满深情地赞美教育："教育应是一扇门，推开它，满是阳光和鲜花，它能给小孩子带来自信、快乐。"②

第二节　博物馆教育的特点

博物馆作为社会文化教育机构，既不同于学校教育机构，也不同于其他文物保管机构。博物馆的教育对象具有广泛性、全民性，教育内容具有直观性、实物性、丰富性，教育方式具有开放性、自主性、愉悦性，这些都是博物馆教育的特点。简而言之，博物馆教育的本质就是隶属于社会教育，以传播文化、普及知识为目的，以服务大众、提高全民素质为宗旨，在不同时期承担着不同的社会教育使命。作为提升国民教育素质的资源阵地，博物馆教育有着自身特色。中国台湾学者黄淑芳认为，现代博物馆教育有八大特色和发展趋势，包括：全民教育、启发诱导式教育、探索式教育、实物体验式教育、生活化教育、信息化教育、扮演知识宝库及学习中心的教育、反映社会需要并促进社会发展的教育等。③

一、教育时限的终身性

相比较学校教育，博物馆教育具有非程序性特点，这也决定了博物馆教育具有

---

① 蔡元培. 蔡元培自述［M］. 北京：中国言实出版社，2015：23.
② 柳斌杰. 灿烂中华文明·教育卷［M］. 贵阳：贵阳人民出版社，2006：1.
③ 黄淑芳. 现代博物馆教育：理念与务实［M］. 台北：中国台湾省立博物馆出版社，1997.

终身性和无限受益的特点。一方面，从博物馆的角度来看，博物馆是开展社会教育的终身场所，能够提供最普遍、最持续的"社会教室"。博物馆教育内容广泛、形式多样、效果显著，且不断更新。博物馆作为公共文化服务机构，输出的知识是立体的"百科全书"和实体的"图书馆"，观众具有终身学习的可能性，因此，博物馆作为社会教育的重要机构，追求终身教育的目标。另一方面，从观众角度看，体现在博物馆的受众群体不受年龄与身份的限制，人人都可以是博物馆的观众，任何年龄阶段都具备参与博物馆教育活动的可能性，观众根据自身的需求，可长期在博物馆进行参观学习，这也是博物馆自身特点所决定的。

二、教育媒介的直观性

博物馆教育的直观性是基于馆内所收藏的历史文物、文献，以及其他实物、生物标本或非实物记录性材料（如音频、影像等）的直观呈现。博物馆教育以展品为基础，精心组织陈列展览，综合运用文字、图版说明等形式，借助讲解服务、视听教育、参与性操作等辅助手段，向观众表达陈列展览的主题、内容、内涵、意义与影响，普及历史、文化、经济、政治、自然科技等方面的知识。与其他教育形式不同的是，博物馆教育能够充分调动观众的视觉、听觉等感知觉，为观众提供形象生动的说服力和震撼力，这种学习教育是直观的、富有冲击力的，往往比书本知识和口头言语要生动得多，也更容易被观众接受。

三、教育方式的非强制性

博物馆教育是非强制性的自主行为，是潜移默化型的教育方式，有春风化雨般的滋养效果。博物馆教育不是简单的"教和学""你教我学"的教学关系，更不是单向强硬地灌输，而是采用了各种生动有趣的方法、手段，来增强教育的吸引力，从而引导社会公众主动愿意参与，如利用三维视听影像技术，打造一种视听的沉浸感，使博物馆教育更具有吸引力。博物馆的教育方式随着科学技术的发展不断升级和多样化，如数字博物馆、智慧博物馆、智能导游、虚拟现实（VR）等现代技术手段和个性化服务，越来越适应现代文化生活的需要。此外，博物馆教育活动的形式和地点十分灵活，以展览为基础，但并不限于展览，而是围绕着各种博物馆社会教育有计划地组织开展，不仅可以在博物馆、学校和社区等地举办巡回展览，还可以在博物馆内开展学习活动和教育项目。以上均体现了博物馆教育方式的非强制性特点。

四、输出知识的广博性

博物馆教育的广博性体现在教育内容的宽度和广度上。我国的博物馆类型多样、数量庞大，一座博物馆就是一座知识宝库，因此观众学习的内容具有广博性。此外，博物馆馆藏文物的多样性、丰富性，决定了博物馆教育内容的广泛性，既有人文历史知识，又有自然科学知识，既有理论知识，又有实践体验。大多数博物馆的馆藏文物有上万件甚至几十万件，这些藏品就是丰富的知识宝库，通过博物馆专业人员的研究，转化为适合公众学习的科普知识。

五、教育对象的公众性

博物馆教育对象的公众性，是博物馆的基本功能，体现在博物馆的教育对象不是针对某一群体，而是面向更为广泛的社会公众，这是博物馆教育作为社会教育重要部分的主要责任。博物馆教育对象的公众性主要体现在两个方面。一是受教育的人群具有广泛性。既有未成年人，又有成年人，既有受过高等教育的群体，又有普通群众，不同年龄、不同职业、不同行业、不同文化背景的各种群体，均可根据自己的需求，在博物馆了解自己感兴趣的知识，丰富精神生活，完善知识体系。二是教育的目标具有公共性。博物馆是传承人类文明、提高国民综合素质的重要公共文化服务机构，其公共性体现在重视国民素质的提升，以及培养教育对象对中华民族的认同、中华文化的认同和伟大祖国的认同。通过独特的博物馆爱国主义教育传播正确的价值观，提升公众道德意识，将道德观念和社会责任感转化为个体的自觉行动。青少年正是人生观和价值观形成的时期，也是求知欲和好奇心最强烈的时期，如何帮助青少年树立正确的价值观，除了学校教育和家庭教育，社会教育也是非常重要的一方面。社会教育是个大熔炉，尤其是博物馆教育，可以对青少年的知识体系和认知体系进行有益补充，这也是博物馆公众教育的重要内容。

近年来，博物馆教育工作者不断地探索和研究博物馆与青少年之间的关系，积极开展多层面、多形式、多手段的馆内馆外公共教育活动。在展厅讲解的基础上，不断开拓创新多种教育形式，运用博物馆丰富的资源，建立教育基地及互动空间，配合展览策划开展有趣味性、互动性的教育活动，通过组织青少年参与从而达到宣传教育的效果；制作流动展览及开展讲座，将展览深入学校及社区，既可以宣传博物馆，又能够达到普及知识的目的；此外，利用互联网建立数字博物馆，让观众足不出户就能在数字博物馆里享受到参观博物馆的乐趣，以此吸引他们到实体的博物馆参观。有的博物馆将公共教育分为馆内和馆外两大部分：馆内的公共教育以展览为教育推广的主要内容，以讲解及体验活动等形式向观众诠释展览的内容；馆外的公共教育主要是与学校、企事业单位等机构合作，策划各种主题活动，让博物馆的资源发挥最大的作用，从而吸引更多的人走进博物馆。

六、教育的非营利性

博物馆教育的非营利性是博物馆运营的非营利性决定的。我国的国有博物馆，包括行业博物馆和高校博物馆,其本身作为一个永久性的非营利机构,是不以营利为目的的公共文化服务机构,也就是社会效益永远处于第一位。博物馆的公益性决定了博物馆教育的公益性,以社会性效益为主要目的,不以商业目的或赚钱盈利为目的,这是博物馆公益性的具体表现。自全国约九成的博物馆免费开放以来,横亘在博物馆与社会公众之间的一道无形围墙被拆除,公众再不用花一分钱,即可免费参观博物馆。博物馆的讲解服务有预约讲解和定时讲解等公益性教育方式,满足了公众的基本文化需求,得到了人民群众的拥护。随着社会公众对博物馆文化需求的日益增加,如何将博物馆知识更好地传播出去,扩大博物馆的影响力,是博物馆当前开展公益性教育所面临的问题。

七、参观环境的愉悦性

博物馆教育的环境以展厅等公共空间为主。不同于学校教育的教室,展厅不仅是知识殿堂,还是高雅的休闲娱乐场所,寓教于乐是博物馆教育的优势所在。这是因为,博物馆的室内室外环境一般经过精心的设计和打造,以审美体验为本,以人的感受为核心。博物馆的参观环境给人以美的享受和轻松愉悦的氛围,在轻松愉悦的氛围中开展教育活动,这是社会教育的特点决定的。我国博物馆的参观环境大多按照美的法则和艺术规律进行布展,有温和的灯光设计,有古朴的色彩搭配,有虚拟现实仿真场景复原,目的是营造一个愉悦的参观环境,吸引观众参与。博物馆教育不是生搬硬套的说教,而是带有启发性和体验互动的引导,给观众营造一种轻松的学习氛围。

第三节 博物馆教育的主要任务

博物馆教育的目的和主要任务是博物馆开展教育活动的出发点和落脚点。不同时期博物馆教育的任务不同,不同博物馆教育的目的不同,不同国家的博物馆教育的落脚点不同,无论如何,我国的博物馆教育主要任务是传承中华优秀传统文化,弘扬社会主义核心价值观,促进民族团结和社会和谐,崇尚科学,传播正能量,坚定文化自信和文化自强,具体表现在以下几个方面。

一、传播科学文化知识

博物馆作为公共文化服务机构,传播科学与文化知识是博物馆教育的主要目的和基本职能,也是博物馆扩大文化影响力和文化辐射力的体现。从传播学角度,通过传授者(博物馆方)—实物展品(媒介)—接收者(观众),实现传播交流;从教育学角度,教育工作者(博物馆方)—实物展品(教育媒介)—观众(享受教育服务),最终获取文化知识(目的)。

博物馆作为文化的殿堂、科学与艺术的殿堂、知识传播的殿堂,有责任和义务为观众提供科学文化知识,这是博物馆的基本性质和任务决定的。国际博物馆协会曾对博物馆下定义:博物馆"为教育、研究、欣赏的目的征集、保护、研究、传播并展出人类及人类环境的物质及非物质遗产"。教育是博物馆首要任务。从博物馆的角度来看,博物馆提供的是一个能够与观众互动、让观众全身心参与进来的、有意义的学习环境,这是博物馆的义务和任务;从观众的角度来看,通过参观博物馆展览,了解、感知、获取博物馆的展品知识,从而丰富自己的知识体系,开阔自己的视野,这是观众的需求,也是博物馆开展教育活动的出发点。因此,博物馆教育活动既是双向互动的过程,也是跨学科和多方参与的,能够让观众的视觉、触觉、听觉等多种感官参与进来的,促进个体认知、意志、情感等方面全面提升的过程。博物馆教育使学习者的潜能得以充分开发,通过创造一个良好的环境,让个体从自我的角度去认知世界、理解世界,最终达到自我实现。

随着生活水平的提高,人们对精神文明的需求也日益多样化。在这种情况下,首先,博物馆作为知识和文化的重要载体,不仅是青少年的"爱国主义教育基地",而且是成年人的"继续教育学校",相比较美术馆、群众艺术馆、图书馆等其他公共文化服务机构,博物馆提供了独具特色的功能性服务,使得其在现代公共文化服务体系中的作用越来越突出。其次,博物馆可以提供安静和舒适的学习环境,无论观众是学习知识或进行学术研究,抑或是休闲娱乐,都能在博物馆得到精神上的享受。

二、促进人的全面发展

从国际博物馆协会关于博物馆的基本定义可以看出,博物馆已不再是一个功能简单的陈列、收藏、研究藏品的事业单位,更是一个社会文化发展的标志、一个承担了公民"终生教育"的社会教育机构。在整个现代公共文化服务体系中,博物馆和群众艺术馆、文化站、文化馆、图书馆、美术馆、文化广场、公园、工人文化宫等一起,共同承担着为人民群众提供公共文化服务的重任。

博物馆教育促进人的全面发展,是博物馆以"文化的态度、文化的内容、文化的方法、文化的气韵"发挥文化育人功能的体现。博物馆是文化育人的场所,教育是手段,目的是提升社会公众的文化素养,促进人的全面发展。通过帮助社会公众进行自主学习,培育、熏陶、影响、涵养社会公众对文化的认知,丰富社会公众的信息储备,拓展社会公众的知识视野,实现社会公众的理念创新、行为规范,达到社会教育的个体自我完善的目标,最终促进人的全面发展。这是博物馆教育这一社会教育方式决定的。博物馆作为文化传承的场域，不同于普通的公共文化服务机构，具有教育功能、认知功能、审美功能等，可以满足人们精神上、物质上的需要。同时，博物馆教育具有启蒙人、发展人的功能。显然，博物馆教育是一种"人化"和"化人"的教育过程，而不是简单的知识传授。

促进人的全面发展，需要公众文化素质的全面提升，这非一日之功，也是博物馆教育的主要目标之一。作为社会教育的一种类型，博物馆教育所包含的展览资源、文化场所以及社教活动，均能在不同程度上拓宽公众视野。博物馆藏品是知识宝库，是取之不尽、用之不竭的文化富矿，从不同角度对其进行解读，可以满足公众对历史、人文、自然、科学的再认知、再理解，开拓认知视野。博物馆的素质教育功能，是学校教育的补充和延伸，是我国素质教育的组成部分。发挥博物馆的素质教育功能，是顺应我国素质教育改革的发展要求，能在一定程度上提高我国公民的整体素质水平，从而促进人的全面发展。

三、凝聚民族力量

提高人民群众的道德水平是博物馆教育的目的之一。道德意识，主要包括人的道德认知、道德情感、道德意志和道德行为。在中华人民共和国成立初期，我国博物馆的德育功能尤为明显，主要是对公众进行革命教育和爱国教育。博物馆的德育功能更多的是一种隐形功能，虽然没有直观、具体地表现出来，但是却在潜移默化中影响着人们的思想观念和行为模式。我国现代公共文化服务体系建设的主要目标，就是要实现中华文明的延续和民族力量的凝聚，巩固全国各族人民团结奋斗的共同理想。作为传承中华文化的重要载体，博物馆肩负重任。博物馆可以通过自身话语体系，弘扬和传承中华优秀文化，展现中国风格、中国气派和中国力量，增加文化自信自强，增强广大人民群众的民族自豪感和民族凝聚力。

四、提升公众生活品位

随着物质生活水平的提高，广大人民群众对休闲娱乐的需求不断提升。在文化和旅游融合的大背景下，博物馆日益成为热门的休闲旅游目的地。现代博物馆建设的重要内容，就是与群众文化需求和休闲旅游有效对接，在充分满足群众文化需求的基础上，传播正能量，提高公共休闲服务品质，远离"低级趣味"。博物馆作为文化旅游的重要场所，其优雅舒适的环境、独特的文创产品，不仅为观众提供了享受日常的休闲放松的空间，更让观众得到精神上的充实和心灵上的愉悦。因此，博物馆已成为现代生活中人们提升生活品位、享受人文氛围的休闲旅游场所和热门打卡地。

蔡元培特别强调博物馆、美术馆对美学教育的重要性，他撰写的《二十五年来中国之美育》，其中着重谈到了关于博物馆的发展问题。蔡元培认为家庭教育、学校教育及社会教育中均含有美育的成分，而美术馆、历史博物馆、古物陈列所及人类学博物馆等同样是实施美育的必备机关。一个具有独特风貌和风格的博物馆建筑，本身就是一种美育的体现。公众到博物馆参观，第一印象就是馆舍建筑环境，它不仅会影响到公众的情绪感受，而且还可能由此引起一系列心理现象的产生和变化。

五、辅助学术研究

蔡元培曾多次充分肯定博物馆的教育价值，强调了博物馆在美育、普及科学知识及辅助学术研究等方面的作用。博物馆作为博物馆教育的载体，在辅助学术研究方面有重要的意义。博物馆教育辅助学术研究主要体现在三个方面。第一，博物馆的展品可以佐证历史文献资料，弥补学术研究过程中文献不足的问题，充分发挥文物的物证价值。博物馆珍藏了大量极有历史文化价值的文物，文物虽不能说话，但文物本身具有直观性，其器形、纹饰、材质等能有效弥补文献资料中有限的记载，并反过来印证文献资料记载的真实性。如铜鼓的器形、纹饰能直观反映不同类型、不同区域、不同时代铜鼓的区别，为人们进一步深入研究提供物证参考。文物还能反过来印证文献资料记载的真实性，如古史有记载燧人氏钻木取火，而这种取火方式在中原地区早已消失，被其他取火方式取代，而博物馆收藏的海南岛黎族的钻木取火原件则验证了古史传说，是辅助学术研究的"活化石"。第二，博物馆教育过程中鲜活的案例可以为学术研究提供支撑材料。博物馆教育的理论研究来源于实践，需要大量现实案例进行佐证，同时博物馆教育本身是一种实践性很强的社会教育活动，长期的实践活动，为理论的归纳、总结和演绎提供了丰富的现实素材，博物馆也成为开展学术研究的实验室。第三，博物馆对文物的解读能够辅助学术研究。解读文物，比对文物特征，挖掘文物背后的文化内涵，既是博物馆教育活动研究的一部分，又为学界进一步深入开展学术研究提供实证资料。

六、博物馆教育的局限性

任何一种教育方式都不是十全十美的，都有自身的优势和不足，博物馆教育也有自身的短板。在整个社会教育体系中，只有扬长避免、优势互补才能充分发挥社会教育的作用。

（一）博物馆教育效果不易检测

在社会教育发达的今天，博物馆教育作为社会教育的一种，是对观众潜移默化地影响和熏陶，博物馆教育的效果具有长期性、潜在性和隐藏性等特征，不易产生立竿见影的教育效果。此外，人的综合素质是学校教育、家庭教育和社会教育长期综合作用的结果，很难说哪一种教育效果能独立地发挥作用。但也正是因为博物馆教育的潜在性和隐藏性等特点，使公众轻松自然地接收并内化知识，没有任何学习压力，反而有利于综合素质的提升。

（二）博物馆教育内容缺乏深度

由于博物馆教育对象的公众性和社会性，决定了博物馆教育知识主要是科普类知识。虽然和学术研究相比，博物馆教育的知识内容，大多以科普类知识为主，但并不意味着博物馆教育内容是浅层次的，相反，博物馆教育内容是在学术研究的基础上，将深奥难懂、艰深晦涩的学术知识转化为普通大众易于理解的知识，这个转化的过程需要博物馆教育工作者的潜心钻研。博物馆教育内容往往比学术知识更难把握，其原因在于转化的技巧，也就是对学术知识进行通俗化的表达。转化的过程为：学术研究（源头）—挖掘转化（过程）—博物馆知识（结果）—社会教育（目标）。此外，博物馆教育内容大多围绕着展览和藏品展开，教育内容具有多点散发的特点，缺乏从易到难的知识进阶系统，是扁平化的科普类知识，即使如此，并不能完全否定博物馆教育的知识体系，这种科普类知识，正是学校教育所缺乏的部分，是人实现全面发展的有益补充。正因为博物馆教育的独特优势，学校教育和家庭教育无法取代博物馆教育。例如，学校教育在实践环节和课外知识方面的不足，可以由博物馆教育来弥补，而博物馆教育所缺乏的知识系统化，则由学校教育来搭建框架，二者相得益彰。学校教育、家庭教育和社会教育（博物馆教育）实现了优势互补，共同谋求人的全面发展。

（三）博物馆教育成本较高

博物馆教育需要依赖场馆、展厅、实物及社教工作者等多种要素共同开展，相比较其他的教育方式，博物馆教育的经济成本较高。博物馆教育成本包括一次性的硬件投入和长期的日常维护，硬件投入包括场馆建设、文物征集、陈列展览等，这些投入是一个国家综合实力、财力和文化软实力的体现，长期的日常维护的成本也较高。与此同时，部分经济欠发达地区对文物与博物馆学（简称文博）行业的建设投入不足，相关人才紧缺，博物馆教育的发展相对迟滞；而部分经济较发达地区，对于文博行业的建设投入相对丰厚，人才聚集，文化教育氛围也比较浓厚。

随着我国综合国力的提升，以及对博物馆建设的高度重视，无论是省级、市级、县级博物馆乃至乡村博物馆，都得到了前所未有的重视，对硬件和软件的投入持续增加，不断改善博物馆教育的设施和环境，不仅有利于文物保护，更有利于优秀传统文化的传播和传承。

第三章

博物馆教育与其他教育形式的比较

第一节 博物馆教育与学校教育

一、博物馆教育与学校教育的共同点

博物馆教育与学校教育有着千丝万缕的联系，也有着较为显著的共同点与差异性。博物馆教育与学校教育的相同之处在于：一是出发点和目标一致，都是传播和传授科学文化知识，以提高受教育者的文化素质和个人修养；二是在教育内容上，都要迎合社会客观形势的需要而不断更新、变化、充实和修正教育内容；三是都需要一定的空间来承载教育活动的开展，也就是需要较为稳定的教育环境；四是都采用了双向交流的教育形式，即学生和观众为一方、教师和博物馆教育工作者为另一方的双向交流。

二、博物馆教育与学校教育的差异性

一是教育的时限不同。学校教育是教育者依据一定的社会要求，依据受教育者的身心发展规律，有目的、有计划、有组织地对受教育者施加影响，促使其朝着所期望的方向发展变化的活动。学校教育是阶段性的，具有程序性和学制性等特点。学校教育制度即学制，是一个国家各级各类具有不同性质和任务的学校为主体而形成的体系，是通过教育行政机构来制定学历与学位相关的规范与标准，并且统筹、规划、监督、落实统一的教育政策，使求学者能够在统一的入学条件和学习年限中，整体达到国家要求的一定水平的教育形式。在我国，学校教育制度具体包括学前教育、

初等教育、中等教育、高等教育四个阶段。而博物馆教育则没有学制性、阶段性和时限性，而是具有终身性特点。

二是教育的对象不同。从教育的受众来讲，博物馆教育的对象是面向全社会的，具有全民性和广泛性。观众到博物馆参观游览，不受年龄、出身、性别、职业、民族、文化程度的限制，因此，博物馆被称为社会课堂，博物馆教育被称为社会教育。学校教育的对象则有明确的受众，学校教育主要针对学生，被教育者的年龄、学习的阶段等比较接近。

三是教育的方式不同。博物馆教育注重启发式思考，是知识不断积累的过程，没有固定的课程模式，没有明确的学习目标，而是以提升公众素质为主要目的；学校教育则侧重知识体系的构建。博物馆教育的一种方式是以展览为基础并辅以现代文化传播手段来输出教育资源，以丰富多彩的展厅活动培养公众的认知，也就是说博物馆教育是以博物馆的藏品等为载体，既采用了直观的表现形式展示、传达文化信息，又充分运用声、光、电等高科技手段，创造出静态与动态相结合的陈列环境，对观众进行社会教育。这种以实物来反映社会、展示历史、阐释世界的形式，可以充分发挥观众的主动性和创造性，这是博物馆教育区别于学校教育的显著特征。博物馆教育的另一种方式是依靠工作人员的生动讲解以及开展各种社会教育活动，为公众提供教育资源；而学校教育则是按照系统的教学大纲、学时等基本规范，以授课、考试为主要形式，按标准学制对学生进行知识传授。

四是教育的目的不同。博物馆教育的目的是让观众在潜移默化中感受文化的力量，在轻松愉悦的氛围中学到知识。博物馆教育中的参观学习是观众的自愿行为，是通过展品及其文化含义的延伸活动来展开教育的，寓教于乐是博物馆教育的特点之一。学校教育则有特定的内容和目标、系统的教学计划和统一的教材，并以教师讲解的方式将具体的知识、原理、观念传授给学生。

五是教育的空间不同。博物馆教育的开展主要依赖藏品展厅、数字展厅等博物馆所特有的空间，经过精心设计的展厅，可以让教育活动在轻松愉快的气氛下进行。而学校教育主要依赖固定教室，受教育者大多处于一种较为紧张的学习氛围中接受知识的传授。

六是教育的效果不同。博物馆教育没有教育者监督，对于大部分人来说，参观博物馆是个体自主选择的学习过程。这种受教育形式有很大的随意性，时间长短、是否中途休息、选择参观什么内容、参观次数等都依个体情况而定。因此，博物馆教育的效果是潜在的和隐性的效果，这体现出了博物馆教育方式的开放性和自主性。而学校教育不仅是传授知识，还要通过考试、考核等形式对教育的效果进行检测和评估，教育的效果是显性的，这也是学校教育与博物馆教育最大的区别。

总之，博物馆以直观具体的实物为基础，开展了形式多样的社会教育传播活动，提供了丰富的学习和教育资源，被一致认为是学校教育的补充，是"连接社会的课堂"。博物馆教育作为学校教育的补充和延伸，很多学校也意识到了博物馆教育的特殊作用，开始把博物馆作为学校的"第二课堂"来培养学生的综合素质，国内外很多大学选择在校内建立博物馆来配合教学与科研活动也已相当普遍。博物馆与学校能达成这样的共识，才会更快更好地推进整个教育事业的发展。

第二节 博物馆教育与其他教育形式

一、博物馆教育与社会教育

社会教育属于广义教育的一种，泛指所有非学校教育的各种教育，是大教育的重要组成部分。博物馆教育是社会教育的一种类型，社会教育包含博物馆教育。一般来说，社会教育是指学校和家庭以外的社会文化机构，以及有关的社会团体或组织，对社会成员所进行的教育，包括教育机构或者教育者在公共教育场所对社会公众开展的有意识地培养人、有益于人的身心发展的各种教育活动。社会教育的机构包括文化馆（站）、少年宫、图书馆、博物馆、纪念馆、广播电台与电视台等；社会教育的对象具有不确定性和广泛性；社会教育的场所具有公共性，如少年宫、儿童博物馆、少年之家、儿童公园、儿童影院、儿童阅览室、儿童图书馆等。博物馆教育属于社会教育的范畴。这些社会教育机构的设立旨在弥补学校教育和家庭教育之不足，促进人的素质提升和全面发展。

二、博物馆教育与家庭教育

家庭教育是大教育的组成部分之一，是学校教育与社会教育的基础。家庭教育具有启蒙性和终身性等特点，一般是指父母或者其他监护人为促进未成年人全面健康成长，对其实施的道德品质、身体素质、生活技能、行为习惯等方面的培育、引导和影响。家庭教育是教育的起点和基础，家庭教育也是终身教育。家庭教育是对人的一生影响最深刻的一种教育，它直接或者间接地影响着个人人生目标的实现。家庭教育和学校教育、社会教育并称为教育的三大支柱。家庭教育是中国教育的优势资源，如孝文化、礼仪文化等都是中国式家庭教育的优秀文化传统。

博物馆教育与家庭教育都具有终身性特点，只不过二者在教育对象、教育方式、教育目的等方面有所不同。博物馆教育面向的是社会公众，家庭教育则主要面向家庭成员。

三、博物馆教育与自我教育

自我教育是个体（群体）根据社会规范和自身发展的需要，在自我意识的基础上把自身作为发展对象，通过自我认识、自我体验、自我控制而影响其身心发展的社会活动。自我教育的动力来自个体的内在需求，但自我教育学习行为的发生却不能只靠学习者本人的意愿。自我教育的实现需要使学习者置身于特定的环境中，接触特定的知识和信息，通过学习媒介，激发、激励、促进和帮助个体认知和理解他们自身感兴趣的知识，帮助个体将这些知识纳入自身的知识体系，强化学习的长时记忆效果，从而提高个体的学习效率。

博物馆教育与自我教育有重合之处。博物馆通过观众感兴趣的形式来呈现教育内容，用观众可以理解的语言来表述这些知识，目的在于帮助观众在参观学习中实现自我教育和自我提升。客观的学习环境、学习条件在自我教育学习行为中有着不容忽视的作用，学习内容、学习媒介和学习环境是开展自我教育的关键因素。在博物馆中，学习媒介包括了展品、展览说明、展品标签、解说设备、展陈设施、现场演示设备，以及展览讲解、学术报告、各种书面材料和报刊等。简而言之，凡是能够激励、促进、帮助个体学习的各种有形或无形的信息传播手段都可以被称为学习媒介。学习环境是指学习行为、学习过程发生时个体所处的客观物质环境。博物馆教育工作必须有确定的教育目标和具体的教学内容，且博物馆教育必须服从社会教育的目标和任务。

总之，博物馆教育与学校教育相辅相成，与家庭教育息息相关，与个人教育紧密相连，博物馆教育不是孤立存在的，是和学校教育、家庭教育、个人教育互为联系、互为补充的社会教育，忽视任何一种教育体系的教育行为都是不完整的。完整的教育体系是为了促进人的全面发展，是由人的社会属性决定的，这也决定了博物馆教育具有社会属性。博物馆教育不是博物馆的自然属性，而是随着人的发展、人的需求、社会的发展和社会的需求而产生的社会属性。因此，博物馆教育不仅要在社会发展中与时俱进，还应该利用自身特有的教育方式和手段，向社会大众传递知识信息，博物馆教育只有与学校教育、家庭教育、个人教育紧密结合，才能在社会教育中更好地发挥出教育价值。

第三节 博物馆教育的意义

一、国家层面

我国历来高度重视社会主义文化建设，大力培育和践行社会主义核心价值观，提高全民族思想道德水平，推动文化事业全面繁荣和文化产业快速发展，为实现中华民族伟大复兴的中国梦提供思想保证、精神力量、道德滋养。一座博物馆就是一所大学校，要让文物说话，让历史说话，让文化说话，让文物"活"起来，要加强文物保护和利用，加强历史研究和传承，使中华优秀传统文化不断发扬光大。要增强文化自信，在传承中华优秀传统文化的基础上发展社会主义先进文化，加快建设社会主义文化强国。博物馆教育既是我国社会教育的重要组成部分，也是我国在推动文化事业发展工作中的重要燃料，同时也在增强文化认同感、加大文化传播力度、保护文化重要见证物等方面发挥着不可替代的作用。

二、社会层面

随着博物馆事业的迅猛发展，不仅博物馆的数量大大增加，博物馆社会教育的质量不断提升，而且越来越多的国人开始参与到博物馆教育活动中，博物馆也发挥了良好的社会效益。人们利用休闲时间，到博物馆休闲打卡，放松身心，不仅丰富了精神生活和业余生活，而且能缓解情绪焦虑与紧张。博物馆教育活动能改善人与人之间的沟通和交流，建立起友好的人际社会交往关系，从而促进社会的和谐发展。

三、个人层面

博物馆是通过对具象物品的展示来让观众增加知识，受到文化艺术的启迪，是各种文化艺术精华的聚集之地，是人们开阔眼界最直接和基础的场所。博物馆教育对观众的影响并非单纯地增长学识，更是对个人世界观和认知观念的正确引导，是增强个人对世界的探索欲望的重要途径。

第四章

博物馆教育的历史与现状

第一节 国内博物馆教育历史与现状

我国博物馆教育伴随着近代博物馆的产生而产生,并且从19世纪末到21世纪初期,其发展大致经历了四个主要阶段。

一、第一阶段:初始阶段(19世纪末期—1949年)

中国博物馆的发展与中国近代化的发展相伴而生。当中国近代工业开始兴起时,有学者就提出了建立博物馆的主张。19世纪末期,维新运动兴起,当时的维新派在主张学习西方先进技术改革社会的同时,也提出了中国需要建立博物馆的主张。在早期报刊如《申报》中,也经常刊登有关博物馆的介绍性的研究成果。从早期的文献资料看,当时关于建立博物馆的设计主张已包含了博物馆功能、类型、陈列展览、文物保护技术、规章管理制度,甚至已有博物馆的建设与规划等方面的内容。除此之外,上海强学会制定的章程中谈到"最重要四事",其中之一就是"开博物馆",并且还提出了办馆的设想。在博物馆的概念被引入中国时,部分先进知识分子已经认识到了博物馆所具备的精神功能,如保存文化、传播知识、开风气、公共教育、学术研究等,除此之外,还看到了博物馆"有益于民生""裨实用""以为通商之助"等实用性功能,并强调了博物馆为教育服务的功能,突出了博物馆的社会使命。中国历史上最早筹建博物馆的,是清末实业家、政治家、教育家张謇。张謇十分重视博物馆的社会作用,他认为博物馆是重要的社会教育机构,是国家重要的学术部门和学校教育的得力助手。① 1905年，张謇在江苏南通创办了我国近代第一个公共博物馆——南通博物苑。在创办南通博物苑时期，张謇认为博物馆有开化思想、教育救国的作用，试图通过建立博物馆、开办展览的方式来教化公民。在筹备阶段，张謇便提出想要建立一个以博物馆与图书馆合二为一的"博览馆"，他"希望在京师及各行省、府、州、县相继成立各地博览馆，并特别提出博览馆辅助学校教育的功能"②。"南通博物苑成立之初就以教育广大人民为主要目的，以期达到开化思想、教育救国的目的。"③接着清政府将南通博物苑的管理纳入了政府教育行政管理的职责范围。南通博物苑后也成为通州师范学校的标本室，以服务于通州师范学校的教学目标，积极配合通州师范学院的教育，大力宣传先进的科学文化知识。南通博物苑的建立，开辟了中国博物馆教育之先河。

民国时期，建设博物馆这项议程受到了政府一定程度上的关注，国家力量开始介入博物馆的建设，促成了不同层次公立博物馆的建立。1912年，时任教育总长的蔡元培在北京国子监旧址主持筹建了我国第一个国立博物馆——国立历史博物馆。此后，在蔡元培等人的积极倡导和赞助下，中国出现了一大批近代意义上的博物馆。例如1914年建立了古物陈列所，1925年建立了北京故宫博物院，到20世纪20年代末，一批地方公立博物馆迅速发展，例如先后建成了河南博物院（1927）、浙江省立西湖博物馆（1929）等。蔡元培早在20世纪二三十年代，就对博物馆教育颇有研究，是从理论上阐述并弘扬博物馆社会教育价值的第一人。1933年，蔡元培倡议创建国立中央博物院（今南京博物院前身），并亲自兼任第一届理事会理事长。蔡元培认为博物馆是重要的社会教育机构④，他在《何谓文化》《市民对于教育之义务》等文章中均提到，教育并不专在学校，在众多社会机构中，博物馆也是具有教育作用的机构之一，并且他认为博物馆也具备对公众进行美育教育的重要作用，而美育教育则是进行世界观教育最重要的途径。蔡元培分别列举了美术馆、美术展览会、历史博物馆、古物学陈列所、人类学博物馆、博物学陈列所、动物园及植物园在社会美育方面的作用。

到了20世纪30年代，中国博物馆事业得以发展，并逐渐活跃，不仅博物馆的数量有了大幅度的增加，博物馆的各项社会教育活动也逐步有序地开展，为博物馆团体的建立创造了条件。1935年5月18日，中国博物馆协会在北京成立，协会的宗旨是"研究博物馆学术，发展博物馆事业，并谋博物馆之互助"，推举马衡为会长，袁同礼、翁文灏、朱启钤、叶恭绰、李济等15人为执行委员。协会下设专门委员会，

---

① 王宏钧. 中国博物馆学基础 [M]. 上海：上海古籍出版社，2001.
② 转引自刘婉珍. 美术馆教育理念与实务 [M]. 台北：台北南天书局，2002：186.
③ 李云鹏. 近七十年来中国博物馆教育研究述评 [J]. 安阳工学院学报，2010，9（5）：114-117.
④ 王宏钧. 中国博物馆学基础 [M]. 上海：上海古籍出版社，2001.

分别负责博物馆学术研究、博物馆建筑设计和藏品陈列、审查出版博物馆学专著和论文、召开学术讲演会等工作。1936 年 6 月出版了由费畊雨、费鸿年编著的《博物馆学概论》，同年 7 月出版了陈端志所著《博物馆学通论》。1936 年 7 月，中国博物馆协会、中华图书馆协会在青岛联合召开了年会，与会代表一致指出：博物馆应设立，以补充学校教育，保存文化，提高学术。同时强调"欲建设现代式之国家，必须利用先进各国经验，取人之长，补己之短"。[①]

抗日战争和解放战争时期，为了对民众进行革命教育，中国共产党在革命根据地和解放区进行了许多博物馆实践活动，例如举办展览会等。1944 年起，延安举办了大规模的生产展览大会。1946 年，太行区二届群英大会布置了大规模的展览，如生产馆及民兵馆，其中生产馆包括了翻身馆，民兵馆包括了时事馆，规模宏阔。展出对象包括工农业、矿业的产品，各种生产的标本、模型、图表、相片，各种发明及改良工具，各种民兵制造及缴获的武器等。20 世纪 40 年代，曾昭燏、李济所著《博物馆》，以及荆三林所著《博物馆学大纲》等博物馆学相关著作问世。

总的来说，在这一时期，我国博物馆教育的理念随着博物馆事业的发展而逐渐进步，且中国博物馆学界已将博物馆普遍视为教育机构，出现了将博物馆教育纳入国民教育体系的趋势。这一时期我国博物馆隶属于教育部门管理，为学校教育做出了积极贡献，甚至许多博物馆在创办时将名称都定为教育博物馆。但这一时期我国博物馆教育的思想仍以学习西方先进理论为主，博物馆教育的作用主要在于开化、解放公民的思想，以传播新文化为主，仍有较大的局限性。

二、第二阶段：发展阶段（中华人民共和国成立至改革开放前）

中华人民共和国成立以后，各项事业百废待兴，博物馆事业也开始步入正轨。中央人民政府文化部设立了文物局，负责指导管理全国文物、博物馆、图书馆事业，各地方政府也相继成立了专门管理机构。1950 年，中央人民政府政务院颁发了《禁止珍贵文物图书出口暂行办法》，这是由国家颁布的第一个有关保护文物的法令，还颁布了《规定古迹、珍贵遗物、图书及稀有生物保护法》等文件，有效遏制了文物走私、文物破坏和外流。政务院发布了《征集革命文物令》后，各地先后成立文物征集机构，针对具体情况，确定征集范围。与此同时，各地稳步开展了对旧有博物馆的整顿和改造工作，明确提出博物馆事业的总任务是：进行爱国主义教育，使人民大众正确认识历史，认识自然，热爱祖国，提高政治觉悟和思想热情。[②]

20 世纪 50 年代，博物馆数量有了很大的增长，1949 年全国总共只有 25 座博物馆，到 1959 年时我国博物馆总数已达 480 座。1956 年，第一次全国博物馆工作会议

---

① 郑奕. 博物馆教育活动研究 [M]. 上海：复旦大学出版社，2015.
② 文化部文物局. 中国博物馆学概论 [M]. 北京：文物出版社，1985：14.

在北京召开，这次会议最突出的理论成果就是提出了"三性二务"论。"三性二务"论是中国博物馆学界对博物馆的基本性质和基本任务等问题认识的概括表述：博物馆的基本性质是"科学研究机构、文化教育机关、物质文化和精神文化遗存以及自然标本的收藏所"；博物馆的基本任务是"为科学研究服务，为广大人民群众服务"。"三性二务"论明确了我国博物馆的文化教育职能。

中华人民共和国成立初期，我国博物馆的发展学习了苏联博物馆的建设模式和经验，在各地博物馆纷纷设立了群众工作部，群众工作部的主要工作是宣传讲解、对外服务和对外联络，如中国历史博物馆和中国革命博物馆在1951年设立了群众工作部，以承担博物馆的社会教育功能。20世纪50年代起，博物馆引进了高校毕业生、军人及艺术工作者来做博物馆的讲解员。20世纪60年代后，我国博物馆开展了多种多样的教育活动形式，如流动展览、讲座、电化教育和辅助教育等。但遗憾的是，"文化大革命"的爆发，使得我国发展势头良好的博物馆事业被迫暂停，博物馆教育陷入曲折发展阶段。

三、第三阶段：大发展阶段（改革开放至21世纪初期）

改革开放以来，党和国家比任何时候更加重视博物馆的发展。1982年12月4日通过的《中华人民共和国宪法》第二十二条明确规定，国家要发展为人民服务、为社会主义服务的文学艺术事业、新闻广播电视事业、出版发行事业、图书馆博物馆文化馆和其他文化事业，开展群众性的文化活动。许多不同类型和学科的博物馆在全国各地陆续建立起来，到1999年底，全国各省（自治区、直辖市）仅文物系统的博物馆1357座，连同其他各大系统、各行各业的专题博物馆超过了2000座。[①] 改革开放以后，经过不断探索并借鉴国外优秀博物馆的经验和理念，我国博物馆事业各方面都有了显著发展，人们对博物馆教育的理解也在逐步深化。国家文物局1979年颁布的《省、市、自治区博物馆工作条例》总则第三条指出："博物馆通过征集收藏文物、标本，进行科学研究，举办陈列展览，传播历史和科学文化知识，对人民群众进行爱国主义教育和社会主义教育，为提高全民族的科学文化水平，为我国社会主义现代化建设做出贡献。"这个条例不但明确了博物馆教育的作用，也确立了博物馆在国民教育中的重要位置。博物馆的教育职能得到了进一步的发展和更多的重视。

从20世纪80年代开始，全国各地的博物馆纷纷开始重视本馆的藏品研究和陈列展览。这一时期，博物馆不仅有长期性的基本陈列，还举办了各种临时性的展览。展览是博物馆教育的主要方式之一，凭借博物馆内的展览吸引了大量的观众，提升了

---

① 王宏钧.中国博物馆学基础[M].上海：上海古籍出版社，2001.

博物馆的参观率，进一步发挥了博物馆的社会教育作用。各地博物馆在陈列技术和陈列手段上纷纷采取当时的新技术新材料、新工艺，提升了博物馆陈列的现代化水平，为博物馆的观众提供了更好的参观体验。1998年，国家文物局开始评选年度"十大陈列精品"，不仅促进了馆际交流，而且推动了各地博物馆不遗余力地提升馆内陈列展览水平。

改革开放之后，各地博物馆开始逐渐重视博物馆所具有的社会教育作用，不断探索改善为观众服务的方法，例如培养优秀讲解员、建立语音导览和多媒体触摸屏系统、开展博物馆之友等社会联谊活动等。博物馆教育开始与学校教育、旅游、知识普及、爱国主义教育、思想道德教育等方面结合，大大增强了博物馆的文化使命感。党和政府发布的一系列规定和政策中也对深化博物馆教育和服务功能提出了进一步的要求，如2005年发布的《国务院关于加强文化遗产保护的通知》进一步明确："教育部门要将优秀文化遗产内容和文化遗产保护知识纳入教学计划，编入教材，组织参观学习活动，激发青少年热爱祖国优秀传统文化的热情。"[①]

为了不断加强博物馆人才队伍的建设，20世纪80年代初，各高校纷纷设立了博物馆相关专业，如1980年复旦大学分校（现为上海大学文学院）和南开大学在历史系设立考古与博物馆学本科专业，后浙江大学、北京大学、吉林大学、复旦大学、西北大学、武汉大学、四川大学等高校纷纷开设了博物馆学相关本科专业。随着全国博物馆数量的不断增加，对博物馆专业人才的需求量不断加大，到2010年，全国已有30多所高校设立了文物与博物馆学专业硕士点，其中有的高校还设立了博物馆学博士点，不仅扩大了我国博物馆人才队伍，并为发展博物馆教育培养了专业人才。

21世纪初，我国提出了博物馆要坚持"三贴近"原则，即贴近实际、贴近生活、贴近群众。2003年，中宣部、文化部、国家文物局联合印发了《关于进一步加强博物馆宣传展示和社会服务工作的通知》，从改进陈列展览和改善服务等方面提出了要求。2006年，《国家文物事业"十一五"发展规划》中指出，"坚持以人为本，落实'三贴近'要求"。"三贴近"成为博物馆社会教育的工作原则。

2008年1月，《关于全国博物馆、纪念馆免费开放的通知》的公布，全国各地文化、文物部门所属的公共博物馆、纪念馆陆续向公众免费开放，亦带动了一批私人博物馆、纪念馆自行向公众免费开放，博物馆的参观人数大幅增加。到2016年底，全国登记注册的4873座博物馆中，已有4246座博物馆向社会免费开放。全国博物馆举办的各类展览超过3万次，年接待观众量达8.5亿人次。[②] 各地博物馆免费开放之后，国家积极倡导"校外教育""素质教育"，建设学习型社会，对博物馆社会职能提出了新的要求，以期博物馆在社会教育中发挥更多的作用。博物馆的免费开放促使

[①] 单霁翔.博物馆的社会责任与社会教育[J].东南文化，2010（6）：9-16.
[②] 《博物馆概论》编写组.博物馆学概论[M].北京：高等教育出版社，2019.

博物馆重新审视自身的社会价值及角色定位，重新确定自身的社会责任和社会义务，让博物馆从关注展品、研究文化和历史知识，转为关注观众的体验感，越来越注重博物馆所具有的社会教育作用。

自免费开放以来，我国博物馆教育事业获得了长足发展。首先，我国博物馆普遍设立了独立的教育或社会教育部门，并且还培养了一批为博物馆教育事业服务的专业工作人员。许多高学历人才都走进了博物馆，讲解人员的学历水平普遍提升至大学本科以上。除讲解员之外，博物馆内负责策划及实施各项活动的工作人员比例也有所提高。其次，我国博物馆展览水平从免费开放之后也有了明显提升。1998年国家文物局组织的全国范围的博物馆陈列精品评选工作，促进了全国各馆努力提升陈列展览及教育服务水平。发展至今，各馆展览中已经普遍采取新技术、新材料和新工艺，展览水平和效果都得到了有效提升。再次，博物馆十分注重丰富馆内的教育形式和教育内容。许多博物馆推出了专题性的文化活动，例如举办知识竞赛、展演和讲座等，相对于传统的讲解方式，进行了一定程度的创新。最后，博物馆注重与学校之间开展合作。博物馆积极探索与学校建立长期有效的合作机制，促进双方教育形式的有效衔接，例如建立博物馆校外实践基地、为学校提供相关教具等，将传统学校教育与社会教育联系起来，尽可能提供最优化的博物馆教育效果。

总体上来看，改革开放后，在很长一段时间内，我国博物馆的重心仍放在藏品和展览上。随着21世纪到来，我国经济蓬勃发展，博物馆所具有的社会教育的重要性越来越被人们所重视，并随着经济的发展而不断完善自身的社会教育作用。

四、高速发展阶段（2012年以来至今）

新时期，博物馆教育事业进入了高速发展期。在丰富人民群众精神文化生活、传承中华优秀传统文化、弘扬社会主义核心价值观、增强文化自信、促进中国特色社会主义文化繁荣发展、提高全民文明素质等方面，博物馆教育事业取得了卓越的成就。近年来，在党中央、国务院的高度重视下，我国公共文化服务建设投入稳步增长，覆盖城乡的公共文化服务设施网络基本建立，公共文化服务效能明显提升，人民群众的精神文化生活得到明显改善，博物馆事业、博物馆教育呈现出良好的发展态势，不断创新文物价值传播推广体系，将文物保护利用常识纳入中小学教育体系，不断完善中小学生利用博物馆学习的长效机制。

党和国家高度重视发挥博物馆的青少年教育功能，出台了一系列的政策措施，推动中小学利用博物馆资源开展学习活动，促进博物馆教育与学校教育、综合实践教育有机结合，取得了显著成效，为提高青少年思想道德素质和科学文化素质发挥了重要作用。党和国家还坚持"均等便利"原则，使得博物馆教育项目的实施做到了机会均等和广覆盖，保障了广大青少年特别是农村青少年的文化鉴赏权益。此外，把博物馆资源与中小学课堂教学、综合实践有机结合，增强青少年教育的针对性，坚持机制创新，构建中小学生利用博物馆学习的长效机制。同时，根据"重参与、重过程、重体验"的教育理念，进一步突出了博物馆教育特色。博物馆方面紧跟国家课程、地方课程和学校课程，设计研发了丰富多彩的青少年教育课程。各地博物馆坚持"展教并重"，策划了大量适合中小学生的专题展览和教育活动，并动员馆内策展人员、教育工作者、专家学者等各方社会力量参与了博物馆教育资源的开发，博物馆还定期组织馆长讲解、专家导赏等活动。

各地文物部门指导博物馆开展进校园、下基层等流动展览和教育项目，利用青少年之家、乡土博物馆等经常性地开展参与面广、实践性强的博物馆教育展示活动，并利用博物馆资源在经济水平相对薄弱的中小城市、农村地区的中小学开展"送文化""科普进乡村"等教育项目。

各地教育部门和学校充分利用博物馆资源，组织开展了爱国主义教育、革命传统教育、中华优秀传统文化教育、生态文明教育、国家安全教育等主题研学活动，促进中小学生的全面发展，培养青少年的民族自信心和爱国主义精神，成为社会主义事业的建设者和接班人。各地教育部门联合博物馆共同开发了一批立德启智、特色鲜明的博物馆精品研学线路和课程，构建博物馆研学资源体系，发挥博物馆实践育人的社会教育作用。各地教育部门、中小学和博物馆将青少年教育纳入课后服务内容，开设校内博物馆课程，利用博物馆教育资源，开展专题教育活动，不断推进馆校合作。各地中小学还利用节假日、寒暑假等时段，组织引导学生走进博物馆开展课外学习活动。同时，各地博物馆也在不断加强馆内教育项目和博物馆进校园项目的研发、组织和实施，有效地衔接学校课堂和博物馆"第二课堂"，促进学校教育和社会教育的共同合作。

第二节 国外博物馆教育历史与现状

世界博物馆教育的萌芽是伴随着博物馆的诞生而逐步发展起来的，世界上最早的博物馆要追溯到公元前3世纪，即公元290年建立的亚历山大博物馆。早在公元前4世纪，马其顿国王亚历山大大帝在建立地跨欧亚非大帝国的军事行动中，搜集与掠夺了大量珍贵的艺术品。亚历山大逝世后，他的将领托勒密建立了托勒密王朝，托勒密创建了亚历山大博学园，其中设有专门收藏文化艺术珍品的缪斯神庙，缪斯神庙已经具备相当可观的收藏规模，但它还称不上真正意义上的博物馆，因为其根本目的是教化人民，宣传统治思想。缪斯神庙设有专门保管文物的场所及专职的保管员，因此被后人称为亚历山大博物馆，是西方公认的博物馆的滥觞。"博物馆"（museum）一词就是由希腊文mouseion演变而来，本意是指供奉艺术与科学的九位缪斯女神的神庙。而 mouseion 除了供奉缪斯女神以外，还兼有收藏的功能，且关注对藏品的分类，这也是后世博物馆的最基本的职能。

世界上博物馆的教育职能产生得较晚，博物馆最初是贵族相互之间炫耀的资本，贵族在库房中参观藏品，并不对平民开放，那时博物馆还未被赋予明确的教育目的。到了 19 世纪中叶，部分博物馆开始有目的、有组织地陈列藏品，有计划地对观众施以影响，由此开始出现博物馆教育现象。"1852 年建立的德国纽伦堡日耳曼博物馆就是按史前时代、罗马时代、德国时代 3 个系统 6 个展室组织陈列的。这种陈列设计目的即要帮助观众了解不同时代的社会面貌，这显然是一种教育行为。"[①] 这种教育行为正是依赖展品和陈列展览来实现的。两次世界大战后，博物馆教育普遍得到欧美各国的重视，各国博物馆除了采取举办常设展览和不定期更换内容的专题展览之外，还经常举办各种学术讲座。博物馆教育开始在博物馆的众多职能中占据一席之地，越来越引起人们的重视。这一时期，西方国家的博物馆教育活动开始与学校教育相结合，教育职能的表现形式逐渐多样化。

一、 16—18 世纪欧美博物馆教育

从 16 世纪起，无论是 1565 年荷兰人昆齐贝发表关于博物馆典藏分类与作品展示的博物馆学论文，还是 1656 年在伦敦出版《特拉德斯坎特博物馆目录》，抑或是 1727 年尼科利乌斯在德国莱比锡出版的第一部以博物馆方法论命名的著作中论述的藏品的分类、展示等问题，都反映出这一时期关于欧洲博物馆的主流认知仍是以收藏为主。18 世纪的工业革命给西欧社会带来了发达的城市文明，博物馆事业开始快速发展。而博物馆教育等第三职能的生成，也是工业革命后教育普及运动的产物之一。

与近代欧洲博物馆以收藏为主的认知不一样，在美国，美国博物馆运动的先驱者皮尔对博物馆事业的发展提出了新的见解。1786 年，皮尔在美国费城建立了皮尔博物馆，他主张博物馆开放的目的是为社会各阶层人士服务，虽然这种服务是有偿的。他指出：一个真正对社会有用的博物馆，既要能够满足严肃的参观者的需要，又要满足偶然的参观者的需要，既要满足学者进行研究的需要，又要满足希望放松娱乐的人的需要。并且皮尔认为，博物馆开放的目的就是要教育和吸引那些缺乏正规教育的普通公众，所以他让自己的博物馆一直保持在开放的状态。虽然此时博物馆教育理念还没有被明确地提出，但已经出现了包含一些博物馆教育理念的观点，然而此时的博物馆教育理念仅仅只是少数博物馆人的个体意识。

[①] 孙婉珠. 博物馆教育功能理念的新探索 [J]. 沧桑，2009 (1)：189-190.

二、19世纪世界博物馆教育

进入19世纪，世界博物馆事业普遍兴起，现代博物馆观念得到广泛传播，并被人们所接受。尤其是工业革命之后，欧美各国从农业社会进入工业社会，城市化进程加快，为了适应工业化及城市化发展的需要，博物馆相关文化事业开始茁壮成长。

（一）欧洲地区

在欧洲地区，为了适应博物馆事业的发展，与博物馆相关的理论也随之应运而生，涌现了一批与博物馆学有关的著作，其中不乏关于博物馆教育的理论和著作。例如英国博物馆学者鲁金斯发表了《博物馆之功能》，强调博物馆应成为一般公众受教育的场所。这一时期还出现了专门的博物馆学术刊物。

在英国，博物馆的教育职能和娱乐功能都是工业革命后教育普及运动的产物。19世纪初期，英国各地涌现出了许多新的教育机构，其中服务主体为中产阶级的知识分子俱乐部，以及服务主体为工人阶级的技工讲习所，都成立了具有特殊教育目的的博物馆，并以此作为主要学习来源。其中为技工讲习所成立的博物馆专门开设了应用科学方面的讲座和各种技能课程，还经常举办临时展览以供工人阶级参观和学习。这一时期的博物馆常常将图书馆、阶梯教室甚至是实验室联合起来，此时博物馆的工作重点是为相关群体进行自学来创造条件和机会。1851年，英国宪章派代表大会通过新的纲领，纲领的第三部分即"教育"内容，该纲领推动了博物馆面向公众。但是此时英国底层人民的教育问题是一大社会问题，直到19世纪70年代，公共教育的概念引入英国，此时的博物馆教育主要体现在博物馆内的教育和学校租借服务的创建两方面。1895年，英国修订了《学校教育法》，认为学生到博物馆参观是有效的教学形式，将学生参观博物馆纳入制度，并将参观时间计入学时，正式开启了"馆校合作"的新篇章。

（二）北美地区

进入19世纪中叶，完成第二次工业革命后的美国迎来了博物馆事业快速发展的时期。这一时期各种规模的博物馆都得到了大力发展，尤其是兴建了大量的工业博物馆和科学博物馆。19世纪中后期，美国兴建了一批大型博物馆，其中史密森尼研究院和大都会艺术博物馆是这一时期美国博物馆建设的杰出代表。

著名学者乔治·布朗·古德被认为是19世纪晚期极有创新性的博物馆思想家之一，他开创性地提出了"教育性博物馆"理论，为博物馆教育角色的确立奠定了理论基础，在博物馆教育史上具有重要的地位。他所发表的《未来的博物馆》里系统地论述了博物馆在促进社会进步方面的重要作用，认为博物馆在为增加和传播知识做出努力的过程中，和大学与学院、学会与协会、公共图书馆是相互协助与被协助的关系，未来的博物馆必须与图书馆和实验室一起成为学院和大学设施的一部分。而且在大城市里，博物馆要与图书馆合作成为民众启蒙的主要机构之一。①

（三）其他地区

在亚洲地区，这一时期博物馆的相关研究主要集中于博物馆的机构和组织方面。日本明治维新后，派出大量留学生、海外使节团去欧美国家学习先进科学技术，其中日本著名教育家福泽谕吉是日本最早开始具体介绍欧美国家博物馆的人，他的著作《西洋情况》中就如此介绍了博物馆：博物馆是收藏世界的物产、谷物和珍奇之物，向人们展示、扩充人们见闻的场所。在《西洋情况》外编卷二"政府职能"部分，则陈述了人民教育的观点，并认为博物馆承担着这个功能。日本留学生、海外使节团对西方博物馆设施的描述和记述，促进了对博物馆学的研究和日本现代博物馆事业的发展。

三、20世纪世界各地博物馆教育

19世纪末到20世纪20年代，博物馆发展史上出现了第一次博物馆革命，被学术界称为"博物馆现代化运动"，这次革命的结果，让社会逐渐接受了博物馆是一个社会教育机构的观点。② 1926年，在巴黎成立了国际联盟下属的国际博物馆事务局，这个事务局就是国际博物馆协会的前身。事务局通过《博物馆》杂志等学术刊物开展研究讨论，还举办了专业的博物馆学会议并出版相关学术著作。

1946年，国际博物馆协会成立。1947年10月，国际博物馆协会和联合国教科文组织签订了《关于两组织之间进行合作的途径和方法》，从此，国际博物馆协会成为执行联合国教科文组织发展博物馆事业规划的合作者，并逐渐成为联合国教科文组织中活跃的组织之一。国际博物馆协会还会定期举办大会和年会，促进全世界博物馆事业的发展。20世纪，博物馆学迎来了极大的发展与活跃，也是博物馆大繁荣的时代。

（一）西欧地区

20世纪的西欧地区关于博物馆的研究进入了一个相对活跃的时期，陆续建立了许多研究所，一些新的学术刊物纷纷创刊。

---

① 张文立. 古德小传 [J]. 博物馆学季刊，2009（3）.
② 杨玲，潘守永. 当代西方博物馆发展态势研究 [M]. 北京：学苑出版社，2005.

以英国为例，在第一次世界大战期间，受战争的影响，当学校无法正常开办时，博物馆便代替学校履行教育职能，例如博物馆曾举办过有关婴儿看护和其他有关健康和卫生保健方面的展览等。1931年，英国的教育委员会发布了《博物馆与学校：公共博物馆与公共教育机构不断增加的合作可能性备忘录》，阐明了英国博物馆教育的发展情况，期望英国的博物馆未来能与学校展开更多的合作。这一指导方针的发布，表明英国社会开始重视博物馆教育的问题。19世纪60年代，伴随着博物馆教育专业呈现出专业化及理论化的发展趋势，博物馆教育开始成为一门专业，博物馆也越来越重视选用博物馆教育的专业人才，其中既包括私人博物馆又包括公立博物馆。例如莱斯特大学于1966年与英国博物馆协会合作设立博物馆学系，1975年开始授予艺术博物馆硕士学位和科学博物馆硕士学位，20世纪80年代又增设了博士学位。除此之外，西欧地区还成立了不少博物馆教育专业组织，并发行了博物馆教育相关的专业期刊。到了20世纪90年代，英国主要的博物馆大部分设立了专门的博物馆教育部门，其工作人员多由博物馆专业人员或经验丰富的人担任。这一时期的英国博物馆教育，已经提升至专业理论研究阶段。

　　西方国家在博物馆成立之初就非常重视博物馆的教育职能，并拥有先进的教育理念和完善的教育体系。英国博物馆学家肯尼思赫德森在其著作《八十年代的博物馆》中提到博物馆不再被认为仅仅是保管一个国家文化和自然遗产的宝库或代理人，而是最广泛意义上的强有力的教育手段。[①]《简明不列颠百科全书》中也明确提出博物馆是一种文化教育机构。美国博物馆协会在博物馆的定义中把教育和为公众服务定为博物馆工作的中心，收藏则是完成教育和为公众服务的手段，收藏本身已不是目的。[②] 这些做法均体现出西方国家对博物馆教育功能的重视。英国的博物馆比较注重教育服务理念的普及，以及美国、日本从欧洲引进博物馆时都是着眼于博物馆的教育价值。

　　西欧地区博物馆的教育态度深入人心，大众从心理上能够很自然地接受博物馆教育，将走进博物馆作为日常生活必不可少的需要。英国很多博物馆给儿童、成年人或者教师等职业身份的人准备了适合他们各自身份和年龄特征的教育服务，比如为儿童准备了角色扮演教育活动、为成年人开设了陶器制造教育课程、为教师准备了与教学有关的博物馆资料，等等。西欧地区的博物馆与学校、家庭、社会联合进行的社教活动不但形式多样，而且还为观众最大限度地提供优质的教育资源和便利的服务，以此吸引大量的观众自发来博物馆内参与教育活动。

---

① 转引自朱旭初，郭青生，张雷，等.上海地区博物馆教育的现状和前景[J].东南文化，1988(Z1)：171-177，194.

② 宋娟，忻歌，鲍其洞.欧洲博物馆教育项目策划的特点分析[J].外国中小学教育，2010(7)：25-29.

（二）北美地区

到了 20 世纪，北美地区的博物馆进入了迅速发展的阶段。这一时期，美国的博物馆成为社会教育和公共启蒙的中心，教育职能在博物馆发展中的地位也越来越得到重视，博物馆开始大量设立教育性活动，并与学校建立教育合作关系。

美国不仅早期而且至今都把博物馆的教育功能放在主导地位。[①] 美国政府积极鼓励博物馆增强自身的教育功能，以博物馆之长补学校教育之不足，这种做法得到了社会的肯定和支持。为了适应公共教育的需要，当代美国几乎所有的大中型博物馆都设有教育部。美国很多学校的一部分正式课程就是在博物馆的展厅、库房等地进行的，博物馆已经成为学校之外的名副其实的"第二课堂"。例如大都会艺术博物馆在介绍自身的工作职能时，就将教育职能作为其基本使命，提出了要为所有人服务的承诺，任何公众都可以享受到博物馆的教育资源。这样的理念定位保证了大都会艺术博物馆教育兼备普及性与专业性。

20 世纪美国博物馆教育研究成就突出，这一时期产生了许多博物馆教育理论的重要成果，例如被后人称为"博物馆大师"的约翰·科顿·达纳的《新博物馆》系列著作、被誉为"博物馆观众研究之父"的罗宾逊发表的《博物馆观众行为》等。曾任克利夫兰艺术博物馆教育长的芒罗开创了普通教育（艺术欣赏的基本原理）与学术教育（研究和出版）并行的双轨制，认为教育并非取悦大众，其目标在于提高大众理解艺术的水准，他的观点将博物馆教育提升到了一个新的高度。

1906 年，美国成立了全国性的专业博物馆协会，即美国博物馆协会，博物馆从以前依附于图书馆、研究所等机构中分离出来，越来越注重自身所具有的社会功能，成为一个更加开放的社会机构。根据教育宗旨、性质的不同，衍生出了儿童博物馆、学校博物馆和各种科学中心等。与此同时，美国社会已经开始注重对于博物馆专业人才的培养。美国的博物馆开始对博物馆工作人员进行专业的培训，并开设了多种形式的培训班。例如：宾夕法尼亚博物馆于 1908 年成为世界上最早开办博物馆培训课程的博物馆，波士顿美术博物馆则是世界上第一家设立讲解员的博物馆等。波士顿美术博物馆在每周二、四、六的上午，会有讲解人员给 10 人左右的参观团体进行约 1 小时的讲解。讲解员的设立在博物馆教育的发展过程中产生了重要的作用，如今讲解工作已经成为各座博物馆进行社会教育的重要方式。1911 年，马格利特·泰尔伯特·杰克逊曾说："在美国，博物馆被设为教育系统的一部分。"[②] 1916 年，约翰·科顿·达纳等人提出了博物馆应为社区服务的理念。第二次世界大战后，博物馆成了美国重要的文化机构之一，参观博物馆成为美国中产阶级的一种生活习惯。以杜

---

① 李文儒. 全球化下的中国博物馆 [M]. 北京：文物出版社，2006.
② 安来顺. 二十世纪博物馆的回顾与展望 [J]. 中国博物馆，2001（1）：5-17.

威领衔的"进步教育"理念为这一时期的博物馆教育发展烙上深刻的印记。20世纪60年代末,以满足地方文化教育生活需求为目的的社区博物馆开始出现,许多社区也开始将博物馆作为区域学习中心。史密森尼研究院与华盛顿的安纳考斯提亚社区进行合作,并于1967年成功造就了安纳考斯提亚社区博物馆。1969年,在美国博物馆史上具有重要意义的文件报告——《美国博物馆:贝尔蒙报告》完成,该报告最重要的意义就是明确了博物馆作为教育机构的角色定位。1977年,《博物馆服务法》诞生,并成立了美国博物馆服务协会。据1990年美国博物馆协会统计,全美约有各类博物馆1500座。[1]

博物馆面向社会的宣传形式和方法上,北美地区国家的博物馆有其自身的特色。美国的博物馆与社会各阶层互动频繁,比如诺顿艺术博物馆通过一些宗教、慈善团体的资助,在当地的购物中心、教堂和警察局等地设有教育点,定期开展教育活动。大都会艺术博物馆将教育活动真正面向了所有人,除了进入博物馆参观的观众外,对无法来馆参观的病人、瘫痪者、高龄老人等,大都会艺术博物馆可以提供用电话为其讲解博物馆现有展览展品的服务,还专门到残疾学校、劳教所等特殊场所举办展览或讲座等。加拿大博物馆在开展社会教育活动的过程中,比较重视分层教育,特别是学生群体。博物馆会根据展览内容,专门面向学术设置相关的兴趣课,强调趣味性。此外,加拿大博物馆针对家庭团体举办活动,组织家庭来参观展览、探讨艺术教育等;还针对社区推广教育活动,有意识地培养博物馆潜在的观众群;博物馆还设有专门为老年人、儿童、残疾人服务的设施和人员等。

(三)其他地区

这一时期,苏联、东欧、印度、日本、南美及非洲等地的博物馆得到了很大的发展,一些地区甚至有了突破性的发展。

俄国十月革命以后,建立了社会主义政权,其博物馆事业顺应社会主义事业的发展,开创了一种新的社会主义博物馆学。苏联博物馆学的研究方法主要以马克思列宁主义方法论为指导思想,针对不同的问题采取不同的研究方法,探索出了多元化的研究方法来分析本国博物馆事业的发展现状。苏联的博物馆事业在世界博物馆学发展史上具有特殊地位。与西方国家的现代化博物馆相比,苏联对博物馆的研究更注重于博物馆学的目的性和工具性上。苏联的博物馆事业为世界上其他的社会主义国家发展博物馆事业提供了案例和经验,它的崛起标志着社会主义博物馆学建设的开始。1955年,苏联学者集体编写了《苏联博物馆学基础》,这本书在这一时期产生了比较大的影响。

---

[1] 杨玲,潘守永.当代西方博物馆发展态势研究[M].北京:学苑出版社,2005.

第二次世界大战之后，东欧一部分国家走上了社会主义道路，形成了社会主义阵营。20世纪五六十年代，捷克斯洛伐克、民主德国陆续建立了博物馆学研究所或研究中心，这些研究所或研究中心成为各国研究博物馆学相关理论的重要阵地，极大地推动了东欧地区博物馆学的发展。纽斯塔波涅、斯特朗斯基均是捷克斯洛伐克有名的博物馆学学者，二人一直致力于博物馆学理论建设，其中斯特朗斯基是哲学博物馆学派（又称博物馆玄学派）的代表，他所提出的"博物馆不是博物馆学研究对象"这一观点在国际博物馆学术界产生了很大的影响。东欧地区在推动社会主义博物馆学发展和博物馆学理论建设方面做出了独特的贡献，与西欧地区相比，呈现出不一样的特点。

在东欧剧变、苏联解体后，随着国家政体发生变化，俄国和东欧各国的博物馆事业也随之发生变化。这一时期，由于研究博物馆学的方法论基础发生了根本性的转变，俄国及东欧地区的博物馆学研究迎来了一个巨大的转型期。国际博物馆协会博物馆学专业委员会对东欧地区博物馆事业给予了极大的关注，并发起了"'革命性'变化下的博物馆"等研究项目，以探讨政治变化下博物馆如何转型及发展的问题。各国自身也在探讨如何更好地促成博物馆的转型，例如：俄国学者在纪念馆、博物馆和展览的兴废中重新界定了俄国社会过去和现在的关系；捷克斯洛伐克学者对前一阶段的博物馆和博物馆学进行了反思；匈牙利学者则与西方博物馆学者展开了尽可能多的学术交流。

在日本，博物馆事业促进会于1928年成立，即日本博物馆协会的前身。博物馆事业促进会成立后，推动了博物馆的普及和建设，鼓励博物馆调查研究活动的开展，还创办并发行了《博物馆研究》杂志等书刊，举办演讲和讲习等活动，促进了日本博物馆事业的发展。第二次世界大战之后，日本的社会教育体制与战前相比有了很大的变化，修复和重建博物馆成为文化建设的重要部分。日本完善了相关法律法规，20世纪50年代，陆续颁布了《文化财产保护法》《社会教育法》《博物馆法》《图书馆法》《青年学级振兴法》等，其中《博物馆法》确定了博物馆是社会公共场域，具有公共开放性。《社会教育法》和《博物馆法》的制定，在日本法律制度上明确了博物馆的功能和活动，以及博物馆中必须配置专业的学艺员等规定，在日本博物馆教育史上具有重要的影响。日本学者鹤田总一郎1956年出版的《博物馆学入门》中提出了"博物馆是人与物的结合"的著名观点。1970年，社会教育委员会公布了关于博物馆的设置与经营标准等方案，掀起了兴建县立博物馆的热潮。20世纪80年代，受到欧美地区重视博物馆教育理念的影响，日本关注到博物馆教育的重要性，开始在博物馆举办演讲会、见学会、放映会等活动，并以策展会话、展览室对谈、研讨会、讲座等形式广泛开展博物馆教育活动，并于1990年颁布《终身教育振兴法》，其中明确提到了博物馆在社会教育中的作用。

日本的博物馆教育重视教育对象的分层，主张实行适合各种教育对象的社会教育形式。例如，对于青少年群体，他们认为培养青少年对博物馆的喜爱，一方面可以将民族的历史和文化植根于他们幼小的心灵中，另一方面在他们成年后还会带着他们的家人和孩子来参观博物馆，是博物馆不可或缺的、潜在的参观群体。日本九州国立博物馆则专门为青少年开设了一个亚洲文化交流展厅，在里面，青少年可以试用亚洲各个国家的生活用品和玩具等，还有专门的志愿者陪同玩耍各国的游戏，青少年在游戏中可以了解到各国的风俗习惯等。学校也经常与博物馆共同开课，教师会事先到博物馆学习如何利用展品进行教学，博物馆也会为学校提供与学习有关的资料、展品，甚至专门开办讲座、特展等辅助教学活动。

在南美地区，博物馆教育的发展更注重对博物馆学专业人才的培养上。20世纪40年代，巴西成立了博物馆协会，之后还组织了第一次全国博物馆大会。20世纪50年代，巴西的博物馆学研究开始活跃起来，并出现了"博物馆学是一门新科学"的论述。20世纪90年代，巴西针对博物馆学相关文献的分析展开了研究性活动，作为对博物馆学反思性研究的具体行动。阿根廷从20世纪80年代开始在一些国际组织中担任重要角色，同时，许多重要的国际会议也选择在阿根廷召开。例如1986年，国际博物馆协会第十四届大会在阿根廷布宜诺斯艾利斯召开，此次会议的召开被视为阿根廷博物馆学发展史上的一次重要突破。1972年，在智利圣地亚哥召开的圆桌会议是这一地区博物馆学发展的一个重要转折点，会议集中讨论了博物馆在当代社会发展中的作用问题，此次会议后，该地区的博物馆学观念发生了重要转变。

在非洲，第二次世界大战后，非洲博物馆的发展进程主要由外部来推动。坦桑尼亚的达累斯萨拉姆（1968年）、贝宁的科托努（1970年）、尼日尔的尼亚美（1970年）、赞比亚的利文斯敦（1972年）等地多次举办了有关博物馆及博物馆学的研讨会。

第五章

博物馆教育研究对象

第一节 博物馆观众基本概念

一、博物馆观众

观众是博物馆发挥教育职能的研究对象，也是博物馆教育研究的出发点和落脚点，没有观众的博物馆，博物馆教育就无从谈起。在"以人为本"的理念下，对博物馆观众的研究就是对"人"的研究，具体就是对观众的年龄差异、地域差异、职业差异、民族差异、参观意愿、团体状况、教育背景等方面进行的有针对性的分众化研究。博物馆观众不是一个抽象概念，而是具有不同需求的社会公众组成的广泛的群体。简言之，就是来博物馆体验、参观和学习的社会群体或个人。

博物馆观众是博物馆的服务对象，了解观众、熟悉观众、研究观众对于提升博物馆教育质量具有积极的意义。博物馆观众按参观意愿可分为目标观众、潜在观众和外围观众。目标观众是指走进博物馆或者博物馆开展活动的主要服务对象，是博物馆教育的目标群体；潜在观众是即将走进博物馆的群体；还有不可预估是否会走进博物馆的群体，这一类就是博物馆积极争取的外围观众。博物馆观众既是博物馆的服务对象，也是博物馆发挥教育职能的群众基础。观众之于博物馆就如同藏品之于博物馆，都是博物馆发展历程中不可或缺的重要组成部分。博物馆不仅是一个研究馆藏文物的机构，更是一个利用所具备的收藏和辅助学术研究等功能实现其社会效益的场所，博物馆通过馆藏文物及陈列展览等途径进行教育宣传，从而产生社会效益，并通过观众这一载体表现出来。博物馆在对馆藏文物等"物"进行研究的同时，也十分重视对"人"的研究,因此对任何一个谋求有效发展的博物馆来说,加强对于观众的认知和研究都极为重要。

从观众的角度来说,博物馆是个人获取知识的场所,是实现自我成长的"营养剂"和"加油站",观众通过参观、体验和学习等行为,感受博物馆的文化氛围,获取知识和美的感受,是博物馆教育的最终受益者。

二、观众、公众与受众

什么是公众?公众是一个广义的概念,不仅包括到馆参观的观众,还有其他群体,如关注博物馆事业发展的社会各行各业的人们。观众是公众的一部分,博物馆服务的对象主要是社会公众中对博物馆有探索兴趣、求知欲望及追求审美体验的群体。受众是具体概念,是博物馆观众的具体对象。如果用包含关系和范围递减关系界定三者,应是公众—观众—受众。

三、观众与游客

随着博物馆功能的多元化,越来越多的人将博物馆作为旅游目的地和休闲旅游场所。到博物馆参观的观众中,相当一部分带着旅游的目的,因此,甚至有人将博物馆观众称为游客,将讲解员称为导游。这混淆了博物馆和旅游景点的本质区别。博物馆是为社会服务的非营利性常设机构,以收藏、研究、展示各种文物、艺术品和自然科学的展品为主要任务,虽然承担了部分休闲游览功能,但其本质上仍是公共文化服务机构,其性质不同于旅游景点。旅游景点主要是通过自然景色和人文风光,带给游客不同的体验。因此,观众和游客有相通之处,但本质上有区别。

博物馆观众是博物馆社会教育的目标群体,是博物馆应重点关注的对象,这是由博物馆的基本功能决定的。博物馆首先是为人服务,为了人的学习和成长服务。基于人的角度,博物馆观众都来源于现实生活,具有自然属性和社会属性,无论是进行学术研究的观众或是单纯地游览和参观的观众,他们的年龄差异、地域差异、职业差异、民族差异、参观意愿、团体状况、教育背景等方面都会呈现出不同的特点。其次,不同于被定义为以各种形式观看节目、比赛或表演等的普通观众,博物馆观众则需要走进博物馆,直接接触博物馆的各项信息。博物馆观众观看和欣赏的对象是实物,以及由实物组成的陈列展览,因此参与了视觉和听觉等感知觉直接体验的环节,才能被称为博物馆观众。最后,作为博物馆教育的受益者,博物馆观众参与并享受了博物馆教育的服务内容。博物馆教育的服务内容不仅包括通过文物展品和辅助展品等让观众获取知识、增长见识,还包括利用博物馆的建筑设计、内部环境、公共设施等方面满足观众的休闲体验,丰富观众的审美需求。博物馆作为公共文化服务机构，除了物对人的服务，还包括人对人的服务，如博物馆的人工讲解服务等。博物馆观众是一个庞大的群体，年龄、地域、职业等方面的区别彰显出博物馆观众群体的日趋多元化，不同类型的观众也会根据自身的需求在博物馆进行不同的活动。

第二节　博物馆观众研究内容

从传播学角度来看，观众是博物馆教育的受体，是博物馆教育实施的接收者。受体和主体相对应，比如：在演讲活动中，受体指在台下听演讲的人；在教学活动中，受体指在教室里听课的学生；在公关活动中，受体指公关人员从事公关活动的特定对象；等等。在博物馆教育活动中，主体是施教者，受体指观众，观众因年龄、地域、职业、民族、参观意愿、团体状况、教育背景等方面的不同而存在明显的差异，因此，博物馆教育有必要研究观众的来源，分析不同受体的情况，"看菜吃饭，量体裁衣"，因人施言，因材施教，通过有针对性地选择教育内容和教育方式，使主客体心灵相通，从而适应和满足不同受体对教育内容的兴趣、需要和接收能力。

研究博物馆观众产生的作用非常明显，社教工作者的教育效果必须经过观众才能得以实现。主体（社教工作者）接收受体（观众）的信息反馈，是满足受体新的需要，以及提高主体教育水平的强大动力；主体重视受体的研究，有助于主体开展社会实践，更好地适应和满足受体的需要，使主受体之间产生共鸣，以获得更好的社会效益。

一、观众来源

博物馆的服务面向整个社会公众，因此，观众的来源也具有多样性和广泛性。

（一）年龄差异

不同年龄的观众具有不同的人生阅历和认知水平，对语言形式的识别能力和对知识的理解程度也有所不同，因此，针对不同年龄阶段的博物馆观众，博物馆教育活动应该有所区别。

按照年龄层次，博物馆观众可大致分为四类。

1. 未成年群体

未成年人指不满18周岁的自然人，博物馆观众中的未成年群体主要包括小学至高中这一阶段的观众，年龄基本处于4～17岁之间。这类观众拥有强烈的求知欲和表现欲,对新奇的事物拥有极强的好奇心,愿意参与互动,但同时也容易出现兴趣转移的情况,在参观过程中缺乏持久性。

在针对年幼儿童开展教育活动时,应采取"寓教于乐"的形式,以从自我出发的"拟人化"来看待外界事物,讲解用词力求生动、浅显,富有形象性和启发性,可通过讲故事、猜谜等形式来讲述,讲解过程中要防止概念化、"填鸭式"、讲抽象道理等"成人化"教育倾向。

青少年时期则是半幼稚、半成熟的时期,是独立性与依赖性、自觉性与幼稚性错综矛盾的时期,是从单纯形象思维逐步过渡到形象思维与抽象思维有机结合且抽象思维日益占据主导地位的时期,是由童年向青年过渡的"花季"时期。青少年思想直观、兴趣广泛、富于幻想、求知欲旺盛。博物馆教育中针对青少年的讲解,应坚持正面引导,尊重他们的选择和爱好,用关切、体贴、热情、幽默的言辞与他们进行交谈。如历史类博物馆在进行讲解时,可以用历史上著名的政治家、思想家、科学家、文学家等优秀人物的事迹激发青少年的志气,博物馆也可以通过开展各种生动有趣的活动,来提高青少年对博物馆的兴趣。

2. 中青年群体

中青年阶段指18～69岁之间,这是人的生命周期中最漫长也是最重要的时期,是个体获取知识和掌握本领后对社会做出贡献的时期。中青年群体肩负着家庭和事业的重担,心理定向明显,自主性强,情绪稳定。这一年龄阶段智力发展的重要标志,是抽象思维明显地由经验型向理论型转化,以及辩证逻辑思维的初步形成。中青年群体的心智发展已达到了成熟阶段,有较强的观察力和想象力,这个年龄阶段的博物馆观众能够针对陈列展览展开独立思考,并抒发己见。中青年群体热衷于研究专业学术、国内外时事政治、经济管理和社会热点等方面的问题,有丰富的人生阅历和较为深刻的见解,这类博物馆观众拥有比较丰富的知识经验。

针对这类博物馆观众,在进行博物馆讲解时,须运用准确、规范、富有哲理和时代气息、节奏明快的言辞进行讲述,做到言语平易质朴、准确实用、逻辑严密,态度上应保持热情、亲切、自然、谦逊、务实、开朗、达观,尊重他们的独立性和批判性,切不可用教训的口吻。

3. 老年群体

老年群体一般指70岁及以上的群体。老年群体不仅会出现生理性的衰老,智力和创造力也有减退的趋势。老年群体对人生的体验最为丰富,自尊心强,但生活中常常会产生失落感、孤寂感和空虚感。老年人关注的话题很多,对当前形势的看法,对社会风尚的评价,对青年一代的期望,尤其对健康养生、游览名胜古迹、观赏历史文物、阅读书籍、欣赏音乐、吟诗作画、练习书法等有浓厚的兴趣。

针对老年观众，在进行博物馆讲解时，应有足够的耐心，采用热情、稳重、平实、幽默的言辞，态度上应保持尊敬、庄重、谦和、亲切。

（二）地域差异

1. 区域性观众

根据博物馆社会影响的范围及空间距离的不同，可将观众居住地分为本县（区）观众、本市观众、本省观众及外省观众。区域性观众还可按照东北地区、东南地区、西北地区、西南地区、中部地区等地理方位进行划分，也可大体分为南方或北方观众。不同区域的观众，兴趣点有差异。博物馆所在地的观众，对本地区的文化有熟悉感和自豪感；跨区域的观众，则会对异于本地区的博物馆文化产生好奇心和探索欲，如南方观众对北方文化有好奇心，而北方观众对南方文化也充满期待。

针对博物馆所在地的观众，博物馆讲解员应侧重当地的风土人情介绍，对于跨区域的观众，应采用比较方法，通过比较本区域和非本区域的内容，让观众在比较中加深印象。如为北方观众介绍南方的粤绣，可与北方的鲁绣比较，还可以与苏州的苏绣、四川的蜀绣、湖南的湘绣等不同区域的刺绣进行比较，找出不同区域刺绣的相同点和不同点，加深北方观众对南方粤绣的理解。

2. 国际性观众

根据博物馆观众国籍的不同，可将其分为本国观众和国外观众。针对国外观众，讲解员应做到有礼有节，注重外事礼仪，以讲好中国故事为根本目标。

（三）职业差异

1. 普通观众

博物馆的普通观众是指以参观游览为目的的一般观众。这类观众，是博物馆观众中占比最高的群体，也是博物馆的主要服务对象。普通观众的职业背景多样，不限于某一职业，涵盖社会经济活动中的各行各业，如党政机关、群众团体和社会组织、企事业单位的工作人员和专业技术人员，社会生产服务和生活服务人员，生产制造及有关人员，军人以及其他从事个体经营的劳动者等。普通观众参观博物馆大多以游览休闲、满足探知欲和好奇心、增长见识为目的。

2. 高级别领导

博物馆作为一个城市的名片和会客厅，不可避免地要接待来自国内外高级别领导。博物馆不仅代表着一个地区的形象，甚至代表着一个国家进行对外宣传和展示的形象，博物馆的接待礼仪尤其注重政治要求，因此，在接待外国元首或重要的外宾时，要充分展现良好的对外交往形象。这一类博物馆观众，是博物馆观众中人数较少的群体，相较于普通观众而言，这部分观众的行程安排比较紧凑，在馆停留时间较短，因此对博物馆的服务时间、讲解节奏往往有着更为严格细致的要求。对待这一类观众，一般由馆长亲自接待，有利于全面介绍博物馆情况；若由讲解员接待，则会选择资深讲解员或者专家讲解员，他们熟悉讲解内容，表述简洁严谨，可以在有限时间内圆满地完成关键知识点的介绍。

3. 专家学者

专家学者型观众是指从事博物馆学、考古学、历史学以及与专业博物馆学科性质相类似领域的专家学者来馆参观或交流，比如民族学专家参观民族学博物馆，地质专家参观地质博物馆等。面对这一类专家学者型博物馆观众，在讲解时，除了进行常规介绍，应更侧重于挖掘讲解内容的深度和广度。博物馆工作人员可以通过开展探讨交流会议等方式来完成接待，满足这一群体获取知识的需求。

4. 博物馆同行

这一类观众是指从事博物馆教育、展览、文物保护等方面工作的同行。这一类观众参观博物馆的目的除了游览，主要是了解同行博物馆的优秀管理经验和先进做法，互相取经，有利于博物馆工作水平的提升。

（四）民族差异

我国是 56 个民族组成的多民族和谐大家庭，各民族共同团结奋斗、共同繁荣发展，各民族你中有我、我中有你，是互相不可分割的共同体，由于各民族有不同的历史文化背景，因此也有不同的风俗习惯和宗教禁忌。

针对不同民族的博物馆观众开展教育活动或者讲解时，应注意不同民族的风俗习惯或宗教禁忌，如面对回族或维吾尔族的观众时，应不提猪或猪肉等有禁忌的词语等。

（五）参观意愿

1. 目标观众

这部分观众对参观博物馆有着强烈的意愿和浓厚的兴趣，往往通过各种途径力所能及地参观博物馆，而且会多次参观博物馆，并对博物馆的陈列展览、教育活动等提出自己的见解，并期望成为博物馆之友或者博物馆志愿者。这部分观众是博物馆的目标观众，也就是常说的博物馆忠实粉丝。

2. 潜在观众

这部分观众对博物馆有所了解，对参观博物馆有一定的兴趣，一旦有机会，会借节假日或参加会议等时机前来参观，平时也会关注到有关博物馆的各种信息。这类观众属于潜在观众，是博物馆的争取对象。

3. 外国观众

这部分观众对博物馆不感兴趣，也从不关注博物馆，就算偶然前往，大多是被动参观。对于这部分观众，博物馆应加大宣传力度，将其转变为潜在观众，逐步培养为目标观众。

（六）团体状况

1. 零散观众

零散观众主要是以个人形式进行参观活动的观众，通常旨在获得更为专注的参观体验。博物馆可为这类观众提供预约讲解、定制讲解和定时讲解等服务，以满足零散观众的个性化需求。

2. 家庭观众

家庭观众是以家庭为单位进行参观的观众，多为夫妻带子女或长辈的小型团体，这类观众参观博物馆通常是以融洽家庭氛围和休闲娱乐为目的。博物馆可为这类观众提供亲子教育类活动等，以满足其需求。

3. 团体观众

团体观众指人数众多、以团队形式进行参观的观众，包括统一组织的旅行团队，参加研学活动的儿童或青少年，以及进行学习研究的专业团体等，团体参观是有组织的参观行为。针对团体观众，应在满足个体性的需求下，兼顾团队整体的需求。如开展教育活动之前，应对活动的内容、时间、流程进行总体介绍，以便匹配团队的整体节奏。

（七）教育背景

教育背景主要指观众的文化程度，某种意义上体现在个体所获得的相应学历上。按照受教育的程度，博物馆将观众分为受过高等教育的观众和未受过高等教育的观众。受过高等教育的观众主要包括拥有专科、本科、硕士研究生、博士研究生等学历的观众。针对受过高等教育的观众，博物馆在开展活动或讲解工作时，应注重活动内容和讲解词的知识性和逻辑性；对于未受过高等教育的观众，如青少年和部分老年人，在开展活动或进行讲解时应注重知识的浅显性和通俗性。

二、观众心理研究

观众心理是指观众在完成博物馆参观这一行为的完整过程中所产生的心理现象，即观众来博物馆参观之前的目的和动机，在参观过程中反映出来的情绪变化，以及参观结束后产生的新一轮的情感和愿望的总和。博物馆观众心理研究就是研究不同类型观众的心理状态、心理反应及心理特征，研究内容主要包括观众的需求、动机、兴趣、满意度、印象及记忆等。只有对观众心理进行深入研究，才能了解观众需求，精准把握观众动机，从而提供更有针对性的教育活动和讲解服务。

（一）观众心理研究内容

1. 观众需求

观众需求是观众开始参观行为的缘起。观众在参观行为发生之前，主动或者被动地对参观地点有了初步的了解，比如博物馆的资讯宣传引发了观众内心对某种目标的渴望，使得观众产生了参观博物馆的意愿，观众需求在达到一定条件下会诱发观众的参观动机，从而推动观众产生参观行动，并在参观完成后产生新的需求或结束需求，由此成为一个循环行为。

依据马斯洛需要层次理论，人类的需要由低到高可分为生理需要、安全需要、社交需要、尊重需要及自我实现需要。观众参观博物馆这一行为，既满足了其社交、自我实现等需要，又是多种需要综合作用的结果。

2. 观众动机

观众动机是观众进行参观行为的直接动力，也是推动观众进入博物馆的根本原因。观众动机是在个体内心需要的基础上产生的，在观众拥有强烈需要的情况下，又恰好存在满足其需要的条件时，就有可能产生参观的动机。

观众动机分为直接动机和间接动机：直接动机是观众有明确的目的，希望通过参观达成自己的某种想法；间接动机是受客观条件的影响，受周围环境的刺激，从而产生参观的意愿。观众动机直接决定着参观行为的自觉性、积极性、倾向性和选择性。动机越明显，参观意愿越强烈。不同类型的观众参观博物馆的动机差别较大，观众参观博物馆的动机一般可分为五种类型。

第一，学术研究型。这类观众多为专业研究人员，参观动机十分明确，往往出于查询资料或者开展具体研究的目的进行博物馆参观活动。这类观众会带着特定问题来到博物馆寻求答案，在参观过程中存在较强的选择性和针对性，还可能会向馆员了解新的研究成果和发现，并且希望会见博物馆内的专家，与其探讨学术问题。

第二，知识获取型。这类观众通常出于了解科学、文化及历史知识的目的来到博物馆进行参观，但对具体知识内容和方向没有太大的目的性。这部分观众多为中小学生，是在家长的带领下或者参与学校组织的研学活动等进行参观行为，并且参观的主要目的是拓宽自己的知识面。

第三，主题教育型。这类观众的参观行为较为集中，通常是被动参与由集体或单位组织的教育活动，个体参观的积极性相对薄弱。

第四，休闲欣赏型。这部分观众通常是博物馆所在地的居民，出于个人兴趣或者陪同他人的目的，在日常生活中会关注博物馆陈列展览及馆藏文物等相关的信息，会经常自发性地参观博物馆。

第五，偶尔体验型。这部分观众多为游客，利用节假日放松心情，寻求新鲜感，通常集中在旅游旺季参观博物馆。这部分群体在参观行为开始前可能会通过网络媒体对博物馆的陈列展览、馆藏文物等方面有大致的了解，参观博物馆是其旅行计划中的一个非必要行程。一般情况下，这部分观众参观博物馆的频率越高，其参观动机就越明显，反之则越不明显。

3. 观众兴趣

观众兴趣是指观众在博物馆前期选择及参观行为中体现出的带有积极性、倾向性的态度和情绪。受社会环境和个体差异的制约，家庭背景、社会阶层、年龄阶段、文化程度和人生经历不同的人，其兴趣往往存在差异，对博物馆的选择也会有所区别。即便集体相约参观一座博物馆，观众也会因个体兴趣的差异而选择不同的参观内容。在参观过程中，观众的参观路线走向、驻足点停留时长、拍照行为等方面均能够表现出观众的不同兴趣所在，通常年幼观众更容易对博物馆体验式互动设施产生浓厚的兴趣，而成年观众更倾向于对展品本身的欣赏。

4. 观众满意度

观众满意度是指观众对博物馆及其所提供的产品和服务的直观感受与评价，即观众期望值与实际参观结果之间的匹配程度。若参观的实际感受达到或者超过预期设想，观众则相对满意，若实际感受与预期设想有差距，则会引起观众的不满意。拥有完善的公共设施、合理的布局模式及人性化的教育服务理念的博物馆通常会超出观众心理预期。观众在参观博物馆的过程中，心理活动非常丰富，其满意度也会不断发生变化。一般情况下，相较于潜在观众，目标观众在参观前期付出时间成本较多，期望值也会较高，相对来说更注重参观的满意度。观众满意度一般通过观众在参观过程中的情绪变化，以及参观结束后对博物馆的评价内容表现出来，观众满意度会影响人们对博物馆的评价以及后续参观的选择，是博物馆教育活动效果评价的重要指标之一。

5. 观众印象

观众印象是指观众的参观行为结束后，留存在其心目中的博物馆形象，包括博物馆的建筑外观、展厅布局、展览陈列、基础设施、周边环境及博物馆相关服务等内容。观众印象会依据个人主观感受，存在正面印象或负面印象、深刻印象或平淡印象、短期印象或长期印象等。观众印象的范围涵盖博物馆参观行为的整个过程：首先观众在到达博物馆时，会对博物馆的建筑外观、展厅、整体环境氛围及工作人员的行为举止等方面产生第一印象；其次在参观活动开始之后，观众在对博物馆藏品的陈列和保管、基础设施是否完善等方面的沉浸式感受后会产生新的印象；最后观众参观完博物馆，会对博物馆做出总体性评价。观众印象是观众是否开展后续参观行为的动因，观众往往会在回顾中得出结论，并决定是否会在条件可行的前提下进行二次参观。

6. 观众记忆

观众记忆是指博物馆参观行为结束后在观众脑海中的反映，即观众在参观过程中看到某个实物或经历某件事情，而后在脑海中保存这一实物或事情的具体信息。观众记忆是观众头脑内对博物馆参观行为的记录和反馈，受到人和物等多方面的影响，参观后的时间长短会影响到观众记忆的保存效果。

观众记忆通常包括五种类型：第一，形象记忆，即观众对博物馆外在形象的记忆；第二，情境记忆，即观众在参观过程中经历某件事情的记忆；第三，情绪记忆，即观众在参观过程中关于个人情感的记忆；第四，知识记忆，即观众对陈列展览及文字说明等相关知识的记忆；第五，感觉记忆，即观众在参观过程中出现的突发感受而产生的瞬间记忆。

（二）观众心理研究对博物馆教育的能动影响

观众心理与博物馆教育项目的实施有着密切关系，观众的个人兴趣和审美需求决定其是否参观陈列展览，参观过程中的个体表现也会反映出观众的满意度。观众在参观展览的过程中，会接收各类感官刺激，并产生首因效应和近因效应，即通过交往形成的第一印象和二次印象，会影响观众的满意度和观众印象。

作为博物馆教育资源的陈列设计工作应与观众心理联系起来，把握各种心理现象，了解普遍的心理特征，不仅在形式设计时要了解观众的审美心理和兴趣特征，合理规划空间，在内容设计时也要根据感知差异规律对展厅内的文物与辅助展品进行合理配置，设置合理的展线。

讲解是博物馆向公众进行直接教育的有效途径，观众心理影响观众的需求和选择，从而影响讲解服务的开展。把握观众心理，有助于博物馆讲解工作的进一步发展和完善，为观众提供更为优质的服务。讲解员针对不同类型观众的不同需求，做到因人施讲：出于获取知识的需求，如参加研学活动的学生，这一群体大多愿意主动积极地参与博物馆的教育活动并提供正面的反馈，讲解员的讲解往往能够达到较好的教育效果；出于其他需求，如进行学术研究或者旅行打卡的观众，讲解员的讲解应有针对性和差异性。

某种意义上，观众的表情是对博物馆教育工作的直接反馈，比如观众在听讲解时，面带微笑或者点头大多表示认同和赞许，轻微蹙眉或者摇头可能表示反对或者无感，不同的反应表现出观众心理的变化，从而影响着讲解工作的传播效果。博物馆讲解工作应努力了解观众心理，及时调整讲解的策略和方法，进行不同的讲解设计，使讲解工作达到最佳的效果。

（三）观众心理研究对博物馆教育的启发

观众心理研究旨在通过对观众参观行为的心理探究，分析观众的参观心理和参观倾向，并针对观众的心理特点开展有效的社教活动及相关服务，从而拉近观众与博物馆之间的距离。

不同类型的观众出于不同的目的到博物馆进行参观，其兴趣点不相同，参观过程中的表现也就存在差别。博物馆应当对不同来源的观众的心理活动进行分析，并且结合观众的心理需求和兴趣点，改进博物馆的教育功能和服务功能，采取不同的应对措施，以满足各类观众的需要。同时观众心理通常不是一成不变的，在整个参观过程中，观众心理状态的变化是对博物馆服务的持续性反馈，并通过观众满意度和观众印象等方面表现出来。博物馆应当注重观察观众在参观过程不同阶段的心理状态变化，调整博物馆的空间布局，改进博物馆的服务水平，提升博物馆的社会效益。

不同年龄层次的观众，其参观动机、参观需求及参观兴趣点都存在差别。包括中小学生在内的未成年观众群体，思维活跃，拥有丰富的想象力和强烈的表现欲，对新奇的事物拥有好奇心，愿意参与博物馆的教育活动，但这部分观众通常没有丰富的专业知识背景，对专业性极强的参观内容缺乏兴趣，参观动机多为在家长或教师的带领下进行学习实践，因此稳定性和持久性普遍较差。中青年观众群体往往是出于对某件藏品或者某个展览的兴趣来到博物馆参观，思想也较为开放。这一类群体拥有更为丰富的知识储备和生活经验，有更为细致的观察力和更加充沛的想象力，能够针对陈列展览独立思考，对事物提出自己独有的见解，因此更加注重陈列展览的表现形式和价值内涵，对讲解服务等也有着更进一步的需求。这部分群体存在明显的个性特征和兴趣取向，会更加追求多元化的博物馆教育活动。老年观众群体通常为博物馆离退休的职工，或者是对某一领域有专业研究的人员，对于参观博物馆有专业性的需求，多年的学习经验使其对博物馆有自己独到的见解。但是由于科学技术的高速发展，博物馆的数字基础设施逐渐增多，老年观众群体在参观过程中很有可能存在技术指导和解释方面的需求。只有通过了解不同年龄阶段的观众，掌握各个年龄阶段不同的需求，博物馆才能有针对性地设置陈列展览、改进讲解服务、做好社会教育活动，并结合教育内容开展多种形式的交流探索。

博物馆应当贯彻以人为本的教育理念，从观众本身出发，不间断地探求不同类型的观众的心理特点，明晰观众的实际需求及未来期许，探寻促进博物馆发展的各项社会要素，进而满足观众日益增长的物质文化和精神文化需求。在博物馆教育的进程中，通过对观众心理进行深入研究，切实了解观众的特点，掌握观众的参观心理，以此满足不同年龄和不同层次的观众的参观需求，更有针对性地解决博物馆工作的相关问题，提升博物馆的服务水平和教育质量。在将博物馆观众的参与状况提升至新高度的同时，也使博物馆与观众之间形成高度互动，创造双赢局面。

三、观众行为研究

观众行为指观众在博物馆参观的过程中，由于环境变化而主动产生的行为反应，即观众在博物馆有目的地进行的一系列行为动作的集合。博物馆观众行为研究所关注的对象包括观众的驻足行为、交流行为、蹭听行为、拍照行为、休息行为、购物行为及评价行为。对观众行为的研究有助于检验包括博物馆陈列展览、社教活动、讲解服务等在内的各项服务的教育效果，进一步推动博物馆的内部建设发展。

（一）驻足行为

驻足即观众停下脚步，在某一区域进行观看的行为。这一行为的发生是观众对某一事物产生兴趣的体现，而观众是否发生这个行为与博物馆的吸引力有关。吸引力即计算在某特定展陈前驻足的观众人数的百分比，博物馆的展陈布置、展示说明等都是影响观众驻足行为的重要因素，因此我们以吸引力指数来作为评估博物馆展陈的指标之一。驻足点即通过引起观众的注意点和兴趣点，从而使得观众停下脚步的地点。驻足时间是观众在停下脚步后，需要消耗一定时间进行观看，才能获得相关信息并做出下一步行动，观众停留的时长因受各种因素的影响而存在差别。驻足表现，即不同类别的观众在其驻足点上会有不同的具体表现，如团体观众多会拍摄大量照片，个体观众更喜欢在互动设施上进行停留等。

（二）交流行为

观众的交流行为体现在多个层面，包括观众与展品之间的互动、观众与讲解员之间的互动，以及观众与观众之间的互动等。观众与展品之间的互动指观众借助博物馆内的辅助设施进行体验式参观，既包括操控电子导览机、电子翻阅及数字触屏等设备或系统进行自主学习，也可以利用虚拟互动装置进行娱乐性的互动体验。观众与讲解员之间的互动一般发生在人工讲解的时候，观众会根据自身需求向讲解员提出自己的疑问或想法等。观众与观众之间的互动通常发生于结伴而来、相互熟悉的观众之间，比如家庭观众、团体观众等。这一类互动既包括成人观众在参观过程中的平等式交流和讨论，又包括成人和儿童之间的教学式提问和解释回答等。

（三）蹭听行为

博物馆讲解分为预约讲解和定时讲解。博物馆免费开放后，免费讲解也成为博物馆满足群众文化生活的常态。目前，我国博物馆的讲解员有限，难以满足每个观众听讲解的需求，定时讲解能在一定程度上缓解讲解员不足的问题，但仍无法满足所有观众的需求，蹭听行为成为观众获取博物馆知识的一种途径。蹭听行为的发生大多存在偶然性，可分为主动蹭听和被动蹭听。主动蹭听既指观众被现场的精彩讲解所吸引而上前围观，从而产生主动蹭听行为，又指观众发现有讲解团队之后一路跟随，全程聆听讲解内容。被动蹭听是指观众在不知情的情况下，因讲解员在其附近进行讲解，观众被动听到。

（四）拍照行为

拍照行为指观众在博物馆环境里利用拍摄工具进行拍照的行为，是目前存在于大部分博物馆观众中的普遍现象。从拍照工具看，可分为相机拍摄和手机拍摄。相机拍摄受摄影专业人士的青睐，他们在博物馆的停留时间长，拍照时注重光线的利用，拍摄重点在于展品的影像记录。手机拍摄具有轻便、快捷的特点，并且可以进行照片的实时传输，是目前博物馆观众采用最多的拍照方式。从拍照主体看，个体观众的拍照行为通常贯穿于整个参观过程，团体观众的拍照行为相对较少。从拍摄对象看，可分为自拍、他拍、拍人又拍物和单纯拍物四种类型。相对而言，年轻观众的拍摄对象多为拍人及拍物，而中老年观众更倾向于拍物。

（五）休息行为

休息行为指观众因身体疲劳、缺乏参观兴趣、生理不适等原因引起的放松和休息行为。博物馆观众的休息行为主要表现为在博物馆内寻找座椅坐下或在展厅外空地随意席地而坐。观众的休息行为既包括单纯的大脑放空思想，也包括饮食、玩手机、等待同伴等多重交叉行为。

（六）购物行为

购物行为是指观众出于自身需求，对博物馆内的商品进行货币交易并使用该商品的行为，购买较多的为馆内文创产品。观众的购物行为一般是在参观结束后，因对展览文物产生浓厚兴趣，或聆听讲解后留下深刻印象，博物馆的文创商店正好提供了相关文物的衍生文创产品，从而刺激观众出于纪念或赠送等目的进行消费的行为。随着科学技术的进步，目前部分观众会选择以网上购物的形式完成这类购物行为。

（七）评价行为

观众的评价行为指观众在博物馆的参观过程中或参观结束之后，从自身主观感受出发对博物馆各个方面的满意程度进行评价的行为，包括博物馆提供的讲解服务、相关展陈设施、博物馆出售的商品及博物馆的卫生状况等，通常分为赞扬行为和批评行为。赞扬行为指观众对博物馆提供的服务表示满意而进行的肯定性评价行为；批评行为指观众对博物馆提供的服务不满意而进行的否定性评价行为。观众评价行为的具体表达方式主要包括口头表达、留言簿留言，在自媒体写观后感，在博物馆网站、微信和微博平台及社交平台上留言等。

第三节 博物馆观众研究方法

一、观察法

观察法是指博物馆相关人员有计划地运用其感官作为研究工具，对观众及其行为进行实时追踪的直接研究方法，观察法通常在博物馆的公共空间进行。观察法的成功取决于明确的观察目的与观察任务、合理运用观察和记录手段，以及观察者丰富的观察经验程度和良好的态度。

（一）观察的基本内容

1. 基本内容

观察的基本内容包括观众的年龄、性别、数量及团体组成形态等可被直接观察到的因素。了解观察基本内容的主要目的在于区分不同类型的观众，从而得知观众群体的结构情况。

2. 参观时长

参观时长是对观众行为观察的组成部分，包括观众在不同陈列面前的参观总时长以及观众在每个观察点停留的时间，甚至进一步具体到观众观赏每一件展品、阅读说明文字、使用互动装置、观看多媒体影视等细节上花费的时间。通常情况下，家庭观众参观的总时间较长，团体观众参观的总时间较短，个体观众出于自身需求存在不同的用时。对观众参观时长的观察有利于研究博物馆展陈的实际教育效果。

3. 参观路线

即对观众参观展示区域时选择的路线进行观察，观众参观路线一般会受到自身习惯、展厅布局以及展品特性等因素的影响。

4. 驻足点

即观众受到吸引而停下脚步进行观看的某一区域，不同类型的观众存在不同的驻足时长和驻足行为，如家庭观众在驻足点的停留时长往往大于个人和团体观众。

（二）观察法的主要特点

1. 客观性

观察法通过直接观察的形式获得信息，观察者在不与被观察者进行直接接触的条件下，以旁观者的身份随时随地观察其举止表现，被观察者不受或极少受到中间环节的干扰，其参观行为呈现出较为自然的状态，因此收集到的信息更加真实有效。

2. 时效性

通过观察法对博物馆观众进行实时追踪，所观察到的是被观察者当下正在发生的现象，被观察者的参观行为一旦发生，便被及时地记录下来，因此观察法所获得的信息时效性较强。

3. 连贯性

观察法既可以选择固定的观测点对不同的观众进行观察，又可以观察固定的对象，对同一个观众或团体在场馆内进行较长时间的反复观察与跟踪观察，从而对被观察者的行为趋势进行分析。

4. 意外性

由于被观察者的行为及外部环境等各个方面都存在着不确定性，对最终结果会有一定的影响，因此在观察过程中有可能获得意外收获。

（三）观察法的局限性

1. 观察者本身的限制

人的感官都有一定的生理限度，观察者的体力和精力会影响到观察效果。同时，人的观察也会受到主观意识的影响，不同的观察者有不同的意识背景、理论框架和思维方式等，因此对同一事物的观察往往带有各自的主观性，难以做到绝对的客观化。

2. 被观察者的限制

观察法是利用观察者的感官所进行的单向研究，有些资料无法通过对被观察者的观察直接准确地获取，如被观察者的年龄、职业、受教育程度、居住地等信息。观察法难以获得更深层次的内容，可能会影响结果的准确性。

3. 受观察范围的限制

观察法无法做到在全时段和全范围内进行，而且观察法一般采用固定观察点或固定观察对象的方式，无论哪一种方式均无法摆脱博物馆场地的限制。

二、访谈法

访谈法又称晤谈法,是指调查者以口头形式、采用面对面的方式与被调查者进行交谈或访谈,从不同侧面听取他们的反馈,询问他们的意见,从而了解被调查者的心理和行为的研究方法。访谈法往往作为一种补充性调查方法出现,与观察法、问卷法等配合使用。

(一)访谈内容

1. 参观次数

参观次数即被调查者参观博物馆的次数。根据参观次数的不同,可将观众分为经常观众、偶尔观众及稀有观众等。

2. 参观目的

观众基于不同的出发点在博物馆进行参观,根据参观目的的不同,博物馆观众可分为学习型观众、科研型观众及观光休闲型观众等。

3. 参观兴趣

观众依据个人兴趣所在选择参观不同类型的博物馆,或者在同一博物馆内选择不同的区域进行参观。如未成年观众多喜欢自然科学类博物馆等,而中老年观众多倾向于历史类、民族类博物馆等。

(二)访谈法的主要特点

1. 真实性

访谈法可以通过面对面直接交谈的方式收集资料,形式上自然随意,往往能够听到被调查者最直接、最真实的想法。

2. 丰富性

访谈法是调查者和被调查者之间的双向互动。通过访谈,调查者除了获取直接观察到的信息,还能够了解被调查者的想法和意见。这一调查方法,既有事实的调查,又有意见的征询,获取的信息内容十分丰富高效。

3. 多样性

因研究对象、研究内容和研究目的的不同,访谈法存在多样化的调查形式,如个别访谈和团体访谈、正式访谈和非正式访谈等。

（三）访谈法的局限性

1. 调查者和被调查者本身的影响

由于访谈法通常发生在陌生对象之间，不仅调查者的态度和沟通水平等会影响到调查反馈结果，而且被调查者的性格特征和回答方式等也会在一定程度上影响到信息的收集。

2. 投入大，成本高

采用访谈法开展调查时，调查者在前期需要耗费大量的时间精力筛选调查对象，且需要对调查者的访谈技巧等方面进行专业的培训。在访谈过程中，双方也会受到地点、时间的限制，在人力、物力、财力等方面都会有较大的投入，因此访谈法难以大规模进行。

3. 访谈内容的选择

访谈法在进行过程中要求被调查者当场作答，部分相对敏感的问题可能涉及被调查者的隐私，因此存在未真实回答的可能性，同时也存在被调查者拒绝回答的情况。

4. 缺乏系统归纳

基于访谈法获得的信息资料相对零散，没有统一标准，访谈形式的限制也会影响到实时资料的记录和收集。

三、问卷法

问卷法即调查者通过发放经过科学设计的调查表，选择一定数量的被调查者，收集被调查者对调查表问题的答案及建议，以此来间接获得观众信息的一种调查方式。问卷法在博物馆学领域是使用非常普遍的调查方法，其中抽样调查是常用的方式之一。问卷调查的成功取决于科学合理的问卷设计和样本选择。使用问卷法开展调查时，要注意明确调查目的，在问题设计上，语言应规范简洁，提问应避免倾向性和重复。问卷的题目以封闭式问答为主，开放式问题不宜多。在答案设计上，将可能重要的答案放在靠前的选项，答案中不要出现博物馆不可能实施的措施，避免给观众不切实际的期望。

（一）问卷的设计、发放与处理

1. 问卷设计

问卷设计是问卷法实施的关键所在，问卷形式包括完全由被调查者自己填写的开放式问卷、提供答案选项的封闭式问卷及半封闭半开放的混合式问卷。其中题目设置是问卷的核心，通常情况下，问卷题目需要包括背景性问题（如年龄、性别、文化程度等）、客观问题（如参观次数等）、主观问题（如参观满意度等）及检验问题（如前后同类型问题等）四种类型，题目及答案的设置须做到客观、全面、具体。

2. 问卷发放

问题设置完成后就需要按计划发放调查问卷。问卷的调查形式分为全员调查和非全员调查，其中非全员调查是选取若干观众的抽样调查方法。依据问卷调查目的的不同，有随机抽样、类型抽样等方式。

3. 问卷处理

确认有效问卷之后，调查者应采取恰当的方法对回收问卷中的各种原始数据进行处理，从各个角度对综合数据进行分析推断，从而得出调查结论，提出改进设想。

（二）问卷法的主要特点

1. 准确性

问卷法不依靠感官工具和口头记录来获取个别现象或实例，从而能够掌握更加系统标准的统计数据。

2. 直接性

问卷法采用书面形式，所获得的信息资料皆是由被调查者亲自记录的，是被调查者想法的完整体现。

3. 随机性

通常情况下，问卷法会采取抽样调查的方式，从总体的调查对象中选取一定数量的对象作为样本进行调查，并以这些调查结果来推断总体的一般情况。

（三）问卷法的局限性

1. 受调查对象的限制

随机抽样调查的问卷涉及不同的发放对象，往往会影响最终结果的形成。

2. 问卷回收的利用率不高

采取问卷法进行调查需要发放大量问卷，容易存在无效问卷，使得调查质量得不到保证。

3. 耗费人力和时间

问卷法需要投入大量时间精力进行问卷的设计、发放与处理，整个调查过程耗时长久，筛选处理过程要求精细复杂。

（四）传统的问卷调查与网络问卷调查的有效结合

随着互联网的普及，让传统的问卷调查由线下发展至线上，突破了现场调查的诸多局限性。

1. 网络问卷调查的具体流程

博物馆工作者根据实际工作需要设计好调查问卷小程序并将之发布到网络平台，对调查主题感兴趣的网民可以在网络页面上填写问卷，提交后数据会自动进行保存，即完成一份问卷调查的存档。博物馆会定期收集填写完成的问卷，并运用科学的数据分析方法对问卷内容进行统计处理。

目前，已经有很多专业的市场调研团队开发出了功能强大的在线问卷调查系统，为博物馆提供问卷设计、问卷发布、数据收集、结果分析等全程定制服务和建议。博物馆无须考虑网络技术因素，只需将精力用于问卷内容的设计及发布平台的选择上。

2. 网络问卷调查的优点十分显著

第一，节省了大量人力和物力的投入。网络问卷调查的成本主要体现在支付问卷设计费及数据处理的费用上，通常只花费传统问卷调查费用的 10% 左右，每份网络问卷所要支付的费用几乎为零。第二，样本数量增多。网络问卷调查不受空间的限制，与传统的问卷调查相比，调查范围可扩展到全国甚至全世界的观众。第三，时效性更强。网络问卷调查能在很短时间内就开始操作，不受博物馆开闭馆时间的限制，可全天 24 小时随时开展调查，并迅速得出结论，实时掌握观众的动向。第四，避免出现人工填写及统计上的操作失误，能够更好地控制问卷的质量。传统的问卷调查对于填写的内容及统计的结果没有较好的检验措施，只能依赖于调查人员是否认真仔细。网络问卷调查能预先设定检验条件，对填写的内容及统计的结果自动校验复核，避免出错。而且对于身份验证技术的启用，能更有效地防止在信息采集过程中的舞弊行为。第五，数据处理环节由计算机完成，节省人力。第六，调查结果更具可信度，被调查者是在完全自愿的原则下参与调查，而且不受传统模式下可能来自调查者或周围环境的影响，因此调查结果更加真实可靠。

3. 网络问卷调查也存在局限性

第一，问卷调查的回收量受网站人气的影响。人气较旺的网站，参与调查的观众会更多。第二，样本的群体特征受网站性质、网民特征的影响。网络问卷调查一般是匿名填写，网民的真实身份信息无法核实。第三，在调查内容上，无法对观众的参观行为及心理进行调查研究。第四，被调查者可能重复填写问卷，调查结果会出现误差，尤其是有奖问卷调查，这种可能性更高。

因此，调查者可以选择具有较高知名度和人气的网络平台，尤其是需要会员注册的网站进行问卷调查，将有利于提高问卷的回收量。同时加大宣传力度，让更多的人认可和接受网络问卷调查这种形式。

第四节 国际博物馆与观众研究

在世界范围内，博物馆相关问题是一个很有发展潜力的领域，这种发展在20世纪80年代达到了一个高峰。据统计，世界各地区的博物馆中，半数以上的博物馆历史不超过50年。然而，从另一个角度看，尤其是近几十年来，世界各地区的博物馆，无论是其结构、功能，还是运作方式，都与19世纪博物馆的发端时期有明显的差异，甚至还出现了异化。出现这种形势的社会背景是广阔而又复杂的，是政治、经济、文化等各种因素共同作用的结果。无论是博物馆的决策机构，还是博物馆的管理者，无论是在博物馆内部，还是在外部，人们从来没有像今天这样对博物馆给予如此多的关注。而受到各界广泛关注所产生的必然结果，是一系列涉及博物馆及相关公众理论研究成果和实践方法的应运而生。可以说，在任何地区的博物馆研讨活动中，博物馆与观众的关系问题都是热点。传统的博物馆正经受着真实而又猛烈的现实挑战，而对作为博物馆存在和发展的基石之二的公众态度、公众责任的再认识，以及协调和改善这些关系的理论研究和实践探讨已迫在眉睫地摆在博物馆学研究者、博物馆决策者、博物馆管理者和所有关心博物馆发展的人们面前。

20世纪50年代至60年代，国际博物馆界曾有人对博物馆面临的主要问题做过如下归纳：如果人们对博物馆现象进行科学的分析之后，便会发现它们无不与下列四个问题密切相关，即博物馆与政府、博物馆与观众、博物馆与资金、博物馆专业化。这四个问题交织在一起，有时又互为因果，导致了世界范围内博物馆现象的千姿百态。它们使博物馆充满了挑战，同时也充满了新的机遇。由此可见，博物馆与观众的关系，已成为世界博物馆的核心问题之一。20世纪60年代，许多博物馆开始制定积极的观众战略，其动因是来自多方面的。其中非常明确的观点是，博物馆是为所有纳税支持它的人们而工作的。在不少博物馆中，如何与观众更好地打交道已成为其管理政策的重要研究内容。博物馆面临的另一个极大的压力是资金困难。经费短缺的博物馆不得不开发出一系列新的活动以向决策机构证明自身的价值。此外，在博物馆面临的压力中还有因博物馆对闲暇消费市场出现的，对博物馆原有领地的侵犯和竞争日益加剧所做出的反应。这些来自各方的压力又因博物馆所在地区和自身条件各异而产生不同的影响。

20世纪80年代以后，随着博物馆财政压力的加大，欧美各国的博物馆开始寻找与政府之间的健康关系。20世纪80年代中期，在欧洲地区，特别是在英国和荷兰出现了一场不大不小的"博物馆独立化运动"。这场运动的核心内容是博物馆与政府在人类遗产领域进行分工，即政府对馆藏的属于国家所有的文化遗产的收集、保护，及其实施这些行为所必需的资金、建筑、设施和人员方面负有责任，而涉及博物馆传播、服务等方面则由博物馆负责。这一运动的开展，在弱化了博物馆对政府过于依附的同时，又为博物馆创造了更多的机会和自由在传播和服务领域走向社会，走向市场，也使文化遗产的保护得到最基本的保障。博物馆资金短缺，是一个世界性难题。为了解决这个问题，各国的博物馆曾做过许多尝试。归纳起来不外乎两个方面，博物馆内部和博物馆外部。然而，无论是从博物馆内部还是外部，都与博物馆协调处理好与观众的关系紧密相连。就内部而言，博物馆必须树立正确的观众态度，实现博物馆的社会责任，坚信博物馆真正的主人不是博物馆馆长、博物馆的研究人员或其他，而是社会大众，博物馆要在此基础之上，不断推出新的、高质量的、贴近观众生活的独特产品。在博物馆，观众必须得到精心照料。国际上众多博物馆的成功经验已证明了这一点。当然，只有良好的动机是不够的，还需要博物馆在业务运作中做出不懈的努力，这是博物馆产品区别于其他产品的关键所在，否则，博物馆专业也就不再成其为专业。[①]

随着博物馆资金来源的多渠道化，以及随之出现的资金筹措管理需求等，博物馆的运作呈现出独立化的趋势。在西方的很多国家，博物馆在政府管理水平上已被称为"博物馆实业"，在市场研究人员看来，已成为"博物馆商务"。在英国"遗产工业"已被认定占有300亿英镑的市场份额，而博物馆的决策机构也正在试图确定博物馆所占的市场份额到底有多大，一种日益为人们所接受的观点是，博物馆的"非营利性"不等同于"不能营利"，而应当理解为"不以营利为目的"。这就使博物馆出于事业发展需求向公众提供有偿服务在理论上找到了依据。在过去，许多传统型的博物馆强烈地否认其在规划陈列展览的过程中忽视普通观众的需求而收到的指责。然而，事实是博物馆在这方面的努力的确是微乎其微的。[②]

到了20世纪90年代，博物馆已经意识到，自身正处于社会变革的重重包围之中，其专业地位和社会责任也随着经济困难等因素的影响而面临着贬值的威胁。所以，博物馆专业人员开始重新审视和反思博物馆作为人类知识的储存机构和人类与环境关系的阐释者所应发挥的作用。对观众态度和观众责任的反思，融入了博物馆走向社会、走向公众和走向市场的过程中。博物馆外在的努力是显而易见的，这其中包括开始于20世纪70年代、贯穿于20世纪80年代的诸如观众调查等市场研究技术的应用，以及20世纪90年代出现并迅速发展的将观众作为博物馆的消费者的观点

[①] 安来顺.博物馆与公众：21世纪博物馆的核心问题之一[J].中国博物馆，1997(4)：17-27，43.

[②] 安来顺.博物馆与公众：21世纪博物馆的核心问题之一[J].中国博物馆，1997(4)：17-27，43.

和与之相应的越来越多的培训等，从不同侧面反映了博物馆观众意识的加强。在这种似乎更强调博物馆如何为"休闲"市场提供独特的产品，鼓励实际和潜在购买者的观点为越来越多的博物馆所接受的同时，一种更加先进的观念，即为所在社区服务，变博物馆为"社区中心"的观念也正在博物馆中逐步形成。更有甚者，作为社区文化的产物，在博物馆领域还出现了一种以全方位保护和传播社区环境、人文特性为宗旨的新的博物馆形态——生态博物馆。如果说，20世纪80年代以"目标观众群"调查为主要特征的观众市场研究是博物馆走向普通公众、走向市场的被迫行为的话，那么20世纪90年代的博物馆高度观众化和社区中心化趋势则是博物馆迎接挑战、强化博物馆社会地位的主动出击。

关于博物馆与观众关系良性循环的问题，我们首先应该认识到关于博物馆"内向型"和"外向型"的两种定位。有一种争论是，如何在博物馆内部学科要求及藏品保护与满足公众（包括实际的观众和潜在的观众）的要求之间达到一种平衡。在寻求这种平衡中，占有主导地位的观点是：如果没有观众，则博物馆只是一个收藏所，为了未来而保护也就不具有任何含义。如果当代人没有权利，也从来没有机会欣赏博物馆藏品的话，那么又为什么和为谁而保存它们呢？而"未来"在这里又意味着什么呢？相反的看法则认为：一座不具备良好的藏品管理和研究能力的博物馆，将使其藏品日益消损，藏品的意义也将淡化和消失。事实上，上述两种定位并不是根本对立的。少数博物馆在这方面实现了很好的平衡，而多数博物馆则被其中某种定位所左右。其实，这是两种类型的博物馆，它们中都有成功者和失败者。好的"内向型"博物馆更关注于自身内在的功能，它们是以藏品为核心的，藏品的需求较之于观众的需求来说更加重要。这一类博物馆强调精深的学术水平、良好的保管秩序，并与观众分享收藏活动本身的愉悦。而"外向型"博物馆则是以人为核心的，博物馆的政策和行为决定于观众的需求，博物馆的主要目的是找到帮助观众认识藏品及其意义的有效途径。它们强调使藏品更容易接近，并与观众共享对藏品的热爱。现在是博物馆在巨大的压力之下变得更加开放、更加以服务为核心的时代，对这一问题的进一步明确显然是十分有意义的。在许多博物馆面临着对自身功能认知产生混淆的情况下，无论是"内向型"还是"外向型"的博物馆，能否保持最高的质量，并对观众具有广泛的包容性和激励性，的确是一个至关重要的课题。作为对"内向型"和"外向型"博物馆问题讨论的必然结果，博物馆与观众关系良性循环的另一个问题是如何认识非专业观众利用博物馆的问题。澳大利亚著名的博物馆学者唐纳德·霍恩（Donald Horne）曾提出过一个挑战性的观点：不论受过良好教育与否，大家都是平等的，我们不应追求名词意义的博物馆，而应当追求我们大家的博物馆。因此，需要所有的人都能读懂博物馆。霍恩分析了典型的也是观众普遍存在的参观博物馆的感受，他尖锐地指出，阻碍博物馆与观众关系良性循环的核心问题是观众与博物馆在文化上、专业上的隔阂，以及观众与博物馆的责任之间的隔阂。这两个特征至少在大型的博物馆中表现得尤为突出。然而，这一问题是形成于19世纪欧洲传统的，或者说经典的博物馆责任观，在世界博物馆运动中至今仍不乏响应者。①

　　博物馆的规划和发展必须建立在博物馆与观众关系良性循环的基础上。无论是对于国际级的、国家级的，抑或是地方级的博物馆，"人"的因素是衡量一个博物馆能否实现将藏品的意义和价值传达给观众这一最终目标的最基本的标准。所以，博物馆规划发展的核心部分首先是"人"。博物馆规划中对人的关注，并不仅仅意味着规划好适当数量的停车位、剧场的座位等，还意味着对观众和潜在观众的需求做出响应，对博物馆社区现存和潜在的各种热点问题的充分理解，并参与其中，以保证博物馆与对公众始终处于相互理解、相互支持的情态之中。博物馆学家托米斯拉夫·索拉（Tomislav Sola）在讨论博物馆与观众的关系时指出：博物馆必须将自己融入公众的感受之中，否则在博物馆与观众之间便不会产生交流，也不会有任何理解可言。国际博物馆协会主席高斯从科学博物馆的角度提出：博物馆应当成为"信息工具"，"更加体贴人"对博物馆来说是至关重要的。1989年国际博物馆协会海牙大会的中心议题"博物馆能否成功地成为新文化的催化器而不仅仅是古老遗产反射仪"无疑是国际博物馆协会对博物馆与公众关系最好的诠释。②

---

　　① 安来顺.博物馆与公众：21世纪博物馆的核心问题之一［J］.中国博物馆，1997（4）：17-27，43.

　　② 安来顺.博物馆与公众：21世纪博物馆的核心问题之一［J］.中国博物馆，1997（4）：17-27，43.

第六章

博物馆教育内容

第一节　作为教育资源的陈列展览

一、陈列展览与博物馆教育的关系

（一）陈列展览的含义

陈列展览是在一定空间内，以实物展品为基础，以设备为平台，配合适当的辅助展品，依据特定的传播和教育目的，按照一定主题、序列和艺术形式组成并传播信息的展品群体。博物馆的陈列展览能够全面反映一座博物馆的文物藏品数量、展厅设施条件、展览设计水平、学术研究成果、综合管理措施、社会服务意识和文化传播能力。通过策划展览，对文物藏品进行组合陈列设计，博物馆可以实现传播历史、艺术、科学文化，履行社会教育和服务的职能。

陈列展览重要的特点是实物性、直观性，其核心特征是知识性、教育性、科学性、真实性，其中教育性也是陈列展览的目的和宗旨。此外陈列展览还有观赏性和趣味性等特点。

（二）陈列展览的分类

按照陈列展览的时间，可分为基本陈列和临时展览。基本陈列是与本馆的基本性质和任务相适应的，一般具有鲜明的本馆特色和陈列体系的，相对固定且常年对外开放的陈列。同时基本陈列与本馆其他临时展览有机联系在一起，相辅相成，相互呼应。基本陈列是博物馆开展教育活动的基本内容和主要依据。临时展览一般指博物馆经常更换的展览，体量较小，内容丰富多样，展出时间为短期展出。多次拆装运输的展览称为流动展览，也是临时展览的一种。临时展览是开展博物馆教育活动的依据之一。

按照陈列展览的场所，可分为室内陈列和室外陈列。室内陈列一般在博物馆建筑内展出，陈列的场所主要是展厅，室内陈列是博物馆最常见的展出形式，也是博物馆开展教育的主要场所。与室内陈列相对应的是室外陈列，是博物馆建筑区域内的露天陈列，如中国人民革命军事博物馆在室外展出的海军退役的舰艇等。室外陈列的展品大多由于体积较大，这一部分展品也是博物馆展品的重要组成部分，室外陈列也是博物馆教育内容的重要依据。

按照陈列展览的展示手法，分为静态陈列、动态陈列和操作演示陈列及活态陈列。静态陈列是博物馆常规和传统的展出手法，优点在于可以清晰地观察展品的造型、色彩、材质等。静态展示比较适合展品的形态展示和分类展示，而缺点是不能表现时间和流程等非物质性特点。动态陈列和操作演示陈列则弥补了静态陈列的不足，不仅更加吸引观众，而且增强了博物馆教育活动的丰富性和趣味性。活态陈列一般出现在历史自然类博物馆，这种陈列方式可以增加教育内容的趣味性，如英国牛津大学自然史博物馆中饲养了活体的蟋蟀、螳螂等供观众参观。此外，我国民族类博物馆在博物馆教育活动中，也会聘请"非遗"传承人在博物馆内进行活态展演，如展示民族音乐、民族舞蹈、民族刺绣技艺等。活态陈列是静态陈列的重要补充。

（三）陈列展览与博物馆教育的关系

陈列展览与教育的关系非常密切，这里所说的教育有两个层面的意思：从教育载体层面，陈列展览是为公众服务的，具有教育意义和知识普及意义，因此，陈列展览是为教育服务的载体和媒介；从教育活动层面，教育活动的开展，依赖陈列展览的内容，绝大多数博物馆教育活动都是依靠基本陈列和临时展览来组织策划的，有时也会依据馆藏藏品开展教育活动。因此，博物馆教育活动不是凭空想象的，其内容是以博物馆的陈列展览和藏品为基础来组织策划的。

博物馆的陈列展览被称为"无声教育""视觉教育"和"体验教育"。所谓"无声教育"，是指博物馆的陈列展览通常是以静态陈列呈现的"视觉教育"，观众参观博物馆，观察展品的说明牌，文字展板，及展品的造型、色彩、质地等外在内容，由视觉感受刺激大脑，从而得到知识反馈。"体验教育"是观众通过体验和感受博物馆的空间环境、展品互动等获得的信息。博物馆陈列展览中的基本陈列和临时展览，无论哪种类型，都是博物馆教育的重要资源和重要内容。其中基本陈列代表着一座博物馆的性质、特点、藏品实力和学术研究水平，是博物馆教育内容和思想传播的重要载体，是博物馆教育核心的、常规的载体，成为博物馆教育最重要的组成部分。陈列展览虽然大多为静态陈列，看似与公共教育并无直接关系，但实际上，陈列展览是博物馆与观众面对面交流的最直接的方式。陈列展览虽无声却胜有声，展品及空间环境会对观众产生视觉冲击，刺激观众想要进一步了解更多的知识。

（四）陈列展览的教育作用

陈列展览作为博物馆教育的核心内容，其教育价值体现在许多方面。首先，展出的实物具有直观性，直观性适合人们的具体形象思维特点，有助于人们在具体实物和抽象概念之间建立联系，由直观观感引发抽象联想，无论对于学习新知识还是重温已有的知识都很有益处。其次，博物馆中展出的实物经过科学分类，并附以文字或图像说明，不但能够为观众提供比较完整、系统和准确的知识内容，而且有助于观众通过分析比较来建立更高水平的知识结构，使思维更加灵活，做到举一反三、融会贯通。最后，除了学习知识以外，参观博物馆还可以激发观众的灵感，培养未成年人的学习兴趣。我们都知道，大多数未成年人的专业特长和学习兴趣并不是生而有之，而是后天培养的。博物馆为人们打开了课外知识的窗户，开阔了人们的眼界。因此，陈列展览又称为"无声教育"，观众参观欣赏的过程是一个自主教育的过程，每个人的知识结构、生活背景不一样，得到的感悟和体验也不一样。

近年来，国际上越来越多的博物馆理论研究者开始从传播学的角度探讨博物馆陈列展览的特征及这种特殊语言的结构，以期实现与观众最有效的交流。国际博物馆协会博物馆学专业委员会1991年在瑞士举行年会，会议的中心议题是"陈列的语言"。在这次会议上，陈列语言被定义为"博物馆工作人员与博物馆观众之间进行交流的方法和途径"，是博物馆所使用的最富有特色的媒介。[①] 一座博物馆，无论是在临时展览还是基本陈列的规划中，都应当包括四个方面的观众信息：对目标观众的确定；对观众行为的相关研究；限定因素的细节（指资金、时间、场地条件等）；陈列展览的内容和信息变成三度空间展览所应采取的方法。这种陈列展览规划中的市场战略思想，对陈列展览的成功具有重要意义。此外，日臻成熟的陈列展览有效性和吸引力的研究和评估，更使陈列展览与观众之间建立起了更加密切的联系。[②]

近年来，国际博物馆界所从事的陈列展览有效性和吸引力的研究，是陈列设计与博物馆观众之间关系研究的一种主要类型，它建立在心理学、社会学和语言学的理论和概念基础之上。从这些研究中可以发现，人们过去对陈列展览与观众关系及教育的有效性认识不足。根据有关研究资料，国际上最早的系统研究博物馆观众行为的论文发表于1916年，作者是吉尔曼（Gilman）。这篇论文的核心是研究陈列展

---

① 国家文物局，中国博物馆学会. 博物馆陈列艺术 [M]. 北京：文物出版社，1997：318.
② 北京博物馆学会. 北京博物馆学会第二届学术会议 [M]. 北京：经济日报出版社，1998：183.

览设计诸因素与观众参观疲劳之间的关系。① 然而，这篇早期的论文，并没有引起人们对类似课题的深入研究。1928 年，罗宾逊（Robinson）发表了第二篇研究论文。罗宾逊及其在耶鲁大学的同事、心理学家麦尔顿（Melotn）被普遍认为是"博物馆观众研究之父"。在 1928 年至 1396 年之间，二人共发表了 10 篇重要的论文。② 值得注意的是，罗宾逊和麦尔顿所使用的主要方法，是审慎地研究观众在展厅中停留的时间和展览对观众的吸引程度。在这些研究中，虽然参观博物馆的教育价值没有被直接评估，但研究是以观众所花费的时间作为推演依据的。可能人们会认为，这些研究是由两位训练有素的心理学家进行并用博物馆的语言所表述的，但他们的确开拓了一种新的认识陈列展览与观众关系的方法。③

在美国、加拿大、德国、法国等国家中，通过预先的展览造型来进行调查和听取各方面的意见已成为许多博物馆组织陈列展览的标准或惯例，这也许是 20 世纪六七十年代关于观众研究中极为独特且某种程度上是最重要的贡献。但是，这并不意味着展览评估在实践中已为博物馆所普遍采用。绝大多数陈列展览在其筹备过程中尚无任何评估投入，主要有两个原因：一是思想上的；二是实践上的。首先，在思想上，有人不同意这些研究可以完全溶于博物馆教育衡量标准体系。在实践上，由于它们需要更多财政、时间等方面的投入，所以造成了实现这些研究的困难。有人会说"我们很乐意通过预先的展览造型来进行检验和前端评估，但是决策机构和资源状况不允许我们这样做"，事实上，陈列展览处在与其他文化机构的激烈竞争中，根本的竞争力在于赢得更多的公众支持，这同样也是赢得财政等方面支持的重要出路。现实已经证明，博物馆更加贴近公众，陈列展览筹划和设计中对观众因素更多的关注和研究，代表了陈列工作未来发展的基本方向。④

第二节 陈列展览的教育要素

博物馆陈列展览是进行社会教育的直接窗口，陈列展览的主题思想是博物馆开展教育活动的总方向和价值导向。陈列展览的实物展品、展览序列、展品说明文字、辅助展品、博物馆的空间和建筑环境及陈列展览的艺术形式等，是博物馆开展教育活动的载体和媒介。

---

① 北京博物馆学会. 北京博物馆学会第二届学术会议［M］. 北京：经济日报出版社，1998：184.
② 国家文物局，中国博物馆学会. 博物馆陈列艺术［M］. 北京：文物出版社，1997：320.
③ 国家文物局，中国博物馆学会. 博物馆陈列艺术［M］. 北京：文物出版社，1997：320.
④ 北京博物馆学会. 北京博物馆学会第二届学术会议［M］. 北京：经济日报出版社，1998：186.

一、主题思想

陈列展览的主题思想体现着博物馆的性质、特点、价值观和办展理念，也体现着博物馆教育的价值导向，是进行社会教育的总方向。陈列展览的主题思想必须符合社会主义核心价值观，具有思想性、科学性和教育性，这是博物馆办馆宗旨所决定的。陈列展览的思想性是指具有时代特点，具有与时俱进的思想内涵，大力弘扬社会主义核心价值观，为人类的发展和社会的进步提供正能量。科学性是指陈列展览能客观反映真实的历史史实，不能歪曲历史故事和历史人物。教育性是陈列展览的根本目的和主要宗旨，也是陈列展览的归宿，没有教育意义的陈列展览也就失去存在的价值，这是博物馆的性质和主要任务所决定的。陈列展览具有思想文化内涵，能给观众以思想启迪和文化知识的滋养，好的展览能起到促进文化交流、启迪公众思想、传播文化知识的作用，一个没有思想文化内涵的展览，无论其表面形式如何花哨，技术如何先进，体验如何有趣，都是徒有其表、没有灵魂的。

二、实物展品

实物展品是博物馆陈列展览发挥教育功能的主要展示媒介，是陈列展览的主角，任何辅助展品都不能取代实物展品的地位。实物展品在陈列展览中具有不可替代的基础性作用，其本身就是很好的教育资源，例如文物的造型、色彩、纹饰、质地等都能激发观众产生强烈的视觉感受和进一步探索其内涵的愿望。实物展品不同于文献资料，实物具有直观性，实物有助于人们在具体实物和抽象概念之间建立起联系。

实物性是博物馆区别其他教育机构的主要特色之一，一个博物馆如果没有实物展品，其教育作用将大打折扣。有的博物馆采用了场景复原、借展和数字化等方式呈现历史事件，虽在一定程度上弥补了实物的不足，但不能完全代替实物本身的价值。实物展品不仅代表着博物馆的收藏水准，也代表着一座博物馆发挥教育作用的资本和依据。具有较高文物价值和艺术价值的实物展品，通过艺术的陈列，能更好地发挥实物展品的物证教育作用。

三、展览序列

根据国际博物馆协会对博物馆的定义和分类，博物馆的类型不仅包括历史、艺术、自然、科学、人物等大类，还有标本、动物、植物和水生物等类型。不同类型的博物馆陈列展览的类型和方式也多种多样，常见的展览类型有历史类展览、艺术类展览、人物类展览、科技类展览、自然历史类展览等。这些展览有一个共性，都是根据自身的传播目的设置展览，无论哪种传播目的，其展示方式大致分为两种类型：一类是叙事类展览；另一类是审美类展览。

叙事类展览是以讲故事的方式表达展览目的和意图，从而达到教育目的。这类展览有明确的主题思想、严密的内容逻辑和结构层次，根据明确的主题思想选择恰当的实物展品，强调展示元素（实物、文字和图片、辅助展品等）之间的内在联系。叙事类展览中，实物展品成为主题思想的载体，阐释展览的主题思想，配合辅助展品，共同叙述一个故事，故事的内容有历史的、事件的、自然生态的、科技知识的、人物的等。审美类展览则主要展示艺术品，如书画展、陶瓷展等，关注的焦点是展品的外观，如造型、色彩、装饰、质感等，目的是通过展品给人以美的享受，对观众进行审美教育。这类展览强调艺术品本身或物品造型的美感呈现，强调艺术品的美学价值，不需要过多的辅助展品来进行补充说明。

展览序列是根据展览目的进行展览策划，展览策划包括选题策划、展览主题、陈列展览大纲、形式设计、实物资料等，其中最重要的一环是陈列展览大纲的拟定。陈列展览大纲是将陈列展览主题、基本线索、展示内容、展览结构等按照创意的逻辑结构进行编排，据此指导整个陈列展览形式艺术设计和布展的纲领性文本。[①] 博物馆陈列展览大纲包括序言、前言、单元和小组说明等文字内容，这些内容是建立在严谨的学术研究基础上的展览语言。博物馆展出的实物，都是根据陈列展览大纲，经过科学分类和说明后进行陈列。陈列展览大纲除了包括上述文字内容，还包括展板说明、文物说明牌及文物选择等方面的规划。陈列展览大纲是陈列展览的核心和灵魂，没有经过科学分析研究的陈列展览大纲，展品只会简单随意地摆放。因此，陈列展览大纲是陈列展览文物组合的指挥棒，如自然历史类博物馆的矿石陈列组合，历史类博物馆关于人类历史发展序列的文物陈列组合，民族类博物馆的民族志陈列组合等。其中民族类博物馆的民族志陈列组合一般需要包括该民族的历史起源、经济生产、文化艺术、宗教信仰等类别的内容，能够比较全面地反映该民族的历史文化特征。展览序列涵盖了严谨的学术思想主题、精心选择的实物展品、合理规划的陈列方式，是博物馆"无声教育"的主要资源和载体。

四、展品说明文字

展品说明文字是观众参观博物馆陈列展览时最简单、最直接的获取信息的来源，是观众与展品的知识桥梁。没有选择语音导览和讲解服务的观众主要通过展品说明文字来获得展览信息和文物知识，展品说明文字包括展品名称、年代、质地、来源等，重要或特殊的展品还会附上制作工艺解读、纹饰内涵等极具艺术价值、历史价值和科学价值的信息。由于大多数观众并非文博专业出身，没有相关知识背景，所以

---

① 刘新阳. 展览的艺术：博物馆陈列操作与思考[M]. 武汉：武汉出版社，2016：13.

展品说明文字越详细、科学、生动、有趣，有吸引力，观众越喜欢观看和品读，接收的信息越多越丰富，对展品的认识也就越深入全面。

目前展品说明文字存在几个方面的问题：一是说明信息略显简单，不能很好地诠释展品内涵，展品深层次的历史文化信息比较少，过于简单的文字表达无法让观众全面地了解展品；第二是展品说明文字过多，容易引起观众阅读疲劳，分散注意力；第三，说明文字中有生僻字，观众不容易理解和阅读。因此，展品说明文字需要博物馆工作人员认真琢磨，才能达到文化传播和社会教育的作用。展品说明文字的撰写应遵循以下几点要求：第一，说明文字应精练简洁，避免长篇累牍；第二，说明文字应通俗易懂，若有生僻字应注音；第三，说明文字应考虑表达的艺术性，给人以阅读的美感，避免枯燥地说教。

五、辅助展品

辅助展品是对陈列展览主题的补充说明、实物展品的深入解读和抽象概念的形象化再现。辅助展品包括复制品、触摸教具、情景复原、壁画等，还包括多媒体音视频、动画、AR（增强现实）技术、VR（虚拟现实）技术等。在展览中设置辅助展品，观众得以实现近距离的观察、触摸，不仅是出于保护实物展品安全的考虑，更可以为展览增添趣味性和体验感，激发观众的灵感和参与积极性。如土家族村寨的壁画场景，艺术化地再现了土家族人靠山面水的聚居特点，壁画中塑造的干栏式吊脚楼的造型和结构，比图片和文字更有说服力，让人一目了然。相比较文字说明，辅助展品的教育价值是更加形象和直观的视觉教育，适合各类观众群体。但辅助展品的类型不能多而杂，应少而精，否则就会喧宾夺主。

辅助展品和展项能增加博物馆陈列展览的观赏性和趣味性。博物馆作为非学校教育的公共文化服务机构，人们来博物馆参观展览也是一种寓教于乐的学习方式，虽然展览传递出的观点、思想、知识和信息是客观理性的，但展览作为一种视觉的艺术形式，其表现形式应是感性和艺术化的，只有具有较高艺术水准和引人入胜的展览，才能吸引观众自发参观学习，一个学术意味过浓、枯燥乏味、缺乏趣味性和娱乐性的展览，不免显得刻板生硬，不适合开展普及教育和公众教育，而辅助展品和展项，通过解读展品的深奥内涵，对展品加以形象化呈现，能提高观众的参观兴趣，观众在饶有趣味中探究知识，从而实现潜移默化的博物馆教育效果。

六、博物馆的空间和建筑环境

博物馆的空间和建筑环境能影响观众参观过程中的心情，也是发挥博物馆教育功能的构成要素之一。合适的空间感使人产生安全、舒适、平静和愉悦的感觉，通过有选择性的空间设计，可以引导人们产生不同的空间感受，如高大空旷的空间让人产生庄严、神圣、冷峻的感觉。陈列展览的空间按照参观需求，被划分为一系列的空间组合，在组合关系上可分为主次空间、虚实空间、聚散空间、大小空间和分合空间等。有变化的空间组合具有韵律感和动线，为一步一景提供条件，避免单一空间让人产生乏味和疲惫感。

陈列展览的空间有实体和虚体之分。虚体空间是人的移动和活动空间，相对于虚体空间的实体空间，对应的是展墙、展柜、展架、展板、展台、隔断、场景、模型所占用的空间。良好的空间分隔要坚持以人为本，在分析观众的参观流线、容纳量及人的视觉和观感等方面后对空间进行恰当分隔。舒适的空间才能让观众产生愉悦的参观体验，不至于过于空旷或者拥挤。展厅的空间设计和平面布局要具备系统性、顺序性和灵活性等特点，尤其是参观线路的顺序性，在规划时应避免路线重复、交叉和回头路。参观流线则应根据观众的参观习惯，一般设置为顺时针方向。

博物馆的建筑物外观反映了博物馆的性质和地域特点，不同性质、不同地域的博物馆，其建筑风格各有鲜明的特色。如广西壮族自治区博物馆建筑物外观呈铜鼓造型，体现该博物馆以收藏铜鼓为大宗的特色，以及广西壮族人民对铜鼓文化的尊崇。如湖北省钟祥市博物馆的造型就是将博物馆内各建筑物组合成一个"明"字，这是因为钟祥曾经是明朝第十一位皇帝明世宗朱厚熜的出生地，该博物馆的展出内容也围绕着这位皇帝的相关内容展开。

博物馆的建筑物与展览就是形式和功能的关系。19世纪美国芝加哥学派路易斯·沙利文首次提出：形式应追随功能。简言之，博物馆的建筑外形、外观、空间、环境，应真实地反映博物馆观众的参观需求，而不是忽视观众体验感的建筑空间和环境，这就失去了博物馆的意义和价值。

七、陈列展览的艺术形式

陈列展览的艺术形式包括展览的总体风格定位、造型设计、色彩搭配和灯光设计等。陈列展览的总体风格能增强观众对展览的认知感和观赏体验，如历史类展览中体现的沉着古朴的古典风格、科技类展览中体现的现代风格、历史人物类展览中体现的简约风格、自然历史类博物馆中体现的自然主义风格及民族类博物馆中体现的多姿多彩的民族风格等。不同的展览有不同的艺术形式，不同的艺术形式能给予观众不同的心理感受和参观预期，但不论任何展览，都要坚持以人为本且要契合展览的主题思想，才能更好地发挥育人作用。陈列展览的艺术形式也有一些通用风格，如现代简约风格，可以适用各类展览，不仅可以运用于历史类展览，也可以运用于民族类展览。总之，展览的艺术形式只要根据主题选择，契合观众的审美感受和审美需求即可。

陈列展览的造型设计不仅要考虑观众的视觉因素，还要综合考虑装饰材料、工艺、设备、灯光、色彩等，是一个复杂的创作过程。展览的造型设计是通过对材料、工艺、色彩的综合运用，从而创造出一定形态、表达一定情感、引起一定反响、传达一定情绪的物化形态。造型设计要满足良好观赏性的需求，既要符合审美趣味，又不能过分喧宾夺主，分散观众欣赏展品的注意力。展柜的设计选择直线造型，显得简洁、明快、庄重、挺拔、平稳，富有力量感；如展柜的设计选择曲线造型，则显得流畅、婉转、圆润、柔和。展厅内的粗线条造型会显得厚重扎实，细线条造型则有轻松精致之感。

色彩搭配也对会人的心理感受产生影响。不同的色彩，能表达不同主题和风格，因此色彩搭配也是观众参观过程中的心理感受因素之一。饱和度低的色彩搭配有沉稳、糅合、典雅的美感，鲜亮的色彩搭配则有明快、活泼的感觉，色彩搭配要和展览风格一致，观众长时间在展厅进行参观行为，既可以使用色彩对比来调节观众的视觉疲劳，充分引起观众的观赏兴趣，又要避免过于强烈的色彩对比带来过度的感官刺激，加重视觉疲劳。

灯光设计也会让观众在参观过程中产生不同的心理感受。不同光源的明暗、聚焦还是照射，不同的灯光设计都会产生不同的观感，如重点文物和重点展区，可以用多重光源聚焦，从不同角度照向文物，以突出文物的质感，吸引观众的注意力。

第三节　陈列展览的教育特点

一、陈列展览的思想性和教育性

博物馆陈列展览虽然是"无声教育"，但其思想文化内涵是切实存在的，通过对展品及其信息的解读，体现出深刻的人文精神和时代精神。博物馆作为精神文明和物质文明传承的载体，肩负着弘扬民族文化、振奋民族精神的艰巨使命。通过博物馆陈列展览特有的展示语言，能够使人们更多地了解到中华优秀传统文化，有利于增强文化自信自强。作为历史文化与民族精神的结晶，博物馆陈列展览是精神文明的助推器，能够帮助青少年从小树立既不忘优秀传统文化、又勇于探索未知领域的精神品格，培养青少年的爱国主义情操。

二、陈列展览的学术性和知识性

博物馆陈列展览的策划设计要有扎实的学术支撑，每一个展览都应建立在严谨的学术研究成果和科学的策划设计上，没有科学性和知识性的陈列展览，不能算是一个好的陈列展览。陈列展览都是基于实物展品的学术研究成果开展的，通过展览向观众传播文化知识，同时也吸引不同学科背景的专业人士对现有学术研究成果进行探讨，促进学术交流。

三、陈列展览的观赏性和趣味性

博物馆陈列展览借助科技手段，在寓教于乐中向观众传播文化知识，并且当下新材料和新工艺的运用使得陈列展览的形式更加多样化。与观众之间的互动性也得到增强，观众可以切身感受展品中隐藏着的历史文化信息，让观众在欣赏美和感受美的同时，在轻松的氛围中主动探索文化知识。

四、如何发挥陈列展览的教育作用

（一）提升陈列展览的学术水平，改善社会教育服务品质

博物馆陈列展览教育作用的有效发挥，需要不断提升陈列展览的学术水平，需要重视文物的研究工作和文化内涵的挖掘，这也是博物馆开展工作的重要基础。因此，博物馆相关专业技术人员需要不断提升陈列展览的学术价值，重视与行业学者间的交流和沟通，主动挖掘博物馆陈列展览现有藏品的文化价值，通过展示藏品及其背后的历史文化底蕴，在整个博物馆形成浓厚的文化氛围。同时，基于观众的需求，还可以举办公开性的学术研究活动，创设相应的文化教育中心。

（二）提升陈列展览的可看性和观赏性

一般来讲，博物馆陈列展览本身具有直观性，但其潜在的文化思想和知识信息充满了学术性和学理性，某种意义上也有一定的枯燥性，甚至有许多人刻板地认为博物馆就是历史的老旧面目，参观者往往是文博专业或者对历史文化感兴趣的群体。目前博物馆大多数陈列展览，对于普通老百姓而言，仍有一定的陌生感和距离感，甚至会感到高冷、单调和乏味。因此，如何实现学术性和观赏性、知识性和趣味性的有机结合，是博物馆工作人员当前面临的重要问题。陈列展览作为一种视觉艺术呈现，可以运用多种艺术手段增强可看性，如场景复原等辅助展示手段，刺激观众多种感官的感性参与。因此陈列展览的表现形式可以打破常规单调的通柜式展示，采用多种先进展示手段，从而引起观众兴趣，启发观众思考。首先，博物馆展览可以更多地应用多媒体设备，观众通过多媒体设备营造的互动性环境，充分感受到原本学术性浓厚的陈列展览变成了引人入胜的场景，既包含原本丰富的知识内容，又满足了观众当下的审美需求。除此之外，陈列展览要想方设法地让展柜中的文物"活"起来。要想让文物"活"起来，应当更加注重文物本身的价值，重点突出文物的深刻内涵。如审美类展览的文物藏品，其展览的重点即文物藏品本身具备的独特美感，展

示过程中应重点强调其艺术美学与文化价值,给予观众美的感受。历史类展览中的彩陶、瓷器和青铜器等,可以打破单调的摆放方式,通过展示复原陶器、瓷器的制作过程,青铜器背后的礼乐文化场景等,增强陈列展览的可看性。

(三)突出陈列展览的社会性,满足公众精神需求

博物馆陈列展览通过向观众展示信息、传播观念、普及历史文化和科学技术知识,为观众搭建了和展品沟通的桥梁。如今,陈列展览的内容形式多样,尽可能地满足社会公众日益增长的精神文化需要。因此,陈列展览应让深藏在各大博物馆库房里的各种文物"活"起来,成为充分展示历史文化遗产的重要平台。观众只要参观了展览,不论知识水平和文化修养的高低,都能从中或多或少地受到人文氛围和艺术美学的熏陶,展品中蕴含的文化内涵也会影响到每一位观众,从而实现普及科学文化知识、满足公众精神文化需求的社会教育作用。除此之外,陈列展览最终要达到的目的是全社会范围内的教育启迪,不仅仅是博物馆的观众,整个社会公众都应该感受到陈列展览的独特作用。突出陈列展览的社会性就是要扩大受众群体和传播面,因此,博物馆可以采取线上线下同步发力的方式实现良好的宣传效果。在线上,博物馆可以开办自己的文化节目,开展博物馆网上讲座和网上直播云赏博物馆等活动激发潜在的观众群体;在线下,博物馆可以举办文创设计大赛、文物知识讲堂、拍摄文物短视频等扩大自身的影响力。满足人民群众对博物馆文化的需求,进一步促进博物馆社会教育的发展。

(四)丰富陈列展览内容,拓展社会教育活动形式

众所周知,博物馆肩负着拓宽群众文化视野的使命,博物馆的服务理念应当从"重展不重教"转变为"重展也重教",所以博物馆应该增强陈列展览内容的丰富性,让群众愿意走进博物馆。博物馆工作人员可以对馆内的展览内容进行创新,根据不同受众人群开设不同类型的展览。比如可以针对青少年开展自然科学类展览,将科学文化知识渗透进展览内容中,让青少年愿意走进博物馆,乐于学习科学文化知识,潜移默化地拓宽青少年的知识面。同时,博物馆可以在传统的陈列展览形式之外,开展各种博物馆社教活动,活动依托展览资源或文物资源进行开发,目的在于促进观众对展品的进一步理解和欣赏,对文物背后的文化内涵进一步消化和吸收,从而丰富观众的阅历,开阔观众的知识面。

第七章

博物馆教育类型

第一节 博物馆参观

引导观众参观博物馆，是博物馆教育的基本方式，也体现了博物馆的公众性和社会性。"物"和"人"是博物馆的两大关注对象，收藏文物藏品是博物馆开展教育活动的基础，也是博物馆为什么存在的原因，而服务人，则体现在博物馆为谁存在。保管文物是博物馆开展教育活动的保证，学术研究是博物馆开展教育活动的智力支撑，陈列展览是博物馆开展教育活动的依据和来源。

一、什么是博物馆参观

博物馆参观，又称参观博物馆，是博物馆与社会公众密切互动的具体体现，是实现博物馆教育目标的主要方式。参观博物馆是指社会公众自发或有意识地到博物馆进行学习、探究、欣赏、休闲、娱乐等行为，吸取科学文化知识，培养审美情趣，从而丰富自身的精神文化生活。通过参观行为，参观的主体（观众）和参观的对象及客体（博物馆）达到主客体间的相互联系、相互作用。

二、博物馆参观方式

（一）预约参观

预约参观是观众根据各个博物馆不同的预约方式进行提前预订后再进行参观行为。不同博物馆的预约方式不同，有的是通过网站、公众号及小程序进行预约，有的则通过电话预约。知名度高的大型博物馆，为保证进馆观众的参观体验感，会限制每日的参观人数，因此会对预约人数进行限流，如四川广汉三星堆博物馆等。节假日是参观博物馆的"井喷"期，观众可错峰预约参观。除了线上预约以外，大部分博物馆进馆需要刷身份证或核验预约，以便于博物馆统计参观人数。除了预约进馆，观众还可以预约讲解服务。目前大多数博物馆讲解人员的储备不太充足，所以讲解服务大多针对团队参观。

（二）预约讲解

预约参观这一步骤只是预约进馆，并不包括预约讲解。博物馆讲解能帮助观众加深对陈列展览内容的理解，随着博物馆免费开放以来，预约讲解的需求量越来越大。为了满足观众对讲解服务的需求，各博物馆采取了志愿者讲解、定时讲解等多种方式，以缓解讲解员不足的问题。

（三）自由参观

自由参观是指观众进馆以后，根据自己的需求，在博物馆自主参观游览。有的观众参观博物馆的目的是以拍照打卡、休闲娱乐为主，不需要讲解服务，就可以按照自己的时间、节奏和需求来进行参观；有的观众时间紧迫，来不及听讲解，只能走马观花，匆匆浏览；有的观众是因为讲解员不足，没有预约到讲解服务，只能自主参观或随机蹭听，等等。总之，是否自由参观是观众的自主选择。

三、博物馆参观特点

（一）普及性教育活动

博物馆参观属于博物馆教育活动中的常规性和普及性活动，是以公众为服务对象，以提高公众的科学文化素养、丰富公众的精神文化生活作为参观活动的出发点，彰显着博物馆教育的社会公众化特征。由于观众的参观目的不同，博物馆教育活动的方式不同，达到的教育效果也有所不同。

（二）自主性活动

观众有自主学习的自由和权利，这是博物馆教育的主要任务和目的决定的，博物馆教育的目的包括为社会公众开展自我教育和自我学习提供必要的服务和辅助设施。博物馆参观是非强制性的、非程序性的学习过程，在博物馆参观，观众具有很高的自主性、机动性和灵活性，没有任何人强迫观众进行学习，没有规定的课程和必须达成的学习进度、任务，也没有任何考试和考核，但博物馆教育是无处不在的，这是博物馆教育作为社会教育的性质决定的。观众素养的提升，是在完全自主、自由的状态下,通过潜移默化的熏陶而获得的,博物馆恰好能为这一过程提供理想场所和服务。

(三)直观性活动

博物馆是以实物展品为基础,精心组织策划陈列展览,运用文字、图版说明等形式,表达陈列展览的主题思想,为观众普及历史、文化、经济、自然科学等方面的知识。这种以实物展品向观众表达内涵和传递信息的方式,具有鲜明的直观性,也是博物馆区别于其他教育方式的特色所在。观众参观的载体是陈列展览,展览中的展品具有实物性和直观性等特点,这是博物馆的特点,也是观众自主参观学习的条件。观众通过观察实物展品的外观、造型、颜色、质地,听取讲解员的讲解,辅以展板文字说明,能较为全面地了解展品信息,这全部得益于博物馆中大量陈列的直观性的实物。除了实物以外,博物馆展览还有场景复原、壁画、沙盘、雕塑、造景等辅助展品,也是直观性陈列展览的一部分。这种可触摸、可观可赏的参观活动,富有冲击力,比书本知识要更加生动有趣且更易于被观众接受。

第二节 研学活动

教育活动是博物馆发挥教育功能的重要渠道,其目的不在于教育公众,而是根据公众的需要,为他们创造参与学习的机会并为其提供接受教育的场所。博物馆教育从活动类型可分为研学活动、科普活动、学术讲座等。从活动场所和地点可分为博物馆馆内活动和博物馆馆外活动,馆内活动有研学活动、学术讲座等,馆外活动有进社区、进校园、进企业、进军营、进机关、进乡村等丰富多彩的教育活动形式。本节主要讨论博物馆研学活动的模式、特点和基本原则。

一、什么是研学活动

研学活动是博物馆发挥教育功能和实现文化传播的主要手段之一,是面向社会公众,尤其是青少年群体进行综合素质教育的文化旅游活动。中共中央办公厅、国务院办公厅印发了《关于实施中华优秀传统文化传承发展工程的意见》,要求把优秀传统文化融入生产生活,大力发展文化旅游,充分利用历史文化资源优势,规划设计推出特色专题研学旅游线路,引导游客在文化旅游中感知中华优秀传统文化。在国家文化战略需求的背景下,博物馆研学活动成为一种新型的文化传播方式。

从学校角度来看,研学活动是学校组织的通过集体旅行、集中食宿等方式开展的校外教育活动,在与平常生活不同的环境中拓宽视野、丰富知识,加深学生与自然的亲近感和对文化价值观的认同感,培育学生的自理能力、创新精神和实践能力。一般情况下,博物馆不提供食宿和交通工具,仅提供博物馆教育场所,因此,博物馆教育一般是学校研学活动的重要一站或一个节点,而非全部研学活动的实践地。

从博物馆角度来看,博物馆利用馆藏资源,通过研学活动,对青少年开展课外实践教育,包括中华优秀传统文化、人文和自然科学知识等,并将培养爱国主义和社会主义核心价值观融入实践教育活动中,旨在全面推进落实素质教育。博物馆研学活动有利于推动学校教育与博物馆社会教育相结合,促进书本知识和生活经验的深度融合,培养学生的创新精神、实践能力和社会责任感,提升学生的综合素质。因此,在我国大力推进素质教育的背景下,开展研学活动是馆校结合的一种教育方式。简言之,博物馆研学活动是以博物馆藏品及其衍生文化资源为教育内容、以课程教育与实地参与为教育手段的一种文化旅游活动,研学活动的参与者为社会公众,主要是学生群体,也包括非学生群体。

从旅行社角度来看,旅行社将学校与博物馆串联起来,为中小学生的吃、住、行、游、购、娱提供有偿的服务保障。因此一次成功的研学旅行,一般需要学校、博物馆、旅行社三方联合,各司其职,才得以实现。

二、研学活动的模式

(一)研学活动中的"学"

博物馆研学活动里的"学",体现在博物馆教育功能的不断延伸。博物馆中的研学活动,又称探究式学习,是以学生为中心,在博物馆社教工作者和学生共同组成的学习环境中,在学生原有的认知基础上,引导学生主动探究、主动学习的过程。博物馆是学校开展研学活动的一个环节、一个重要组成部分,是学校教育和社会教育衔接的创新教育形式,是教育教学的重要内容,是综合实践育人的有效途径。

(二)研学活动中的"游"

"游"是在游览过程中潜移默化地学习文化知识,是一种具有教育目的的休闲旅游。博物馆研学活动是"学"与"游"有机融合的载体。在文化旅游融合发展的大背景下,在"学"中"游",在"游"中"学",越来越成为休闲旅游发展的主要方向。当前研学活动主要是"研学+旅行"的形式,是探究性学习和休闲旅行相结合的校外教育活动。

三、研学活动的特点

（一）体验性

研学活动是借助客观事物，引起学生强烈的好奇心，激发其内在的求知欲。博物馆研学活动让学生自主地运用已有的生活经验去探求未知的过程，将自然知识或人文知识巧妙地融入研学活动中，使学生在休闲娱乐中收获知识，思维得到拓展，身心获得解放。研学带教老师或博物馆社教工作者会在研学活动中引导学生主动提问并探究问题，培养学生的发散性思维，提高学生学习的积极性和主动性。研学活动相较于普通课堂和展厅讲解，氛围更加轻松活泼，能够减少学生在学习时的心理压力和负担。研学活动的目的在于启发学生，而非"填鸭式"教育，学生在研学活动中不仅能收获旅行的快乐，还能在自主探索中获得更加丰富多彩的知识储备与核心素养。

研学活动强调让学生在真实的环境中自我体验、自我感悟、自我成长。研学活动是动态的学习，青少年在学习课本理论知识后，在社会实践中进行探求、体验、求真，使理论知识和社会实践相互印证，去伪存真，探求真知。在研学活动中，感受与学校生活截然不同的社会环境，这不仅是参与生活的体验，也是一种情感意志的体验。

（二）课程性

博物馆开设的特色课程是校内教学和校外教学资源有机融合的综合实践活动课程，是研学活动过程中的特色教育形式，其根本宗旨在于提高中小学生的身心素质，培养中小学生的核心素养。博物馆研学活动应区别于学校课堂教育方式，侧重于在学中玩、在玩中学，应避免成为学校课堂教育方式的刻板复制，失去博物馆教育的特色和意义。博物馆应根据不同年龄阶段学生的发展需求、不同学段素质教育的需求，制定出与博物馆资源密切相关的研学活动课程。博物馆研学活动课程应注重趣味性、参与性、体验性和启发性，重点激发学生的探究兴趣，而不是灌输式教育。

研学活动要遵循教育的内在规律。博物馆研学活动课程应准备好丰富多样的教学道具和辅助教学材料，供参与研学活动的学生动手操作。如：建筑类博物馆的研学活动课程可开设小木工的手工制作课程，纺织类博物馆可开设扎染、刺绣等课程，电影博物馆可开设角色扮演的课程等，激发学生兴趣。开展研学活动的根本宗旨是对学生进行素质教育，相较于学校课堂教育方式，博物馆研学活动更强调动手动脑，培养学生发现问题、研究问题和解决问题的能力。此外，研学活动承载着对学生道德素养的养成、创新精神的培育、实践能力的培养等多个方面的综合教育，研学活动是综合实践课程的良好载体。

四、研学活动的基本原则

（一）实践性原则

研学活动以"学"为目的，"游"为手段，因此，研学不是纯粹的旅游，而是有教育目的的旅游，是在玩中学、学中玩。博物馆开展的研学活动，能够促进学生拓宽视野、丰富知识、陶冶情操，加深与中华优秀传统文化的亲近感，这是博物馆开展研学活动的首要目的。博物馆研学活动要结合学生的身心发展特点、接受能力和实际需要，注重知识性、科学性和趣味性，为学生的全面发展提供教育空间。

博物馆提供的研学活动项目要以实践为主，除了参观展厅，还可以因地制宜，设计多种体现地域特色的体验活动，引导学生在与日常校园生活不同的教育环境中开阔眼界、体验社会、完善自我。

（二）安全性原则

研学活动涉及项目实施场地和活动操作等方面，要坚持安全第一，强化安全保障机制，明确安全保障责任，落实安全保障措施，确保学生安全。

第三节 科普活动

科普教育，即科学普及教育，旨在利用科普活动向公众传播科学技术知识、科学思想，弘扬科学精神，加强公众对于科学的认知和理解。科普教育是一种知识普及型活动方式，科普的内容不仅包括自然科学教育，还包括人文社会科学教育。

科普活动是以科普为主题开展的一种有组织、有目的的群体性活动，旨在向公众普及科学技术知识、倡导科学方法、传播科学思想、弘扬科学精神，是促进公众理解科学的重要渠道。科普活动是以开发公众智力和提高公众素质为使命，利用专门的普及载体和灵活多样的宣传、教育、服务形式，面向社会、面向公众，适时、适需地传播科学精神、科学知识、科学思想和科学方法，实现科学的广泛扩散、转移和形态转化，从而取得预想的社会、经济、教育和科学文化效果的社会化科学传播活动。目前，我国科普教育主要是在自然科学教育领域，如科技类博物馆、自然历史类博物馆或科普场馆等场馆的科普活动，不仅传播科学技术知识，也让观众认识科学、了解科学。不同类型的博物馆开展的科普活动有不同的特点，一般来说，科技类博物馆中的科普活动大多是对科学技术知识的普及,历史类博物馆中的科普活动大多为历史文化知识的普及,而综合性博物馆则二者兼具。

一、科普活动的类型

科普活动的类型有科普展览、科普讲座、科普大篷车、科普沙龙、科普体验、科普展演、科普视频等多种形式。科普展览是开展科普活动的重要类型,其中科技类科普展览最为常见,科技类科普展览大多数由不同的科学单元构成,向公众介绍不同的科学技术知识原理及运用方法,展览中一般也会提供讲解服务。科普讲座区别于学术讲座,是主要针对青少年开展的普及型、通俗性讲座。科普大篷车是通过特制的改装车和车载展品等科普资源为基层地区(特别是贫困、边远地区)学校、社区、乡村提供科普服务的公益性流动科普设施。科普沙龙是科普讲座的一种特殊形式,比讲座的开展形式更宽松,具有研讨性和交流性。科普体验是运用辅助展品和教学教具,模拟某一科学原理的产生,由观众亲身参与,通过观众的切身体会,加深对科学知识的印象。科普展演和科普视频是目前新兴的科普教育方式,主要通过展演和短视频等多种途径对观众进行科学知识的传播和教育。

二、科普活动的特点

科普活动的目的是促进公众理解科学,掌握科学技术,提高科学素养,科普活动的开展形式多样、传播途径灵活,主要有以下特点。

(一)贴近性

从普及对象上看,科普活动具有贴近性。科普活动属于普及性活动,和博物馆教育的大众化和普及化具有一致性。博物馆开展的科普活动,无论是自然科学类还是人文社会科学类,都是结合馆内资源,开展贴近群众的各项公益教育活动,引起群众对于历史文化、科学知识的兴趣,具有广泛的群众基础。

(二)社会性

从参与角度上看,科普活动具有社会性。科普活动能够依据现实情况,深入基层社区、中小学、乡村等各个层面开展,社会各界人士均可以参与,因此具有社会性。

(三)灵活性

从活动方式上看,科普活动具有灵活性。科普活动的开展可以因地制宜,活动方式多种多样,实现途径机动灵活,有进基层的科普展览,有进乡村的科普大篷车、有进校园的科普展演等。科普活动没有固定教学大纲和教材编制周期的限制,因需传播,因材施教,可以随时随地宣讲和传播最新科技动态和科学文化知识。

三、科普活动的方式

(一)亲子活动

亲子活动一般是由父母和孩子共同参与的有益儿童健康成长的活动。亲子活动主要针对年龄较小的儿童群体,博物馆开展的亲子活动是为父母及孩子提供适合共同参与的教育活动,通过开展亲子活动,为亲子家庭普及科学文化知识。

1. 亲子活动的优点

(1) 规模适中。博物馆亲子活动一般规模在 10~15 组家庭之间,规模适中,有利于孩子与父母之间、孩子与孩子之间在活动中进行交流。如博物馆可以开展"非遗"小手工制作、端午节包粽子、中秋节打月饼等适合亲子合作完成的活动,通过父母与孩子的通力配合,有利于培养亲子间的亲密关系,帮助父母了解孩子更深层次的性格特点。通过亲子活动,能让孩子更多地接触社会,与不同的人沟通交往,激发孩子的潜能。

(2) 教育对象明确。和其他社教活动比较,亲子活动的教育对象明确,一般以家庭为单位,可以有针对性地开展活动。

(3) 注重亲子协作。博物馆设计的亲子活动应包含父母和孩子能同时参与的活动形式,重点设计孩子独立探索发现的环节,激发孩子的好奇心,培养孩子的求知欲和勇于探索的精神,亲子活动应尽可能让孩子在父母协助下独立完成,而不是由父母动手代劳。

(4) 难度适宜。亲子活动不宜开发难度特别高、操作时间特别长或者流程过于复杂的项目,应难度适宜,适合父母和孩子共同完成,重点突出亲子之间的交流和配合,在互助中增长见识,但亲子活动也不宜过于简单,缺乏挑战性和探索性。

2. 亲子活动的形式

(1) 亲子游戏。博物馆可以设计适合亲子之间进行的游戏,或是孩子与孩子之间的互动游戏,从而锻炼孩子的动手能力和沟通表达能力。

(2) 手工制作。博物馆可以开发各种小手工制作活动,从而促进亲子之间的交流,达到获取知识、启迪智慧、增进家庭情感的目的。

(3) 亲子课堂。博物馆可以设计亲子课堂,将博物馆的知识通过亲子课堂传递出去,在寓教于乐中实现教育目的。

（二）社区活动

社区是以共同居住为前提的社会单元组织，由若干社会群体或社会组织聚集在某一个区域里形成的一个生活上相互关联的共同体，是社会有机体最基本的内容。社区的基本要素包括人口、空间、设施、文化和组织。居住在同一个社区的人员，来自不同职业背景、不同年龄层次等。博物馆教育所指的社区，具体是指城市中相对稳定的居住小区，乡村中的村小组或村落聚集地等。社区活动要根据社区居民的需求来开展，如在以老人群体为主的社区，博物馆可根据馆藏资源，举办健康养生等方面的社区讲座活动。同时，博物馆可以通过举办各种活动，丰富社区居民的精神文化生活，促进社区邻里关系和谐，推动社区物质文明与精神文明建设，营造文明、和谐、友爱的社区风气。

博物馆的社区活动主要包括进基层社区开展社教活动和邀请社区居民进博物馆两种途径，坚持"走出去"和"引进来"相结合。"博物馆进社区"的主要形式有展板展览、文化宣传长廊、文艺演出等。博物馆将陈列展览"搬"到社区，展览场地不再局限于博物馆展厅，而在社区中举办小型的流动展览或图片展览，因地制宜，可选择在社区文化中心、楼道、文化长廊等安全可实施的场地进行展示。而邀请社区居民进博物馆，则是邀请社区居民以团队形式参观博物馆或参与馆内社教活动。"博物馆进社区"活动可以使行动不便或因各种原因无法到博物馆参观的观众在家门口就有机会了解和观赏到博物馆陈列展览，从而丰富群众的日常精神文化生活。这类社区活动，群众的参与度普遍较高。

（三）参与性活动

参与性活动的形式比较广泛多样，只要能有效调动社会公众的积极性和创造性的活动都可以称为参与性活动，如征文比赛、组织辩论、模拟法庭、摄影比赛、绘画比赛、知识竞赛和趣味游戏等，使人们在思想的交流碰撞中个人素养得到提升。博物馆参与性活动还可以组织公众到自然景区、环境污染地等地实地走访观察，或在馆内设置体验区，使参观者可以亲自参与体验如化石挖掘、剥离、复原等模拟或实景工作，或参与动植物标本的制作和研究等各类科学实验活动。

第四节　学术讲座

博物馆学术讲座是博物馆向公众进行文化传播的教育活动，是由博物馆组织馆内外各个领域的专家学者，为拓展公众的知识面而举办的学术活动。学术讲座是提升博物馆社会影响力的重要手段。

一、学术讲座内容

博物馆学术讲座的内容十分广泛,既有自然科学类讲座,又有人文社会科学类讲座。讲座的具体内容会根据各个博物馆的性质和任务而定,既可以是配合展陈内容举办的学术讲座,有效延伸展陈信息的深度和广度,是对展陈内容的挖掘和阐释,又可以是博物馆前沿知识和科学趣闻,或者各领域的专题研究分享等。学术讲座主要分学术类和普及类两种,学术类讲座是对知识的纵深挖掘,普及类讲座主要针对青少年和社区居民,讲授的知识侧重通俗化和易于理解。

不同博物馆会根据本馆特色,为馆内开设的学术讲座命名,如:湖北省博物馆的长江文明大讲堂、长江文明馆的大河讲堂、中南民族大学民族学博物馆的南湖大讲堂等。这些博物馆的学术讲座名称均是根据本馆的主要特点、历史背景、环境位置等信息确定的易于理解、记忆和传播的讲座名称。博物馆邀请的学术讲座主讲嘉宾一般是对某一领域有深入研究的专家学者,讲座内容远远超过博物馆讲解词的深度和广度,具有很高的学术交流价值。

专题讲座是博物馆开展专题教育的主要形式之一,一堂生动的专题讲座,能让博物馆观众受益匪浅。专题讲座最大的优势是主题鲜明,主讲嘉宾一般为业内专家或相关领域的研究者,将自己多年的科学研究成果或研究心得,通过讲座这一形式,转化为社会大众易于接受的科普知识,普惠社会大众。随着人们知识素养的提高及对终身教育理念的日益重视,自然科学类博物馆可利用自身的优势,将生态文明相关的专题讲座引入学校、企事业单位、社区和各种社会组织等,启发和引导人们将生态文明理念融入自身的人生观、世界观及日常的工作和生活中,这样有助于生态文明教育直接作用于生产力,促进社会可持续发展。

二、学术讲座形式

学术讲座不是简单的课堂教学,而是主讲嘉宾根据大众需求,将自身的研究成果、科学前沿知识用通俗易懂的方式表达出来,从而达到传播的效果。在学术讲座现场,主讲嘉宾一般会和观众进行互动并回答观众提出的问题。

博物馆开展的学术讲座一般有三种形式:第一种是主题演讲式讲座,在报告厅或礼堂等固定场所开展,讲座过程中会用 PPT 辅助演示,观众可以自行提前预约参与,讲座时间一般不超过 2 小时,这类讲座比较正式,博物馆需要提前做好策划宣传及后期跟踪报道,一般的报告厅或礼堂可容纳人数较多,受众面较大;第二种是小型学术沙龙,主要针对某一主题开展的小型的非正式的讲座和研讨,沙龙形式多样,如选择在博物馆咖啡屋、休闲茶座等温馨空间进行探讨;第三种是科普小课堂,一般在多媒体教室开展,根据听众需求,开展普及性的知识传播,这类讲座介于正式讲座和小型沙龙之间，内容没有学术讲座那么正式，而是以互动体验式的科普讲解为主。

三、学术讲座主讲嘉宾

学术讲座主讲嘉宾的来源主要有四个渠道：一是本馆的高级职称人员，博物馆获得副研究馆员及以上职称的人员都称为高级职称人员，作为本馆的资深研究人员，有义务定期开展学术讲座，将自己的研究成果、研究心得或博物馆集体最新研究成果及时向公众传播；第二是同行博物馆的研究人员，这里指其他博物馆获得高级职称的人员；第三是大专院校的副教授及以上职称的研究者；第四是社会公众人物，社会公众人物是吸引听众的主要因素，许多听众会冲着主讲嘉宾的知名度慕名前来，社会公众人物的讲座活动常常能收到事半功倍的传播效果。所邀请的社会公众人物的讲座内容应和博物馆有直接或间接的关系，且该社会公众人物没有负面形象，以免产生负面效应，得不偿失。

四、学术讲座时间

博物馆一般会定期举办讲座，但具体的举办时间则因馆而异、因时而定。博物馆大多会举办固定时间讲座和特殊时间讲座，固定时间讲座是一个博物馆根据常规工作计划定期举行的讲座，有的博物馆每半年举办一次，有的博物馆每个月举办一次，因馆而异。特殊时间讲座包括在每年5月18日的国际博物馆日、科技活动周、全国科普日等特殊时间节点举办的讲座，此外，还有博物馆新展览开展仪式、新馆开馆等特殊日子举办的学术讲座。

五、讲座听众

听众是讲座的客体和受体，主要由以下四类人员构成：第一类是博物馆的忠实观众，他们把参观博物馆作为自身精神文化生活重要的一部分，不满足于参观基本陈列和临时展览，也不满足于讲解员的常规讲解，而是更加关注博物馆学术讲座信息，积极参与博物馆举办的学术讲座，以期获得更多文化知识；第二类是博物馆周边社区居民，周边社区居民参观博物馆比较便利，获得讲座信息比较及时，尤其是赋闲在家的老年群体，他们热心参与公共活动，身体状况良好，博物馆的讲座还能丰富他们的退休生活和闲暇时光，因而是讲座听众的来源之一；第三类是博物馆从业者，博物馆从业者需要不断充实自己的知识内容和完善知识结构，博物馆管理者也从制度上强调了博物馆从业者应多听讲座，更新专业知识储备，参与博物馆学术讲座是博物馆从业者提升职业素养的一种重要方式，因此，博物馆从业者对于博物馆最新的讲座信息比较关注；第四类是大中小学生，由于学生的主要任务是学习，很少有机会能接触到学术氛围浓厚的讲座，因此许多父母会在节假日带领孩子参加学术讲座，感受学术氛围，博物馆也会组织邀请各高校的学生参与讲座。此外，还有各行各业的社会公众，也会从不同渠道和途径了解到博物馆学术讲座，并参与进来。

但目前博物馆举办的学术讲座也有一定的局限性，由于讲座内容过于专业化，主讲嘉宾缺乏知名度，导致听众参与学术讲座的热情不高，这就需要博物馆根据听众的需求及时调整讲座主题和内容，主讲嘉宾也应从社会传播的角度，将专业知识转化为生动有趣的故事，讲座语言应风趣幽默，讲座内容应深入浅出，只有将专业性和通俗性有机结合，才能实现更有效的社会教育和文化传播的目的。

六、学术讲座宣传

学术讲座的目的是发挥博物馆公共文化服务机构的社会教育作用，因此，一场好的学术讲座需要精心策划。策划分为前期宣传和后期跟踪报道，前期宣传是为了激发听众参与的热情，可通过海报、宣传牌、橱窗、大众传媒、自媒体（博物馆的网站、公众号、抖音等）等途径发布讲座信息，广泛宣传，引起公众的关注。发布的宣传推广信息应包括讲座内容、主讲嘉宾介绍、讲座时间、讲座地点及如何预约报名等。后期跟踪报道主要是通过联系各种媒体报道学术讲座的情况，包括社会评价、观众反响等。

第五节　数字化教育

在现代多元化服务意识的带动下，博物馆教育的关注点转向应以丰富多样的数字化形式，以多层次、多感官、多角度的教育方式，为观众提供良好的视觉体验、情感体验与思想教育熏陶。除提供人工讲解服务之外，博物馆还提供了语音导览讲解、机器人讲解、扫描二维码或小程序获取讲解、短视频展示、多媒体互动系统体验、"云游"系列线上活动及其他数字化教育方式等。这些教育方式不仅丰富了讲解形式，满足人们的个性化需求，而且能够拉近游客与展品之间的距离。目前各级博物馆广泛使用数字化讲解辅助人工讲解，使讲解服务更灵活、更便捷。

一、语音导览系统

语音导览系统是提前将讲解词进行录音，当观众租借语音导览设备后，戴上耳机，走到已设置语音的文物前，语音导览系统就开始播放固定的讲解词。语音导览系统解决了讲解员数量不足的问题，观众只要租借这一设备，就可以自主参观博物馆。但语音导览系统有一定的弊端：首先，其录制的讲解词是固定的，当观众有疑问时，无法及时沟通和对话；其次，语音导览系统的设置比较死板，一般只有到固定点才开始进行讲解，有的展品没有设置讲解词，那么设备就无法进行讲解。另外，语音导览的机器由于租借频繁，其卫生消毒情况难以保证，设备维护也是一项支出。尽管如此，语音导览系统仍是博物馆数字化教育的重要媒介。

二、机器人讲解

机器人讲解是将陈列展览的讲解词提前输入机器人的系统中，随着机器人在展厅固定的线路移动，观众可以跟随机器人进行参观。机器人讲解设置了对话和提问环节，当有观众进行提问时，机器人能根据程序指令和提前设计好的答案进行回答，当观众提出不符合已经设定好的问题时，机器人就无法回答。虽然目前机器人讲解是数字化教育的新尝试，但其仍有一定的局限性，由于机器人是程序化设置，所有问题必须提前设置，机器人系统中的讲解词是固定的，无法满足观众的个性化需求。同样，机器人的维护成本不低，一旦其线路或程序遭到损坏，机器人便无法正常运作。目前国内的机器人讲解仍处于试用阶段，这一数字化教育方式对于调动小朋友的参观兴趣有一定的效果，对于团体参观和个性化参观需求则无法充分满足，因此尚不能完全取代人工讲解服务。

三、二维码

目前我国大多数博物馆在展品前设置了二维码，观众只要拿出手机"扫一扫"，即可打开该展品的相关信息，包括文字、图片和语音解读等，是一种比较便捷的数字化教育方式，深受观众喜爱。但二维码讲解也有一定局限性，如讲解词固定，对移动终端设备、网络信号等方面有一定的要求等。

四、小程序

除了二维码讲解，有些博物馆还开发了各种小程序。小程序有多种功能，不仅可以预约参观，还可以搜索或查看讲解内容，既有整个陈列展览的完整讲解内容，又有单个文物细化的讲解内容，还可以放大缩小文物图片，360度查看文物的局部与细节。小程序讲解的弊端则是占据观众移动终端设备的储存空间。

五、短视频

博物馆可以拍摄短视频，并上传至网站、公众号等媒体平台，或在展厅进行播放，对观众进行知识传播。如中南民族大学民族学博物馆开展的"云讲民族瑰宝"，即通过拍摄讲解短视频并上传公众号,观众可通过网站和公众号上的短视频,了解文物的基本信息。

六、多媒体互动系统

数字化互动体验也运用在博物馆展览和社教活动中,如电子翻书、交互大屏等,运用点播、操作等互动手段,加强观众和社会公众的参与性,多媒体互动系统是博物馆工作的亮点,也是观众喜闻乐见的方式。多媒体互动系统在利用科技手段、提高科技含量上有了大幅提高,这种紧贴时代发展的方式,让观众有强烈的参与感,增强了互动效果。

七、"云游"系列线上活动

随着技术的更新发展,博物馆推出了"云游"系列线上活动,如"云游博物馆""云观展""云讲瑰宝""玩转 3D"等多种形式。"云游博物馆"是通过在线上参观游览博物馆展厅的方式,获取展厅信息,观众足不出户,即可了解展厅的相关信息。"云观展"是将陈列展览的内容搬到线上,观众可通过扫码观看文物。"云讲瑰宝"是在线上聆听关于文物的解读。"玩转 3D"是将文物进行 3D 扫描,通过对文物的图片放大或缩小,可全方位、近距离地欣赏和观看文物的全貌和细节。

八、其他数字化教育方式

便捷的移动终端设备已成为当下人们日常生活中的重要工具,博物馆也应该利用这一大趋势,把数字化社教互动深入人们生活中,让人们可以随时随地在线上与博物馆进行互动。微博、微信公众号等新媒体平台为博物馆发布资讯提供了新的空间,人们可以通过新媒体平台更便捷、更准确地获取博物馆的最新动态。如中国国家博物馆就有博物馆官方微博,用来发布本馆各类社教活动信息。

第六节 教育活动的课程设计

一、什么是博物馆课程

博物馆课程是指利用博物馆特有的教育资源开展具有博物馆特色的教育课程。博物馆课程是博物馆实施教育活动的基础,是博物馆资源课程化的体现,具有社会教育的一般规律和博物馆教育的特殊规律。博物馆教育具有实践性强的特点,是一种以开展活动为教育形式的非强制性、非学制化、非程序化的教育方式。某种意义上，博物馆活动的实施方案属于博物馆课程的范畴。由于博物馆课程具有灵活性和自主性，适用于不同类型的群体和受众，如何发挥博物馆的教育作用，编写博物馆课程就成为博物馆教育的重要前提和基础。

二、博物馆课程内容

博物馆课程内容主要包括课程目的、课程大纲、课程教案、课程道具、课程所需要的辅助材料等。和学校课程相比，博物馆课程注重实践性、操作性、活动性和参与体验性，因此需要准备各种直观性强或可操作性强的教具或道具，以及手工制作的材料包等，这是和学校课程明显的区别。但注重实践性和可操作性并不意味着博物馆课程不注重课程环节设计，博物馆课程要适应不同群体的需要，如：亲子课程应满足父母和孩子能同时参与的要求，难易程度要适中；研学课程属于综合实践课程的一部分，注重集体参与度；科普课程应将深奥的科学知识用通俗易懂的语言进行表达等。博物馆各类课程之间没有严格的界限，只要是利用博物馆资源开发的具有知识性、趣味性和科普性的各类课程，都属于博物馆课程，只是因授课对象不同、时限不同，而在课程内容策划上略有差别。严格来说，博物馆参观也属于博物馆课程的一种，因为在博物馆参观中，讲解员就是博物馆教育工作者，教育内容就是基于藏品和展览的讲解词，教育形式就是讲解的过程。

三、博物馆课程设计原则

（一）代表性原则

不同性质的博物馆藏品类型不同，在设计博物馆课程时，教育的载体应选择最能代表该博物馆特色和性质的藏品。历史类博物馆选择的教育载体，应有较高的历史价值、文化价值、艺术价值，如湖北省博物馆"礼乐学堂"选择的就是最能代表本馆特点的曾侯乙编钟、越王勾践剑等；革命类博物馆选择的教育载体应具有较高的爱国主义教育价值；科技类博物馆选择的教育载体则具有较高的科普价值。

（二）故事性原则

讲好博物馆故事，讲好文物故事，讲好中华优秀传统文化故事，始终是博物馆课程设计的出发点和落脚点，也是博物馆课程区别于学校课程的根本优势。目前，博物馆教育资源课程化、故事化已成趋势，这一趋势也十分契合社会教育轻松愉悦的特点。相比较被动的学习方式，博物馆课程是极具启发性和引导性的，可以通过辅助教具、游戏、自由问答、动手模拟、示范表演等灵活多样的形式来进行。

（三）可操作性原则

博物馆课程设计一般有互动体验环节，除了场地的要求，还需要动手操作环节，以及准备活动使用的材料包等。这就需要在课程设计之前考虑课程活动是否具有可操作性，是否能在一定时间内完成，是否适合青少年研学群体参与学习等。例如建筑类博物馆开发的小木工课程，如果依靠小朋友独自在现场完成砍、劈、刨等环节，操作难度过大，因此，开发课程时可以缩减木构件加工环节，发放加工过的木构件半成品材料包，课程设计重点环节应放在从制作小家具、小建筑的过程中学习了解到中国优秀传统文化中的榫卯工艺的精妙之处；比如纺织类博物馆开发的扎染课程，因为不同的植物染色性能非常复杂，所以可发放提前预制的染料包，或者集中染色，这样可操作性大大增强。与此同时，课程设计也不能为了简便而失去手工操作的乐趣，如现在很多博物馆开发了画画、剪纸等通用课程，虽然是为了弘扬优秀传统文化，但同质化严重，特色不鲜明，失去了博物馆课程设计和开发的意义。

四、博物馆课程分众化设计

博物馆课程分众化设计指博物馆利用馆藏资源，根据不同年龄阶段、不同认知水平的观众的特点，策划和设计出不同类型的课程，使得博物馆的社会教育课程丰富多样。因此，博物馆课程设计首先要研究不同年龄阶段或不同认知水平的观众的特点，再有针对性地开发各类社会教育课程。例如针对学龄前儿童活泼好动、无法长时间集中注意力在同一事物上的身心发展特点，博物馆可以开发适合他们参与的社会教育课程；针对大多数年轻人好奇心强、喜欢探索新颖有趣的知识的特点，博物馆可以开发设计适合年轻人的线上教育课程等。因此，博物馆的社会教育课程应具体问题具体分析，实施教育课程的分众化设计。

（一）学生群体博物馆课程设计

学生群体包含了学龄前儿童、中小学生、高校学生等群体，不同阶段的学生，生理和心理的发育程度不同，因此相关课程的开发应结合各阶段人群的身心特点和认知特点来进行设计。

1. 学龄前儿童的特点及相关课程设计

学龄前儿童主要指3~6岁的幼儿，这个年龄阶段的儿童多数已经进入幼儿园，开始接触和认识不同的事物。学龄前儿童性格普遍活泼好动，容易对新鲜事物产生好奇心，被各种事物所吸引，有较强的猎奇心理，但是他们的情绪容易变化，注意力难以长时间集中，因此相关课程的设计应从学龄前儿童的实际认知出发，立足于他们日常生活中能接触到的事物，激发他们对文化知识的好奇心，使其乐意接受博物馆趣味性的知识。学龄前儿童博物馆课程的设计还应注意课程时间和学习强度，发挥儿童的感官感知，帮助儿童培养良好的沟通能力、简单的动手能力，引导他们了解各种历史文化和科学知识，引导儿童进行有意义的记忆。

2. 中小学生和高校学生群体的特点及相关课程设计

中小学生包括了小学生、初中生和高中生，其中小学阶段是学生正式进入学校学习科学文化知识的启蒙和发展时期，这一阶段是人心理发展变化较大的时期，可塑性也最强。根据小学阶段的年龄层次，博物馆课程的受众又可分为低年级学生和中高年级学生两个阶段。低年级学生的特点主要是学生的年龄一般在6~10岁之间，形象思维占主导地位，机械记忆能力较强，但思维较为被动，思考的问题多是由教师或父母提出的。低年级学生好奇心强、活泼好动，有意注意的时间不长，且注意力多与兴趣、情感有关，易分散和转移。在课程开发上，低年级学生博物馆课程较学龄前儿童的课程难度有所增加，这一时期的课程设计可以借助辅助教具、展品等，运用直观生动的教学手段来吸引学生的注意力，帮助学生充分调动感官感知并实现理解和记忆，培养具象思维的能力。通过馆校合作，博物馆可以更好地了解学生的认知水平，可以和学校老师开展合作课程，使用浅显易懂的语言帮助学生更快地接受、理解所学的知识。同时，博物馆课程也可以设计帮助老师和学生强化沟通交流的互动环节，双方互帮互助，教学相长。

中高年级学生经过了上一阶段的学习，记忆力和逻辑思维能力得到了一定的锻炼，审美能力也有了一定的积累，同时，自我意识开始迅速发展，情绪情感日益丰富，有些已经开始进入青春期，能够独立完成任务，有一定的自觉性和自主性。相较于低年级学生，中高年级学生博物馆课程的设计上，除了图文说明和游戏互动以外，可以开始加深关于所探讨问题的深度，通过学生已有的知识背景和社会经验，组织学生进行情景表演或模拟教学等，逐步培养学生自主探索和团队协作的能力。

初中阶段的学生年龄多在12~15岁，生理、心理的变化比较迅速，内心变得丰富深刻，但尚未发育成熟，各方面矛盾比较突出，自我意识不断增强，对身边发生的变化和外界的评论较为敏感，渴望独立自主，并希望得到他人的尊重和肯定。另一方面，初中阶段的学生心智尚未成熟，在思维和自觉性上无法独立，自制力不强。

初中阶段学生博物馆课程设计上可以利用这一阶段学生的可塑性，引导学生自发了解博物馆藏品背后的信息，感受我国悠久灿烂的历史文化的魅力；或是通过设计动手实践课程，帮助他们深入了解自然科学原理，可以通过视频、音频、参考资料等辅助教学手段，也可以利用互联网平台，引导学生自主查阅、学习相关资料，为他们创造思辨的机会，并且通过对比、讨论等课程环节帮助学生发散思维，鼓励学生畅所欲言，发表感想和看法。

高中阶段学生的年龄多在15~18岁之间，生理上已经接近成年人，但心理上尚未完全成熟，这一阶段的学生自我意识迅速发展，独立性和自觉性较上一阶段明显增强，有独立思考的能力，逐渐能够判断并客观理解别人的评价，能够根据自己的实际情况确定相应的目标并为之努力，但这一阶段的学生学习压力较大，对于课外知识的获取可能相对欠缺。

高中阶段学生博物馆课程设计上，可以结合其在校学习内容，将学校课堂上所学的学科知识融入博物馆课程设计中，扩大学生的知识面，增加其知识储备量，可以在博物馆展厅中开展教学，通过导览、讲解等形式，让学生身临其境地自由探索，通过课堂互动和提问环节，引导学生分享自己的观点并相互交流，拓宽学生的知识视野，启发他们多角度思考，培养解决问题的能力和良好的心理素质。

高校学生一般是18~28岁的成年人，具有独立人格，自我意识强烈，也有一定的社会责任意识，求知欲和好奇心都比较旺盛，思维活跃，对新鲜事物的接受度高，能够独立对事物做出合理的分析和判断，并且能够通过各种方式和渠道了解、学习新鲜事物，具有较强的探索能力。相较于高中生，针对高校学生的各类所学专业，博物馆课程设计可以结合相关专业课程开设学术讲座，让学生自发前来了解学习自己所学专业的最新前沿动态。博物馆也可以设计实践活动课程，搭建高校学生和博物馆交流互动的平台，还可以重点探索跨学科之间的课程开发设计。

学生群体是博物馆教育的主要服务对象，特别是青少年群体正处于人生观和价值观形成的重要时期，迫切需要优质的社会教育资源来全面提升自我认知，增强对伟大祖国、中华文化和历史的认同感，增强文化自信和自豪感。博物馆应重点设计开发适合青少年群体的课程，发挥博物馆社会教育的职能。

（二）社会群体博物馆课程开发

1. 中青年群体的特点及相关课程设计

中青年群体的年龄阶段跨度较大，从18岁至60岁不等，且受教育水平差别较大，因此对于同一事物理解的深度和广度也有较大差别。同时这一年龄阶段的群体因为工作和生活等各方面原因，所以学习的时间相对有限。但这一年龄阶段的人们心智较为成熟，对于不同事物的包容度也有所提升，对社会生活、历史文化等各方面的知识大多有自己的经验和见解。中青年群体的博物馆课程设计应考虑到大部分观众未受过专业学术训练，因此教学语言应通俗易懂，避免过于追求学术性使得课程内容比较枯燥。同时博物馆课程应以知识性输出为基础，融入互动性或直观性的讲解和操作，力图在短时间内让更多人理解博物馆课程的内容和意义，博物馆社教工作者也要注意与课程受众之间的沟通，了解观众对于所学课程内容的感受和见解。

2. 老年群体的特点及相关课程设计

随着年龄的增长，老年群体的体力相对较差，可能无法接受较高强度或持续时间较长的教学活动，心理承受能力可能会出现一定程度的降低，孤独感和依赖心理增强，在遇到挫折和困难时负面情绪表现得尤为明显，出现易怒、焦虑、恐惧等情绪反应。老年群体博物馆课程的设计应针对这一群体的身体特征和心理特点，提前对其认知程度及学习进度进行评估，并运用动画视频、情景剧等教学形式，通过博物馆课程让老年人感受文化的魅力，丰富他们的日常生活。同时博物馆可以设计相关教学辅助工具或文创产品等用于课程教学，还可以组织志愿者团队或社区服务队伍，为老年群体提供良好的教育体验和更完善的服务体验。

3. 残障人士的特点及相关课程设计

残障人士在身体机能上有所不便，特别是存在视听障碍的观众，无法和普通观众一样享受博物馆带来的观赏乐趣。残障人士可能缺乏对空间或声音的完全认知，并且部分会伴随自卑情绪，对外界评价较为敏感，多数人性格相对内向，但与此同时，这一群体的抽象思维和逻辑思维能力可能比较发达，记忆力比较好，对于情感的认知和表达更为细腻。在残障人士博物馆课程设计上，博物馆应针对不同类型残障人士的生理特点进行具体化的课程开发，如：对于视障人士，可以利用聆听音乐等方式，从听觉上为观众传递教育内容；也可以制作教学用具，让视障观众触摸实物，近距离地用内心感受实物展品之美。对于聋哑人士，博物馆则可通过提供手语讲解员、为教学视频增加字幕等方式，从视觉上为聋哑人士开辟新的学习渠道，也可通过绘画、表演等方式与聋哑人士进行互动，从而交流各自的感受和想法。通过尽可能地创造条件满足各类观众的社交体验，博物馆创造了一个更加包容和公众广泛参与的教育环境。

五、博物馆课程实施场所和实施要点

（一）实施场所

1. 博物馆展厅

讲解是博物馆课程的基本形式，也是博物馆教育的特色，因此，展厅是博物馆课程最基本的实施场所。在博物馆展厅开展课程时，讲解员可以直接对展品进行讲解，这种授课方式带给观众更直观的冲击，观众的印象也能更为深刻，并且讲解不会只固定在展厅内的某一件展品面前，而是一种动态学习过程。在博物馆展厅内开展课程有助于缓解观众在学习时产生的压力和疲劳，从而提高学习效率。

2. 博物馆报告厅

在博物馆报告厅开展的课程多为学术讲座或科普讲座，这类博物馆课程参与人数较多，相比较展厅的随意性，报告厅则带给人一种较为严肃的、正式上课的氛围。

博物馆社教工作者或主讲嘉宾应尽可能通过生动有趣的内容吸引观众的注意力，提高观众学习的热情，缓解该场所带来的压迫感。

3. 博物馆户外场地

除了展厅、报告厅，博物馆户外场地也是博物馆课程实施的重要场所，有些博物馆周边通常有相对空旷的场地，由于场地较大，空间上不受限制，自然而然就会使观众保持放松愉悦的心情。在这种场所中开展的博物馆课程多为互动体验式课程，例如亲子游戏等。但在这种场地中开展课程也有一定的局限性，如可能会受到天气等外部客观原因的影响，所以应提前了解天气状况，做好应急预案。

4. 学校

学校是在校学生非常熟悉的教育场所，教室、美术室、活动室、礼堂、操场等校内场地都可以成为开展博物馆课程的场所。通过馆校合作，吸引更多的在校学生参与博物馆课程的学习。这一方式也有缺点，比如在某一所学校开展博物馆课程时，其他学校的学生不方便参与。

5. 社区

"博物馆进社区"是博物馆教育新的发展趋势，博物馆亦能在社区开设博物馆教育课程，规模较大的社区中一般设置有活动室、会议室、文化长廊、小广场等，均可以成为课程实施的场所，如在社区举办各种专门展览和讲座、开展联谊活动等，不断增强提升全社会的人文关怀。

（二）实施要点

1. 课程计划

在博物馆实施课程教育之前，应对教育目的、教育内容和教学方案等制订详细的计划，尤其要了解不同年龄段、不同受教育水平的观众的特点，进行分众化研究，摸清当前观众的教育需求和博物馆能够提供的教育资源，策划有针对性的课程内容。博物馆应定期组织博物馆社教工作人员参加相应的课程培训或课程预演，博物馆社教工作者还可以进行馆际交流，挖掘更多的教育资源，为更好地开展博物馆课程打下扎实的基础。

2. 授课者

这里指的是博物馆课程的讲授者，即博物馆社教工作者或参与博物馆教育活动的专业人士，也包括外请的相关领域的专家学者。某些情况下，博物馆授课者、社教工作者及讲解员三种身份可以合而为一，如讲解员本身对馆藏文物、实物展品和陈列展览非常熟悉，因而可以承担博物馆课程讲授工作。作为知识的传播载体，授课者一定程度上决定了博物馆课程的知识广度和深度、授课效果，以及博物馆课程的发展和优化，因此授课者应对自己的角色定位有明晰的认识，对于受众有广泛的了解，并且有乐于服务、善于服务的意识。

3. 受众

一般来讲，愿意接受博物馆教育的观众皆属于受众，但目前博物馆课程的受众范围并不仅仅局限于参观博物馆的观众，许多潜在的观众值得我们去挖掘。如何扩大博物馆课程的受众范围，让更多的观众有机会参与博物馆课程的学习是一个值得所有博物馆及相关社教工作者深刻思考的问题。

4. 课程反馈

博物馆课程是非正式的、非程序化的社教活动形式。相比较学校课程，博物馆课程更加具有自主性和灵活性；相比较游戏活动，博物馆课程则具备一定的规范性，不是简单的娱乐活动。在如何延伸、拓展博物馆课程资源开发，并形成良好的教育信息反馈方面，博物馆可以在课程结束时对受众进行交流询问，及时了解和收集受众的反馈信息，或是在与学校、社区等合作开展教育活动时，提前进行沟通，为后续的反馈评估环节做好充分准备。

六、博物馆课程环节

博物馆课程设计主要分为五个环节：课前导入、课中探究、实践体验、交流分享、课后总结。首先，要理清课程的教学目标，通过教学目标明确要让学生学到哪些内容，学到什么程度，了解、理解、掌握三个层次对知识的内化要求是截然不同的。其次，要明确以何种形式引导学生层层深入，从而实现教学目标。最后，可以组织学生开展体验式和探究式教学活动。

（一）课前导入

在课前导入环节，授课者需要做好充分的准备工作，可以根据不同的教学对象，设计不同的导入语言。面对学龄前儿童，可以在课前使用故事化情境来导入；面对初高中学生，可以在课前使用富有启发性的问题来导入，还可通过道具演示等环节导入课程。如在"非遗手工坊——扎染"小课堂中，可通过现场展示扎染作品或进行提问等多种方式导入课程。

（二）课中探究

课中探究即根据教学大纲、教学计划、教学目标，系统地讲解课程所包含的知识要点，要做到条理清晰、逻辑严密。如在"非遗手工坊——扎染"小课堂中，可以回顾扎染的历史，讲清楚什么是扎、什么是染，扎染工艺包含哪些千变万化的扎法和千奇百怪的染料，扎染的流程和步骤是怎样的等，这些都是小课堂的核心知识点。

课程讲解时,要突出重点、详略得当,比如听众感兴趣的重点是自己如何动手扎染出一件独一无二的作品,也就是说,扎染的工艺技法是受众最关注的知识点,因此,扎染的历史就可以适当地略讲。单纯的讲解只停留在博物馆课程中较浅的层次,必须设计出更多能够引发听众深入思考的环节才能更好地探寻知识的脉络。课程中还可以给听众留出自由提问的时间,在此环节也可以体验角色转换,让某一听众来当老师并回答其他人提出的问题,从而活跃课堂气氛,增强趣味性,以喜闻乐见的形式,在融洽的氛围中实现知识的融会贯通。博物馆课程的本质是启发式和引导式教育,因此博物馆课程的授课过程中不能生硬地照搬固有的讲解词,而应根据现场需要,增加交流和探究环节,知识增长往往来源于好奇心,任意一个引发听众思考的小问题都有可能为人们打开一扇全新的知识之窗。

(三)实践体验

实践体验即利用博物馆的现代化设施,如 3D 影院和多媒体设备等,让人们在身临其境中感受中华优秀传统文化的内涵和力量。有条件的博物馆可以设计开发让学生亲自动手实践的项目课程,增强参与度,而不是让其被动接受知识。博物馆社教工作者在授课时,可以通过边讲解边操作演示,还可以邀请听众进行互动,一起动手,亲自体验。

(四)交流分享

课程结束后,听众之间交流分享本次课程的心得体会,可以加深对所学知识的印象,从而达到更佳的学习效果。授课者可以设计具有启发性的、有一定深度的课程相关知识的扩展和延伸问题,在课程即将结束时进行分享,带领听众一起思考,锻炼其启发式思维能力。

(五)课后总结

梳理总结本次课程的知识点,突出重点,简明扼要,为一节博物馆课程画上完美的句号。

七、博物馆课程评价

在开展博物馆课程之后,应具备一个对课程实施结果进行评价的环节,即"绩效评估"。"绩效评估"最大的作用在于告诉博物馆,其实施的教育项目和活动是否达成了预期教育目标及课程实施的总体效果如何等。

博物馆课程评价主要包含了以下几个方面。

（一）组织者对课程的评价

博物馆作为博物馆课程的组织者，应对课程实施的总体效果进行客观的评价，同时也应对课程实施的各个环节进行评价，以此总结经验，为博物馆下一次课程或活动的规划指明方向并提供决策依据。组织者对课程的评价主要分为三个阶段（见表 7-1）。

表 7-1 组织者课程评价的内容

阶段	评估内容	备注
课前准备	课程目的 观众分析 课程资料准备 课程实施重点、要点 人员安排及分工 课程信息发布 教学场地、教具安排布置 课程预案及预演 ……	
课程效果	是否达到预期效果 授课者感受 听众的感受及意见 场地及教具实际使用情况反馈 现场突发状况 ……	
课后反馈	课程实施效果与预期效果对比 听众的课后反馈、意见 对博物馆的影响 社会效益 课程未来的发展趋势 ……	

课前准备：对课程开始前准备工作进行评估，包括对课程目的、观众分析、课程资料准备等方面的评价。

课程效果：课程实施过程的各个环节是否达到预期效果、授课者感受等方面都是评价课程效果的重要指标。

课后反馈：课后反馈不仅仅需要考虑课程实施效果与预期效果的对比，也要考虑课程结束后的延伸价值，如课程结束后是否收到听众的反馈和意见，开展课程为博物馆带来了什么有益影响、产生了什么社会效益，以及课程未来的发展趋势等。

（二）参与者对课程的评价

参与者包括合作方（如学校、社区、机构、企业等），施教者、参与课程工作的志愿者或工作人员，以及参加课程的观众，即受教者。在参与者对课程的评价中，重点参考的是受教者的评价和反馈，这是博物馆课程改进的重要依据。对于受教者来说，课程评价主要包括课程是否满足其预期所想、课程中的收获、对于课程的意见或建议、对博物馆的期待或意见等。

对于合作方来说，评价的重点在于课程为他们带来了怎样的效益、与预期效果的对比等。对于施教者、参与工作的志愿者或其他工作人员来说，他们最看重的是在课程中是否实现了个人价值或社会价值、在课程准备和课程实施阶段的感受等。

表 7-2 参与者课程评价的内容

参与者	评估内容	备注
合作方	课程实施效果 课程准备阶段工作 课程带来的效益 与预期效果的对比 实施过程中的难点、重点 ……	次要参考
施教者、参与工作的志愿者或其他工作人员	个人价值、社会价值是否得到体现 在课程准备阶段的感受 课程实施阶段的感受 对于课程的总体看法和建议 ……	次要参考
受教者	课程是否满足其预期所想 课程中的收获 对于课程的意见或建议 对博物馆的期待或意见 对课程内容延伸的期待 ……	重点参考

（三）业内评价

除了收集参与者的评价外，博物馆的工作也需要进行横向比较，可以通过对不同博物馆设计开发的课程进行比较分析，从而完善博物馆课程的教学计划和实施流程。来自同行的评价，是推动博物馆教育事业发展的动力之一。

（四）大众评价

大众评价指的是了解博物馆课程却未能实际参与的大众的评价，博物馆可以寻求机会了解大众对于博物馆课程是否期待及未能参加课程的原因，并多方收集大众对于博物馆课程的建议，这有利于完善博物馆课程建设，推动博物馆社会教育事业的发展。

第八章

博物馆教育方式

观众走进博物馆参观展览，是博物馆发挥教育功能的前置条件，没有观众的参观，博物馆教育便无从谈起。为观众提供优质的讲解服务，是博物馆实现教育目的的主要方式。博物馆教育形式多种多样，有展览讲解、研学活动、学术讲座等，为参观博物馆的观众提供讲解服务，是博物馆教育的基本方式和重要手段，也是博物馆教育区别于学校教育、家庭教育和自我教育等其他教育形式最主要的特征。陈列展览是讲解的内容来源和依据，讲解是陈列展览的延伸和深化，讲解包括陈列展览的主题讲解、内容讲解、展品信息和文物内涵解读等。本章重点介绍博物馆讲解相关内容。

第一节 博物馆讲解的发展历程

世界各地博物馆的讲解工作各具特色，对于讲解工作的称呼也不尽相同。中国博物馆的讲解工作在博物馆具有的社会教育功能中承担着重要的使命，也十分富有中国特色。1905年成立的南通博物苑是我国第一个公共博物馆，其创办者张謇是我国博物馆讲解理论的奠基者和实施者，其在博物馆讲解工作方面的贡献对我国博物馆讲解事业的发展具有重要的理论指导意义。

自此，中国博物馆的发展经历了上百年的历程，从无到有，从小到大，中华人民共和国成立以后特别是改革开放以来，我国的博物馆、文化馆、纪念馆、艺术馆等文化场馆事业得到空前发展，成绩斐然。在博物馆领域，已经形成了以国家级博物馆为龙头，各省（自治区、直辖市）博物馆为骨干，县级博物馆为基础，行业博物馆和民办博物馆为补充的门类齐全、特色鲜明、分布广泛的场馆体系和发展格局，为传承中华文明、弘扬地域文化、普及科学艺术知识做出了积极的贡献。博物馆从诞生那天起,就承担着传播知识、教化公众的社会教育职能,而讲解工作就成为传承文明的主要方式和重要手段。

目前,关于讲解工作的起源,学术界尚无定论。马青云等在《讲解艺术论》中指出,世界博物馆的讲解工作起源于法国卢浮宫,1793 年法兰西共和国艺术博物馆成立,由一个管理委员会管理,向公众开放,虽然当时没有设立宣教机构,但当重要人物前来参观时,则由管理委员会的成员承担着介绍的工作。[①] 而中国的讲解源于周代设置的"春官"一职,他们专管周王室的祖庙,负责向周天子及其臣属介绍这里收藏的宝物,从某种意义上来讲,"春官"可以视为我国博物馆讲解员的雏形。[②]

到了 19 世纪,现代意义上的讲解工作开始出现。这一时期的社会公众希望能从博物馆获得更多的知识,这一需求推动了博物馆社会教育职能的发展。1869 年,美国纽约州科学博物馆配合学校教育,举办讲学;1892 年,美国波士顿美术博物馆开展学术讲演;1903 年,美国圣塔易博物馆培训了一批专业人员,结合学校教育,编写教学大纲,为学校教育服务;1906 年,美国波士顿美术博物馆设立讲解员,每周二、四、六上午为观众进行讲解,颇受观众欢迎。[③] 美国波士顿美术博物馆的做法引起了博物馆界的重视,随后许多博物馆开始设立专职讲解人员。

一、我国博物馆讲解工作的发展历程

(一)讲解工作的形成期

20 世纪早期,中国的博物馆开始出现讲解服务。南通博物苑的创建者张謇曾向清政府倡议在京师建立帝室博物馆,同时提出"遴派视察员、招待员,用为纠监导观之助,必须通东西洋语言文字二三员,以便外宾来观,有可咨询"。[④] 张謇所说的"导观"即讲解员引导观众参观。遗憾的是他的愿望未能实现。张謇是近代著名的教育家和实业家,也是维新派的积极倡导者和推行者,他把创办博物馆的意义提升到"教育救国"的高度,并认为创办博物馆能"使莘莘学子,得有所观摩研究以辅益于学校"[⑤]。张謇这一观点,实际是提出将博物馆作为学校教育的有益补充,发挥博物馆的研究、教育职能。张謇还亲自在自己的家乡南通进行实践探索,通过自己的财力,在通州师范学校以西,购买民房 29 间,迁徙荒冢 3000 余座,平土建垣,先后

---

① 王学敏.博物馆实用讲解艺术 [M].开封:河南大学出版社,2009:9-10.
② 王学敏.博物馆实用讲解艺术 [M].开封:河南大学出版社,2009:10.
③ 王学敏.博物馆实用讲解艺术 [M].开封:河南大学出版社,2009:10.
④ 安廷山.中国民族民俗博物馆概论 [M].北京:紫禁城出版社,2009:105.
⑤ 姬秀丽.知识分子与近代公共文化秩序建构——以近代图书馆、博物馆创设为中心 [M].武汉:武汉大学出版社,2021:99.

兴建了包括博物馆、植物园、动物园为一体的南通博物苑，自此，南通博物苑成为我国博物馆事业的发端和起源。

1912年，时任中华民国教育总长的蔡元培提倡建立国立历史博物馆，这是中国第一座由国家创办的博物馆。该馆1926年10月正式开放，年接待观众约18.6万人次，当时尚未设立讲解员，每遇有重要人物到馆参观，则由馆长或专家陪同讲解。另外，当时在故宫博物院、北平历史博物馆等博物馆门口，有一些老学者收费为观众介绍历史掌故、奇闻逸事等。据《河南博物馆馆刊》记载，1927年河南博物馆建立，馆内设有"宣教员"，这应该是中国比较早期的讲解员。[①] 到了20世纪三四十年代，陕甘宁边区举办了一些英雄模范人物展览，请英雄模范到现场演讲，还抽调了部队文工团员、文化工作者做解说宣传工作，这些大约是中国共产党领导下的早期讲解员。

1949年7月7日，东北博物馆（1959年改名为辽宁省博物馆）正式开馆，该馆首创讲解员制度，招收讲解员，成立讲解组，这是目前所知中华人民共和国成立前夕的第一支专职讲解队伍。[②]

（二）讲解工作的发展期

中华人民共和国成立后，讲解工作进入了真正的起步阶段。文化部确定以北京历史博物馆和故宫博物院为改造重点，开展了对故宫博物院的接收、整顿和改造工作，明确提出我国博物馆事业的总任务是进行爱国主义教育，并借鉴苏联博物馆的经验，设立群众工作部，负责联络、组织观众和开展讲解工作，当时从事讲解工作的人员称为说明员或解说员。我国博物馆第一批讲解队伍以宣传历史唯物主义和爱国主义为主要任务，并逐步建立起较为完善的讲解制度。第一代讲解队伍开创了"阵地讲解"和流动展览讲解的新局面，深受厂矿、农村、部队等地人们的欢迎，讲解员们先后接待了党和国家领导人及外国贵宾，受到好评。有些讲解员还撰写了有关博物馆讲解工作的论文，对讲解工作进行了研究和探讨，最早的这一批讲解人员后来成长为文博领域的专家和骨干。随后，各省（自治区、直辖市）较大的博物馆纷纷开始开展讲解工作，截至1955年，全国50所博物馆基本建立了讲解队伍，凡举办陈列展览均有讲解服务。[③]

1956年5月，文化部召开了第一次全国博物馆工作会议，时任国家文物局副局长的王冶秋在报告中特别强调："讲解工作是博物馆文化教育工作最前线，讲解的效果直接影响广大观众，讲解员就是观众的老师，作为老师只有进行科学研究，精通

---

① 王学敏．博物馆实用讲解艺术［M］．郑州：河南大学出版社，2009：11．
② 王学敏．博物馆实用讲解艺术［M］．郑州：河南大学出版社，2009：11．
③ 王学敏．博物馆实用讲解艺术［M］．郑州：河南大学出版社，2009：12．

自己的业务，熟悉每一件展品，并能解答观众提出的问题，才能更好地帮助观众提高思想水平和科学文化水平，才能更好地发挥博物馆的文化教育作用。"①

1959年，在政府的重视下，我国的讲解工作进入了专业化轨道。20世纪50年代末，中国历史博物馆、中国革命博物馆和中国人民革命军事博物馆相继建立，这是新中国博物馆事业发展的里程碑，集中了我国十年来博物馆工作的宝贵经验，在陈列展览的科学性、思想性、艺术性等方面均达到中国博物馆事业前所未有的高度和水平，也因此对群众教育工作提出了更高的要求。为了适应教育工作的发展需要，在周恩来总理的直接关怀下，从应届毕业的学生中选拔了40名大学生和60名高中生，担任中国历史博物馆及中国革命博物馆的讲解员。同时又从各大军区选拔了200名解放军官兵，进入中国人民革命军事博物馆从事讲解工作。三大馆的首批讲解员，组成了新中国建立后最为强大的讲解队伍，建立了讲解员的独立机构——群众工作部，体现了对讲解队伍整体素质的高要求，充分表明了群众教育工作的重要性，并推动了全国群众教育工作的发展。

20世纪60年代，中国博物馆讲解事业取得了一定的成就，进入了第一个发展的高峰期，讲解员改变了原本死记硬背专家提供的讲解稿的工作模式，开始尝试自己编写讲解词。为了提高讲解工作的效率，讲解员还探索了"因人施讲"的工作思路，即根据不同类型观众的需要，有针对性地进行讲解，有的还专门编写了适用于中小学生、一般观众、外宾等不同类型的观众的讲解词，取得了较好的工作效果。但是，当时大多数讲解员还身兼展厅的保管员、清洁员、安全员等数职，这也影响到了讲解员向专业化方面深入研究，制约了讲解事业的发展。另外"大多数讲解员专业知识贫乏和有些馆过分强调所谓的政治性、思想性，故在讲解内容上多为照本宣科，熟练背诵讲解稿。人们总结、交流讲解经验，也主要是着眼于讲解技巧。这也导致社会上对讲解工作的一种错误认识，认为讲解就是'背稿'"，并派生出讲解工作是"青春职业"的认识。② 而后"文化大革命"时期，许多博物馆一度关闭，讲解工作的发展进入低谷时期。

党的十一届三中全会后，各地博物馆工作开始复苏，讲解工作逐步活跃起来，博物馆的讲解员们在做好阵地讲解、继续实践"因人施讲"的同时，积极开展其他宣传教育活动，利用小版面流动展览等形式深入偏僻的农村、学校、部队、工厂等地进行讲解宣传，发挥了其应有的作用。被誉为"文博战线轻骑兵"的小分队格外活跃，例如东北烈士纪念馆的小分队，不仅深入本省各地宣传烈士事迹，而且在国家文物局的倡导下，到全国16个省份宣讲了2000多场，受教育人数达160万人次。③ 小分

---

① 国家文物局. 回忆王冶秋 [M]. 北京：文物出版社，1995：54.
② 王学敏. 博物馆实用讲解艺术 [M]. 郑州：河南大学出版社，2009：12-13.
③ 王学敏. 博物馆实用讲解艺术 [M]. 郑州：河南大学出版社，2009：13.

队出色的工作，获得民政部、文化部、解放军总政治部、黑龙江省委等领导机关的嘉奖，成为小版面流动展览的一面旗帜。

1982年，中国博物馆学会建立，召开了成立大会暨首届学术讨论会，收到论文98篇，涉及博物馆学的各个领域。同年8月，中国博物馆学会在哈尔滨召开专门的"群众教育工作学术讨论会"[1]，很好地推动了博物馆群众教育工作尤其是讲解工作的发展。

1986年，为了进一步推动博物馆宣传教育工作的发展，国家文物局在天津召开了全国博物馆群众教育工作座谈会。会议总结了新中国成立以来博物馆群众教育工作的发展过程和经验教训，对博物馆群众教育工作的地位和队伍建设等问题提出了建设性意见。会后文化部办公厅下发了会议纪要，充分肯定了博物馆在群众教育工作方面取得的成就，明确提出从建设社会主义精神文明的战略高度上来认识群众教育工作在博物馆工作中的地位和作用，切实加强领导，提高管理水平，大力改革群众教育工作的管理体制。纪要指出：讲解、保管、卫生"三员一体"，不利于群众教育工作的开展和群众教育队伍素质的提高，要求省级以上博物馆尽快改变"三员一体"的局面，建立博物馆专门教育机构，配备专职的群众教育人员。

天津会议的召开有力地推动了博物馆包括讲解工作在内的社会教育工作的蓬勃发展。首先是巩固和发展了群众教育队伍。一些省级博物馆全面迅速地解决了"三员一体"的问题，并且吸收了一些大专毕业生进入讲解队伍，有效地开展宣传教育工作，健全了专职讲解队伍。其次是探索多种宣传教育形式。如：上海博物馆、湖南省博物馆、陕西省历史博物馆编印小报；南京博物院探索社区教育；上海博物馆首创了免费接待学生入馆参观的服务项目；西安半坡博物馆在遗址大厅安装电子显示屏同步引导讲解装置；苏州、河北等地的博物馆开展了文博夏令营及冬令营活动；北京地区近30家博物馆联合举办博物馆知识竞赛，吸引了广大群众尤其是青少年积极学习博物馆文化知识，踊跃参观博物馆；贵州省博物馆、上海博物馆还围绕着博物馆主题举行了演讲比赛或征文活动，受到了群众的欢迎。这一时期许多博物馆将"群众工作部"更名为"宣教部""社会教育部"或"公关部"。

20世纪80年代末，北京社会教育专业委员会、江苏省群众教育研究会等专门的博物馆群众教育研究团体相继建立。[2] 1988年9月，中国博物馆学会社会教育专业委员会在北京成立，我国的博物馆社会教育工作有了自己的学术团体，博物馆的社会教育工作进入了一个新的阶段。为强化全国各大博物馆的横向联系，更大范围地开展社教活动，北京、江苏、黑龙江、湖北、辽宁、天津、湖南、河南、吉林、陕西等省市相继成立了博物馆社会教育委员会。

---

[1] 吕济民. 中国博物馆史论 [M]. 北京：紫禁城出版社，2004：225.
[2] 王学敏. 博物馆实用讲解艺术 [M]. 郑州：河南大学出版社，2009：14.

1991年8月，中共中央宣传部、国家文物局等六部门联合发出《关于充分运用文物进行爱国主义和革命传统教育的通知》，通知就教育活动的内容、方式和方法等做出了具体部署和要求，为博物馆和纪念馆开展群众教育工作规定了明确的任务，开辟了更广阔的工作领域。为贯彻落实六部门的文件精神，1991年，国家文物局在湖南长沙召开了座谈会，总结交流经验，讨论如何利用文物进行爱国主义和革命传统教育的措施。会议重申1986年天津会议纪要的要求，建议和倡导建立健全群众教育部（组），配备专职群众教育工作人员，积极开展活动，创造新的工作方法。

会后，全国各大博物馆、纪念馆群众教育工作者开始积极行动，举办专题展览，组织大批学生参观。各地政府部门在重点革命纪念地及历史文物、革命文物比较丰富的博物馆、纪念馆等地建立了青少年教育基地，我国博物馆在做好群众教育工作基础建设方面进行了新的探索，取得较好的宣传教育效果。

（三）讲解工作的成熟期

到了21世纪，我国博物馆事业得到迅速发展，博物馆的宣传教育工作越来越受到国家层面的重视，博物馆的宣传服务功能得到强化，有些学者提出了"教育是博物馆的中心职能"的观点，进而引出了博物馆教育、博物馆大社教等方面的理论探讨。博物馆教育功能逐渐由单一转向多元化，传统的讲解工作向专业的社教工作转变，工作范围由馆内的阵地向馆外的社区等地拓展，教育方式由传统的灌输型教育向服务型教育转变，服务的对象由"社会精英"向平民百姓转变。

2002年3月6日，中国国家博物馆率先通过大众媒体面向社会公开招聘志愿讲解员，社会反响强烈，先后有2000余人报名参加。在国家博物馆的带领下，北京地区的博物馆也开始招募志愿者，并开展志愿者讲解服务工作，随后全国各地开始招募博物馆志愿者，开展社教服务工作，通过整合全社会资源，开放博物馆的社会服务职能。[1]

党的十六大以来，党中央提出宣传思想工作应该在贴近实际、贴近生活、贴近群众的"三贴近"上取得新进展。博物馆全面贯彻落实党的"三贴近"精神，把学术性、知识性、趣味性、观赏性有机统一起来，全面丰富社会教育服务项目，提高讲解水平，深入发掘博物馆的历史文化资源，不断增强亲和力、吸引力和感染力，致力于把博物馆建设成为爱国主义教育基地、展示和传承中华文化的重要窗口、促进社会主义文化事业发展的重要阵地和开展国际文化交流的重要平台。博物馆宣传教育工作开始走进社区，为社区服务，组织内容丰富、形式多样的社会教育活动，为社区文化建设做出贡献。

---

[1] 中国国家博物馆. 博物馆宣教服务岗位从业人员培训教材[M]. 北京：中国劳动社会保障出版社，2010.

2005年9月24日，南通博物苑一百年暨中国博物馆事业发展百年纪念大会在江苏南通举行，时任国家文物局局长单霁翔发表讲话，讲话中回顾了世界博物馆事业的发展历史，总结了当代中国博物馆事业取得的成就，特别指出"博物馆工作必须始终坚持为人民服务、为社会主义服务的根本宗旨，坚持中国先进文化的前进方向；必须始终坚持社会效益第一的原则，必须以满足广大民众日益增长的精神文化需求为根本目的"，要求博物馆"加强展示宣传和社会服务工作"，进一步贯彻党中央的"三贴近"精神，"拓展博物馆的文化休闲功能，充分运用视听、信息、多媒体、互联网等技术手段拓展博物馆的传播功能，为营造'学习型社会'服务"。[1]

南通会议是继天津会议之后中国博物馆社会教育事业发展的又一个里程碑。原国家博物馆研究员、社会教育专家齐吉祥在《以人为本 服务至上 开拓创新 持续发展——北京地区博物馆近年社教工作概况》中提出"专家型讲解员"的观点，希望讲解员做到"在展厅里，能同各类观众说古论今；坐在室内，可写文著书，不乏见地；走到社会，可与同行、专家探讨交流"。这一观点在中国博物馆教育领域已经达成了共识，以讲解为核心的博物馆社会教育服务工作被提高到了专业的研究水平，从此确定了博物馆讲解员必须走学术型、专家型、知识型的道路。

党的十七大报告指出："坚持把发展公益性文化事业作为保障人民基本文化权益的主要途径。"让人民群众充分享受改革发展的成果，建设小康社会，满足人民群众日益增长的精神文化需求的必然选择是贯彻科学发展观，以人为本，坚持文化普及于民、惠及于民，这是建设和谐社会的必由之路。

2007年9月，时任中央政治局常委的李长春在莅临湖北省博物馆指导工作时指出，希望湖北在中部地区带个头，让更多的公众免费享用公共文化资源，湖北省博物馆可以率先实行免费对公众开放。经过两个月的认真调研和积极准备，2007年11月6日，湖北省博物馆举行了免费开放启动仪式，免费向全社会开放，摸索出适合自身发展的免费开放之路，并为国内其他馆免费开放、服务社会提供了有价值的参考经验。

2008年1月，中宣部、财政部、文化部、国家文物局联合下发《关于全国博物馆、纪念馆免费开放的通知》。根据通知精神，全国各级文化文物部门归口管理的公共博物馆、纪念馆，以及全国爱国主义教育示范基地全部实行免费开放。

免费开放后的博物馆，观众的知识结构呈多元化、需求呈多样化趋势，博物馆的知识性、娱乐性、休闲性等特点日益突出，并对讲解、咨询导览、推行文明用语、规范服务、强化安全意识等方面提出了新的要求。加强管理、适时调整展览、拓展社会教育功能、改善讲解服务等工作成为各博物馆的头等大事。全国各大博物馆的社教工作人员投入了极大的工作热情，群策群力，以高度的责任感和主人翁意识，探

---

[1] 单霁翔.文化遗产·思行文丛（演讲卷）[M].天津：天津大学出版社，2012：149-150.

索免费开放后讲解工作的新方法、新思路、新手段,讲解工作日趋专业化、系统化、规模化、成熟化。

第二节　博物馆讲解的内涵

一、什么是博物馆讲解

"讲解"一词早期的含义包括了讲和、调解、讲论、解释等。《史记·项羽本纪》:"项王、范增疑沛公之有天下,业已讲解,又恶负约,恐诸侯叛之。"这里"讲解"是讲和之意。宋代的宋祁《杨太尉神道碑》"会戎译讲解,兵悉罢屯"和明代的陆树声《长水日抄》"嘉定初,与金人讲解,使还,中书议表贺"中的"讲解"是讲和、和解之意。《新唐书·马燧传》"燧将攻魏,取攻具于抱真营,并请杂两军平其功,抱真不听,请独当一面,縣是逗遛。帝数遣使讲解"和明代的刘若愚《酌中志·见闻琐事杂记》"且替名下官人何东凤报二十余年夙仇,当道者多为讲解,竟胶执不息,大为舆情所薄"中的"讲解"均为"调解"之意。此外,讲解还作"讲论、解释"之意。如唐代韩愈《石鼓歌》"圣恩若许留太学,诸生讲解得切磋",及清代张惠言《江安甫葬铭》"时余方次虞氏《易》,又请受之,每一卷就,辄手写讲解,比余书成,而安甫悉能指说"中的"讲解"即"讲论、解释"之意。现代博物馆的讲解工作中的"讲解"和古时"讲解"有相同之处,也有不同之处,现代博物馆的讲解工作主要取其"解释"之意。

博物馆讲解是博物馆实现教育功能的主要方式之一,是博物馆教育的基本方式和重要手段,也是博物馆教育的常规手段。博物馆教育之所以区别于学校教育、家庭教育和自我教育等其他教育形式,主要是因为博物馆讲解方式的特殊性。因此,博物馆讲解是博物馆、纪念馆、科技馆、文化馆、美术馆等场馆特有的教育方式,值得我们深入研究。

博物馆讲解是以博物馆陈列品为依据,由讲解人员进行提炼、选择,运用语言艺术、讲解技巧和真挚的感情,直接向观众有针对性地传播知识和信息的一种教育活动。[①] 讲解要根据博物馆陈列展览的内容、展览序列及展厅文物特点等方面,将展览内容的研究成果深入浅出地转化为通俗易懂的语言,用观众喜闻乐见的方式表达出来,使观众受到启发并有所思考。博物馆讲解的流程包括熟悉展览内容、了解观众需求、确定讲解重点、选择讲解方法、引导观众参观、收集观众反馈等环节。

---

① 国家文物局. 博物馆群众教育工作 [M]. 北京:文物出版社,1993:49.

讲解工作一般依托于展厅陈列资源，包括展览文字、实物展品、图片、图表、场景等直观陈列，讲解员根据观众的参观目的、综合素养、参观人数、参观时间等因素，选择合适的讲解形式及语言表达方式，以达到服务观众的目的。

二、博物馆讲解的必要性

讲解工作是博物馆履行社会教育职能的重要方法和手段，是博物馆社会教育工作的核心和基本组成部分，居于博物馆教育的首要位置，是博物馆工作的窗口。讲解对观众素养的提升起着重要作用，有利于引导观众学习社会主义先进文化、革命文化和中华优秀传统文化，在促进社会和谐稳定方面发挥着重要的作用。讲解是一种传播人类精神文明的高尚工作，是让博物馆陈列品说话的主体媒介，也是使讲解员与观众产生感情交流、传播知识的重要载体，人们称赞它是"文物与观众之间的桥梁"，是"博物馆与观众之间的桥梁与纽带"。[①]

讲解是博物馆辅助观众参观的重要手段，可以帮助观众整体把握陈列展览的主题思想，揭示陈列展览的深刻内涵。在观众的参观活动中，讲解员要带领并引导观众进行参观，指示恰当的参观路线和内容。讲解员的引导，既要规划合理的参观路线，又要节省观众的参观时间。讲解可以使观众在与讲解员的互动过程中提升参观兴趣，得到更多的收获与快乐，所以，讲解工作是博物馆工作中必不可少的，是服务观众的重要方法。国家文物局原局长、故宫博物院原院长单霁翔在《提升博物馆讲解服务质量的思考》一文中指出："讲解是沟通博物馆与观众的桥梁，是社会教育工作中最直接、最重要的环节。……讲解质量的高低，直接影响到社会公众对博物馆整体水平的评价。……讲解人员需要具有敏锐的洞察力，及时发现观众的需求和愿望，积极创造有利于追踪信息、学习知识和体验情感的环境，最终帮助观众将认知能力提高到新的水平。"[②]

博物馆讲解工作能弥补陈列展览的某些不足之处。博物馆陈列展览是静态的、有形的、直观的，虽然在博物馆教育中，陈列展览发挥了其本身的资源功能，但其局限性显而易见，陈列展览输出的信息是相对固定的，很难针对不同观众的不同需求做出实时调整，而博物馆讲解是依靠人的服务，能够弥补这方面的不足。讲解，同藏品、陈列一样，是构成博物馆不可缺少的基本因素。[③] 讲解工作具有直接面对面的传播特点，能根据观众的需求随时调整讲解内容、讲解方式，是各地博物馆普遍采用的一种宣传教育方式，也是广大观众乐于接受的社会教育手段。讲解员的讲解工作可以帮助观众认识和理解陈列展览的内容，揭示陈列展览的深刻内涵，提高观众的

---

① 王学敏. 博物馆实用讲解艺术 [M]. 郑州：河南大学出版社，2009：1.
② 单霁翔. 提升博物馆讲解服务质量的思考 [J]. 敦煌研究，2013 (6)：101-108.
③ 王学敏. 博物馆实用讲解艺术 [M]. 郑州：河南大学出版社，2009：1.

鉴赏能力。长期以来,广大讲解员活跃在宣传教育工作的一线,直接面对社会各界观众,观众在听讲解的过程中受益颇多、收获满满,充分说明讲解工作发挥了良好的社会效益,也证明了讲解工作的必要性。

无论是团体观众还是个体观众,若能在参观过程中获得优质的导览/导赏和解说服务,将有助于他们欣赏到博物馆的精华,并更大限度地获取信息和知识。尤其是那些外地(国内和国际)游客,他们可能只有一次机会前来,或者是在馆内的逗留时间非常有限,因此,人工讲解服务将有助于他们覆盖更多的展示重点和亮点。[1]

随着时代的发展,公民综合素质的提高,以及博物馆的免费开放,博物馆的观众数量不断增长,且文化诉求呈现多元化,这就对博物馆的讲解服务工作提出了更高的要求。博物馆的讲解工作一定程度上反映了一座博物馆的宣传效果。从某种意义上讲,讲解员的工作代表着国家、民族或城市的文化形象,具有社会性、文化性、服务性和部分涉外性。因此,讲解员的语音、形象和行为都会产生一定的社会影响。[2]

三、博物馆讲解与相关行业的比较

(一)讲解行业与相关行业的共同之处

1. 讲解行业与教师行业

讲解员在传授知识方面与教师有相同之处,在传授知识的过程中要求客观、科学、专业,注重教育方式,深入浅出,从而达到良好的教育效果。在教育目的方面也具有相同之处:讲解是通过传播博物馆相关知识,提升观众的文化素养;教师是通过授课等方式提升学生的知识水平和文化素养,以达到教育育人、立德树人的教育目的。

2. 讲解行业与导游行业

讲解员和导游都是为观众(游客)服务,都属于服务行业,都需要通过热情周到的讲解服务,满足观众(游客)的需求。两者在工作过程中,都要求语言通俗易懂,易于被观众(游客)接受。

3. 讲解行业与播音主持行业

讲解员和主持人的工作内容都是通过语言表达来传播或传达信息,都需要普通话标准,发音吐字清晰,有一定的语言表达技巧。

---

[1] 郑奕. 博物馆教育活动研究 [M]. 上海:复旦大学出版社,2015:196.
[2] 杨小东. 解说的职业艺术 [M]. 北京:文物出版社,2009.

（二）博物馆讲解与相关行业的不同之处

1. 讲解行业与教师行业

讲解行业与教师行业的不同点如表 8-1 所示。

表 8-1　讲解行业与教师行业的不同点

行业 不同点	讲解行业	教师行业
教育对象	社会各界观众，教育对象具有广泛性、随机性和不确定性	学生，教育对象相对固定
教育载体	博物馆展览内容、文物等	书本知识
教育方式	运用通俗易懂的语言、各种体验活动等	复习、考试和查缺补漏
教育效果	具有不可检测性和不确定性，具有潜移默化的效果	通过考试等方式，具有可检测性，取得相对固定的教育效果

2. 讲解行业与导游行业

讲解行业与导游行业的不同点如表 8-2 所示。

表 8-2　讲解行业与导游行业的不同点

行业 不同点	讲解行业	导游行业
教育目的	介绍博物馆展品，提升公众文化素养	介绍风土人情，引导休闲旅游
教育载体	实物展品、展板等	风景名胜、园林景观等
教育风格	专业、严谨、通俗	风趣、幽默，引导游客放松心情
行业要求	知识的系统性和专业性	知识面宽，有较强的应变能力

3. 讲解行业与播音主持行业

讲解行业与播音主持行业的不同点如表 8-3 所示。

表 8-3　讲解行业与播音主持行业的不同点

行业 不同点	讲解行业	播音主持行业
教育目的	提升公众文化素养	及时、客观地播报新闻
教育载体	实物展品、展板等	新闻素材
教育风格	注重亲和力和感染力	庄重、严谨、客观
行业要求	普通话标准，有一定的语言表达技巧	字正腔圆，有较高的语言表达技巧

四、讲解工作的基本特征

（一）讲清解明

博物馆展览具有"无声教育"的特点，依托实物展品、展板等有形的物态或文字形式呈现给观众，如果没有讲解工作，观众很难理解实物展品背后的故事，也不容易理解陈列展览所传达的信息。讲解工作起到辅助观众了解陈列展览的作用，也就是起到在实物展品与观众之间架起沟通桥梁的作用。讲解工作是讲解员在对展品有充分研究的前提下将深奥的文化内容转化为通俗易懂的语言，用介绍的口吻，向观众传达展览内容背后的故事。讲解员在讲述时需要讲清解明，而不是泛泛而谈、空洞无物，讲解工作需要具体化和对象化，切忌只讲是什么、有什么，不讲为什么。讲解工作最重要的本质是讲清解明，也就是讲解员需要深入了解文物背后的内涵并简明扼要地传达出来，引导观众进行思考。

（二）寓教于乐

讲解工作属于社会教育范畴，是博物馆教育的重要组成部分，被称为学校教育的延伸和拓展，博物馆也被称为学校教育的"第二课堂"，这些决定了讲解工作具有既要客观准确地介绍展品的基本信息（就是专业性和科学性），又要运用生动形象的语言艺术达到潜移默化的教育效果（就是生动性和趣味性）的自身特点。专业性和科学性是博物馆讲解工作的基础和前提，生动性和趣味性是博物馆讲解工作的较高境界。如果仅仅是照本宣科地背诵讲解词，只会让观众感到乏味和疲倦，不是一次高质量的讲解服务，而只是刻板地完成工作任务。真正优质的讲解服务，是讲解员在非常熟悉展品知识背景的前提下，运用语言表达艺术，因人施讲，引起观众的浓厚兴趣，引发观众的深入思考。

（三）不可替代性

随着社会发展和科技进步，人们获取博物馆知识信息的方式和渠道多种多样，如网站、公众号、语音导览、数字化讲解等，这些获取信息的方式和渠道各有优势，能帮助观众快捷、便利、自主地了解博物馆的展品信息。但博物馆讲解本身的特点，决定了其具有不可替代性。一是博物馆的人工讲解，是人性化的、有温度的服务，不像机器人那样程序化和固定化，讲解员通过和观众面对面交流，可以了解到不同观众的需求、参观目的、兴趣、年龄、参观时间等，随时调整讲解服务的形式，具有机动性、灵活性，这是机器无法取代的。第二，讲解员直接面对观众，观众产生疑惑和问题时，可以随时向观众提供解答。这种人与人之间面对面的交流，不仅仅是单方面知识传授的过程,更多的是人与人之间情感的交流和心灵的碰撞,是任何机器和设备所无法代替的。比如讲解员为观众提供了一次高质量的讲解服务,观众由衷地为讲解员的专业知识所叹服,也为讲解员热情、周到和细致的讲解服务所感动,发自内心地为博物馆讲解工作点赞。而程序化的信息检索,虽然某种程度上为观众带来一定便利,但却无法产生真正的情感共鸣。因此,讲解工作具有不可替代性。

第三节 博物馆讲解的四种形式

一、解释说明型

博物馆讲解是博物馆教育的基本形式,即使用简单明了的语言来解释说明博物馆展品的性质、特征、功能等。通过对解释性文本进行话语表达是讲解工作的主要表达方式。博物馆讲解的方法有概括解说、定义解说、分类解说、举例解说、比较解说、数字解说、图表解说、引用解说等。

博物馆讲解旨在通过讲解服务,在博物馆、观众和展品之间建立密切的互动关系,既能满足观众对博物馆展品的兴趣,又能满足观众对文化和教育的需求。解释说明型讲解主要包含三个模块:描述展品、阐述内涵、总结归纳。描述展品包括对展品的显性外观进行客观描述,如展品的造型、色彩、结构等。阐述内涵是对展品隐性知识的建构,也是讲解过程中最核心和关键的一步,包括展品的基本信息、背后的文化内涵,以及相关联的各种信息集合,比如展品的功能、文化内涵及历史价值等。总结归纳既可以是对某一展厅的总体总结,也可以是对某一展品进行概括总结,让观众对参观的过程有一个整体印象。

解释说明型讲解的步骤是由表及里的,也就是先介绍展品本身的特点,再挖掘展品背后的故事,最后由故事再回到展品本身,并进行归纳总结,是一种层层深入、抽丝剥茧式的讲解形式。这种讲解形式的目的是让观众先对实物产生直观印象,再深入其历史背景和文化内涵,从而对某一类展品及其背后的文化现象有一个整体清晰的认识。博物馆讲解员在引导观众参观的过程中,可以按陈列展览的顺序,前后贯通完整地陈述展品,也可以根据观众的要求,着重详细地讲解陈列展览的某一部分。解释说明型讲解与学校传统的教育形式有一定相通的地方,即对知识内容进行解读诠释,都是知识的传授和输出,而不同之处是博物馆讲解更侧重于在陈列展览的整体性框架下,对某一展品讲清解明。解释说明型讲解既是博物馆常规的讲解形式,又是博物馆作为知识殿堂履行基本职能的基本教育方式。

解释说明型讲解并不是刻板地说教和强行地灌输,可以将历史故事穿插在讲解的过程中,辅助观众更好地理解讲解内容。解释说明型讲解形式是各博物馆普遍采用的讲解形式。这种形式之所以被广泛采用,主要因为这种形式是传统教育形式的延伸,接受过学校教育的大多数观众比较认可和适应这种教育方式,认为这种教育方式是获取知识最便捷、最直接、效率最高的途径。

但这种讲解形式也有一定的局限性,现阶段有部分博物馆观众认为这种讲解形式主要有两点不足之处:一方面是博物馆讲解员对展品过于单一、机械化、标准化的简单解释,形成枯燥乏味、一成不变的单向输出式的教育方法;另一方面,博物馆数字化讲解,如语音导览、导览手册等,一般都是标准化、模式化的讲解,内容相对固定。这两种认知理解下的博物馆讲解系统与游客的文化需求是分离的,很难达到观众的预期。因此,我们应该优化博物馆讲解体系的完整性,将人工讲解和数字化讲解结合起来,尤其是人工讲解,要创新表达方式,提高讲解的服务质量。

二、情景体验型

情景体验,是将教育活动设置于某种特定情景或环境中,增强体验的氛围,根据特定主题所构造出来的生动环境,让观众有身临其境的体验感,从而更好地参与到主题内容中。1992年,福尔克和迪尔金率先提出了交互体验模式(见图8-1),认为影响观众参观体验的因素可以从个人情景、社会情景、环境情景三个方面来描述。学习是三种情景彼此交互的过程和结果。

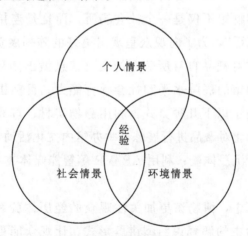

图 8-1 交互体验模式

2000年,福尔克与迪尔金就这一模式进行了重新修正,提出了情景学习模式(见图8-2)。将影响学习的因素进一步划分为八个要素,分别是动机与期待,先前知识、兴趣和信仰,选择与控制,团体内协调,团体外协助,先行组织者与方位,设计,馆外的后续强化体验。通过对交互体验模式的修正,重新认识了体验和学习之间的关系,确定了将博物馆参观行为视为一种学习体验。

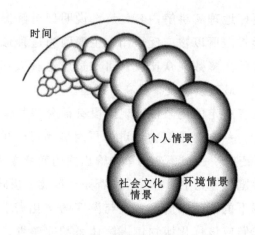

图 8-2 情景学习模式

2005 年，福尔克和马丁·斯托克斯戴克在加利福尼亚科学博物馆的"生命世界"展览中进行了博物馆学习研究，将原有模式中的八个因素扩展至十二个，例如：在"个人情景"中，"先前知识、兴趣和信仰"被分解为单独的两项；在"环境情景"中，增加了方向与空间、展览的曝光程度等内容。[①] 按照福尔克等人提出的情景学习模式来看，对于博物馆来说，个人情景及社会文化情景很难把控，难以预测前来参观观众的学习背景及社会文化背景，便于把控的仅仅只有"环境情景"方面。于是博物馆往往会通过对展览的设置来为观众营造氛围感，将博物馆陈列展览与社会文化相融合，利用高科技手段，以博物馆的藏品为媒介，将博物馆所强调的文化意义渗透于情景叙事之中。博物馆不仅是一个社会场所，而且是连接藏品和观众的重要桥梁。藏品本身不会"说话"，为了向观众呈现出更好的陈列展览的效果，博物馆往往会采用多种手段和方式对藏品自身所蕴含的文化信息做出阐释，目的是让观众更好地理解藏品，提高博物馆的展陈水平和社会教育能力。目前国内外文博界对于博物馆情景化展陈主要采用了以下几种方式：利用静物实材、灯光投影或虚拟影像对历史场景进行还原，多元化对藏品进行展陈；举办馆内文化活动，营造"场域化"的历史氛围，推动受众进行沉浸体验；利用 AR/VR 等智能媒体技术开办线上博物馆，搭建虚拟文博空间。[②]

在情景体验式教育中，博物馆更加关注观众的经历体验和学习感受，改变了以往单一的以传授知识为主的解释说明型讲解形式，让观众能更加身临其境地获得知识和信息。例如日本的东京地震博物馆，馆内不仅展示了实物和文字资料，还专门为观众设置了一间体验室，在体验室内，博物馆模拟了地震场景，并将模拟时观众的真实反映和行为拍摄记录下来，之后播放给观众，让每个观众都能看到自己当时

---

① 赵星宇. 从"情景"到"身份"——约翰·福尔克博物馆学习理论模式的发展与演变 [J]. 科学教育与博物馆，2017，3（4）：308-314.

② 王蕾. 博物馆"情景化"：理念、影像与未来 [J]. 中国博物馆. 2021（3）：39-43，142.

的表现和反映,最后博物馆工作人员会就观众的真实反映给予指导,为一些错误的行为给出正确的示范,教授其正确的避灾方法。显然,这种亲身体验的方式比单纯的文字和图片的说明更具说服力,也更有教育效果。[①]

目前博物馆日益成为公众"休闲选择"的目的地之一,其原因主要在于博物馆能够为观众提供"环境体验"[②],在经济迅速发展的大趋势下,社会公众开始重视提高自身文化素养,加之知识经济在社会发展中的地位越来越重要,公众对知识更加渴求,也有了更为充足的休闲时间,以学校教育为主体的正式教育体系很难满足人们终身学习的需要,博物馆的存在就为人们的"休闲选择"和"学习体验"的有机结合创造了条件。

经济在发展,科技在进步,如今的博物馆在情景体验技术方面的运用有目共睹,声光电工艺、交互装置、全息投影、虚拟现实、混合现实等技术已经深度渗入文博领域,通过营造沉浸式陈列展览的氛围,让观众有"身临其境"的体验感。博物馆通过展陈设计人为地营造情景体验展览场景,对观众进行适当的引导,激发观众对体验到的现象开展合理的联想,观众在大脑中自行对体验过程中"留白"的部分进行填补,并结合展品的特点和陈列展览营造的情景体验氛围,升华个人的体验感悟。例如虚拟空间的搭建是数字技术和文化创意的合谋,二者相互作用,彼此影响。VR、AR等媒体技术赋予博物馆场域空间源源不断的能量,在"活化"文物的同时,让观众对博物馆藏品和陈列展览有更加丰富的认识,从而拉近了观众与博物馆之间的距离,增强了观众的在场感。

目前情景体验类教育形式主要分为互动游戏类、示范表演类、视听欣赏类、场景复原类、幻影成像类等。互动游戏类主要是以多媒体电子设备或道具为核心与观众开展互动游戏,如拼接某件展品、完成知识大闯关等,通过博物馆中的"物"开展不同类型的游戏,观众可以在游戏过程中学习并巩固所学知识。示范表演类主要是对某种工艺技术进行示范表演,例如中国丝绸博物馆内还原展示了丝绸的制作过程,这种展示能够让观众更加直观地了解工艺制作过程。视听欣赏类的运用较为广泛,例如2010年上海世博会中国馆中"会动"的"清明上河图"情景体验展示。视听欣赏类情景体验主要包括电影短片、视频点播等形式。场景复原类则是通过复原历史场景或活动来为观众讲述过去的故事,让观众置身于特定的历史时空环境中体验和感受历史,例如中国江南水乡文化博物馆内就融入了竹帘、粉墙黛瓦等具有江南水乡特色的元素,以此烘托出美妙的江南小镇的氛围。幻影成像类则是通过高科技,将所拍摄的人、物投射至布景箱内的主题模型场景中,由半透半反玻璃将影像呈现

---

① 王雁翔.博物馆"情景再现"模式探究[D].太原:山西大学,2017.
② 赵星宇.从"情景"到"身份"——约翰·福尔克博物馆学习理论模式的发展与演变[J].科学教育与博物馆,2017,3(4):308-314.

出来，与场景融为一体，从而演示出故事的发展过程。例如西安汉阳陵地下博物馆就运用幻影成像类情景体验将汉景帝时期百官上朝的场景展现了出来。[1]

情景体验型讲解是以观众参与为主要活动形式的体验式教育形式，是一种博物馆与观众之间双向进行的教育形式。在认知过程中，通过主体与外界、主体与自我的两次互动过程的结合来实现情景体验式教育，沉浸式体验和操作式体验是可以应用的具体解决方案。此外，有意识地引导观众将认知与真实情景进行关联，可使观众的知识记忆和能力迁移顺利实现。由此，博物馆情景体验型讲解成为一个起源于体验且在体验下不断修正并使观众获得认知的连续过程。当前博物馆和观众双方都不仅仅满足于单一的陈列展览和单向输出式的讲解形式，观众在参观过程中更期待互动式的设施体验及教育活动，从被动的知识接收者转化成为主动的全方位体验者。

博物馆教育不再是被动地单向接受，而是让观众通过感知和领悟成为主动发展的主体。情景体验型讲解形式强调观众的主动观察与自发思考，主要包括三个特点：体验性、互动性、启发性。

体验性是博物馆情景体验型讲解最显著的特点，观众利用自己的感觉器官（如眼睛、耳朵、鼻子等）去感受相关对象、内容及环境，以此获得艺术审美、知识需求等方面的体验。

互动交流是情景体验型讲解中不可缺少的环节，博物馆在讲解工作中强化互动性，为观众提供相关的教育活动，观众参与活动，获得感知体验，还可以提出自身的想法和意见，形成一个有来有往的互动交流行为。

启发性则是观众通过互动展示等方式主动参与到情景体验型讲解活动中，在获取知识的同时激发学习热情，从而产生下一次学习的动机，形成一个积极完整的循环过程。在这一情景体验过程结束以后，能够引发观众更深层次、更广领域的探索与思考，观众也得到了进一步的自我提升。

情景体验型讲解十分重视观众的体验、感受及互动交流的过程，其完整的教育过程包括观众体验、内容反思及最终的检验性行为，观众在这一自发形成的学习过程中，其知识技能、理解能力和价值观都在无形中得以显著提升。讲解员是情景体验型讲解的辅助教育者和引导者，而不是教育活动的主角，这种形式与解释说明型讲解有本质的区别。博物馆承载着重要的社会教育任务，仅凭展品本身很难实现对观众全面的教育效果，而通过情景体验型讲解，让展品"活"起来，让教育"活"起来，从而让观众对文化有更多的、更好的体验和感受。

三、交流探讨型

交流探讨型讲解是解释说明型讲解的进一步深化，是基于观众和讲解员之间互

---

[1] 王雁翔. 博物馆"情景再现"模式探究 [D]. 太原：山西大学，2017.

动的结果。讲解员在进行讲解时，除了对展品进行解释说明，往往不能满足观众的求知欲，特别是当观众人数较少时，大多数观众更有与讲解员进行互动交流的意愿。当观众对某一文物或知识点提出问题或自己的见解和认识时，就需要讲解员根据自身已有的知识储备予以反馈，还可与观众展开探讨。特别是当遇到文博行业的专家学者时，他们可能对博物馆的陈列展览或某个展品有独到的见解和研究，作为讲解员，与之相比可能知识储备不够全面，有些问题或许无法解答，但可以将自己已知的正确观点进行表达，并吸收专家学者的先进研究成果和建议，本次讲解工作结束后要查文献资料进行完善补充，并及时更新讲解词，以便下次遇到类似情况时可以妥善应对。在交流探讨型讲解中，观众不一定对展品有深入研究，但讲解员的讲解激发了观众的想象或联想，观众因此提出天马行空、不切实际的问题时，讲解员需要及时给予纠正，要明确告知观众哪些是正确的事实，哪些是戏说的情况，做到及时纠偏。但讲解员在这个过程中要注意方式方法，不能一味全盘否定，容易挫伤观众探讨问题的积极性，而应拿出理论依据进行解答，这种纠正型探讨有利于树立博物馆严谨的教育形象。

四、操作演示型

操作演示型讲解是情景体验型讲解的进一步深化，主要是在特定情景下，要借助讲解员的操作，才能达到教育的目的。操作演示型讲解是主要运用于科技类博物馆和自然历史类博物馆，也包括人文历史类博物馆中的互动教育的一种具体方式。这种讲解形式需要讲解员边讲解边操作。在讲解过程中，讲解员向观众演示仪器、模型或文物复制品等的操作流程，通过演示，观众更容易了解科学原理。同时讲解员在讲解时不能自顾自地演示，在适当情况下，可以提供一些模型、文物复制品或模拟品等供观众"触摸"和感受，加深观众对所讲、所看内容的理解。

第四节　博物馆讲解的意义

一、思想教育

思想教育功能是我国博物馆讲解工作的重要职能之一，部分博物馆被设置为"爱国主义教育基地"。由于观众受教育程度不同，对事物的认知就会产生差异，所以讲解员在进行讲解工作时，可以以实物展品为依托，正确运用辩证唯物主义和历史唯物主义的相关观点揭示实物展品的内涵及价值，引导观众建立正确的历史观和价值观。

思想教育还包括道德教育，各国的博物馆都很重视对青少年的思想道德教育问题。我国高度重视发挥博物馆对青少年的思想教育功能，博物馆作为青少年思政教育的重要基地，许多学校会组织学生前去革命纪念馆等地参观、学习革命先烈的光荣事迹，对学生进行爱国主义和民族精神的熏陶。历史类、科技类、自然历史类博物馆等可以利用馆内实物对青少年进行爱国主义教育，振奋民族精神，使青少年从小就树立起爱国家、爱人民、爱科学的品质，继承并弘扬祖国优秀传统文化和先辈们艰苦卓绝的奋斗精神，发挥自己的聪明才智，为祖国的繁荣、人类的共同发展贡献力量。博物馆在实施思想道德教育的过程中，仅凭陈列的不会说话的文物、图版、照片、文字等很难达到良好的思想教育效果，必须利用好讲解这一手段才能准确地揭示陈列展览的主旨、实物展品的内涵。

我国非常重视博物馆的社会教育工作，尤其是党的十七大以来，博物馆免费向社会开放这一做法成为保障人民基本文化权益的重要途径。党的十八大报告提出，要扎实推进社会主义文化强国建设，人民基本文化权益得到更好保障，意味着我们将实行更加开放、更加宽松的文化政策，有利于充分发挥文化引领风尚、教育人民、服务社会、推动发展的作用。作为社会教育工作的重要组成部分，博物馆讲解工作应该坚持走中国特色社会主义文化发展道路，坚持为人民服务、为社会主义服务的宗旨，坚持贴近实际、贴近生活、贴近群众的原则，构建富有成效、充满活力的博物馆社会教育机制，推动社会主义精神文明和物质文明全面发展，扎实推进社会主义文化强国建设。

二、传播科学文化知识

博物馆是人类文明的载体，保存着人类文明的重要实物。"博物馆必须成为传播知识、交流思想的积极参与者""支持博物馆成为社会和文化发展的工具"，这是国际博物馆协会的规划。[①] 人们在博物馆里，仿佛置身于浩瀚的历史长河，寻找记忆、感知现在、思索未来，完成从实物到思维、从感性认识到理性认识的升华历程。

博物馆是科学、文化和艺术的殿堂，收藏、保管和积累了丰厚的历史文化遗产和科学资源。博物馆教育工作者有责任将中华优秀传统文化、革命文化、社会主义先进文化及科学知识传播出去，博物馆应该充分发挥其"第二课堂"的教育职能。传播科学文化知识，这就需要讲解员通过自身扎实的文化底蕴和自我表现的艺术张力，运用生动形象的语言，讲明历史文化遗产的巨大魅力，使观众倍感真实、亲切、可信。讲解员以渊博的知识、生动的讲解，帮助观众增长知识、启迪智慧，有利于引导观众对文物的感性认识上升到理性认识，使观众在有限的空间、较短的时间内最大

---

① 王学敏. 博物馆实用讲解艺术 [M]. 开封：河南大学出版社，2009：6.

限度地接收到丰富的知识和信息，从而凸显出博物馆的历史纵深感，强化博物馆教育的感染力。

三、美学欣赏

博物馆拥有丰富的藏品资源，其资源优势不仅仅表现在藏品的数量众多，更表现在藏品种类的丰富程度、历史时间跨度的长远程度，这是任何艺术教育机构所无法比拟的。不同种类的藏品蕴含的艺术特点是不一样的，如石器的原始自然、陶器的古朴厚实、青铜器的端庄凝重、瓷器的轻盈精致、玉器的温润剔透等。另外同种类的器物在不同历史时期的艺术风格也有所不同，以商代青铜器装饰纹样为例，以写实的动物形体素材为主，如饕餮纹等，商代早期出现了弦纹、云雷纹、涡纹、乳钉纹、鸟纹、鱼纹等，商代中期开始采用浮雕艺术，商代晚期的青铜器上则出现了蜷体夔纹。文物中美的因素是客观存在的，讲解员在掌握观众的审美心理的基础上，应迅速判断观众对艺术的领悟能力，运用深入浅出、生动形象的语言充分诠释文物外在的外观美及内在的内涵美，引导观众感受美、欣赏美、激发观众的审美情感。

四、展示博物馆魅力

普通观众走进博物馆，短时间内无法全面、深入地了解博物馆的藏品情况、学术研究水平、硬件设施、管理能力等方面的状况，而他们最直接接触的是讲解工作，因此讲解工作是展示博物馆总体水平的窗口。一次成功的讲解，是讲解员深厚的文化底蕴及生动语言的完美结合，优秀的讲解是博物馆整体魅力的展现，会吸引越来越多的社会公众走进博物馆。

第九章 博物馆教育的实施者

博物馆教育的实施过程主要包括四个要素：教育主体（社教工作者）、教育载体（陈列展览）、教育受体（观众）、教育方式（参观讲解、教育活动等）。这四个基本要素组合成博物馆教育系统，构成博物馆教育行为全部的内在运行机制，它们是前后承接、相互依存、互为条件、交互作用、良性循环的关系。在这四个要素中，教育实施者，即教育主体，是教育活动中最积极、最活跃的因素，始终处于主导的地位。所以，研究博物馆教育，理当首先从研究教育主体——社教工作者（狭义范围的社教工作者即讲解员）着手。

第一节 博物馆讲解员的基本概念

一、什么是博物馆讲解员

博物馆讲解员又称博物馆社教工作者、宣讲员、讲述人、解说员等，讲解员是博物馆教育工作主要的实施者，既承担着博物馆的宣传、教育等方面的职能——解读陈列展览内容、藏品信息，传播学术研究成果等，同时又要具备良好的服务观众的能力——组织引导观众、为观众当好学术"翻译"等。面对着在参观目的、知识层次、年龄层次、审美需求等诸多方面存在差异的社会公众，讲解员业务能力的最高境界是因人施讲，即明确自己"讲什么、给谁讲、怎么讲"，其讲解服务的质量和水平直接影响着观众的参观效果和接受博物馆教育的质量。博物馆讲解员包括专职讲解员、志愿者讲解员、社会讲解员等。

二、讲解员的角色定位

（一）博物馆教育实施者

现代博物馆完成了"以物为本"向"以人为本"的服务理念的转变。长期以来，博物馆十分注重收藏文物、研究文物及展示文物，而忽略了博物馆教育的重要性，尤其是对社教工作者的片面认知，认为讲解员的工作就是背诵讲解词，照本宣科地向观众灌输文物知识，这种看法是对博物馆社教工作者的最浅层次的理解。"以人为本"的服务理念应做到充分尊重观众在博物馆自主学习的权益，重视观众的参观兴趣和学习感受，引导、帮助观众完成在博物馆进行的社会教育活动，充分保障观众的基本文化权益。作为博物馆教育最基本、最重要的实施者，讲解员必须在工作实践中，不断分析观众、研究观众，探索出满足观众需要的讲解工作新思路，创造出契合社会发展需求的讲解工作新方法和新手段，才能更好地推广博物馆教育理念。

（二）博物馆沟通观众的桥梁

讲解员是博物馆一线工作人员，工作时直接面向观众，社教岗位是博物馆的前沿阵地，讲解员正是最先了解和接收观众诉求的博物馆前沿工作人员。在讲解过程中，讲解员通过观察、倾听，收集观众个人信息、观众的意见和建议，并内化为自身的讲解素养，不断提升施讲的理论和实践水平。同时，讲解员可以将收集的第一手材料反馈给展览部，并将观众对后勤保障、服务设施、文化产品开发等方面的意见和建议转达至相关部门，博物馆各部门通力合作，才能真正办出观众喜欢、观众需要的具有本馆特色的展览。由于讲解员一线岗位的特殊性，能够第一时间了解观众的诉求，所以讲解员不仅承担了将博物馆知识传递给观众的职责，而且架起了观众与博物馆之间得以良好交流和沟通的桥梁。

（三）博物馆文化代言人

随着我国社会主义文化大发展大繁荣，博物馆作为文化场馆，其社会地位和人文价值越来越得以显现。博物馆不仅是市民体验人文氛围的重要打卡地，而且由于博物馆历史文化底蕴深厚，因此成为一个地区对外交流的窗口、特色文化名片和城市会客厅。博物馆日趋成为促进社会进步和文化发展的工具，肩负着传统文化、民族文化的传播和思想交流的重任。《华盛顿邮报》曾评论美国的博物馆已经成为"新的城市广场"，"举办从爵士音乐会到教育研讨会等各种活动，没有任何别的场所能像今天的博物馆一样把各种不同的人聚集在一起"[1]。博物馆不仅是文化中心、教育中心、学术中心,还是休闲中心、娱乐中心。作为博物馆最前沿工作人员的讲解员,必须坚持开拓创新、不断进取,努力提升自我素养,不仅要树立良好的职业道德、服务意识、礼仪规范意识,为观众参观博物馆的过程中带来美的享受,让观众对博物馆留下美好的印象;同时讲解员还应广泛涉猎博物馆学、历史学、考古学、美学、心理学等各个领域的专业知识,厚积薄发,在讲解时引导观众通过直观的视觉感受上升到文化内涵的深刻体会。讲解员的一言一行正代表着一座博物馆的形象和管理水平,某种程度上,他们不仅是一座博物馆的形象代言人,更是一个城市的文化代言人。

三、讲解员的基本素质

讲解员的基本素质包括讲解员的政治素质、职业素质、专业素质、心理素质、应变能力和其他能力等。

(一)政治素质

讲解员要具备较高的政治素质,有正确的价值观和政治方向。任何人的心理与行为总是会自觉不自觉地受到一定的政治理论、思想观念和理想信念等的支配,要提高个人的综合素质,首先必须提高政治素质。一个人的政治素质在某种程度上决定了其政治水平。提高讲解员的政治素质,是新时期新形势下讲解工作的需要,也是发展先进文化的需要。自博物馆免费开放以来,越来越多的观众走进博物馆,感受博物馆的文化内涵。讲解员作为博物馆的文化代言人,其在服务观众、向大众传播文化知识时的言行举止与自身的政治修养紧密相关。讲解员必须拥有坚定的政治立场,拥护中国共产党的领导,热爱祖国,热爱人民,坚持为社会主义服务和为人民服务的理念,树立良好的职业道德,坚定不移地弘扬中华传统优秀文化,积极宣传党的方针政策。

提高政治素质,可以通过以下途径实现:不断学习党的方针政策,这是博物馆各项工作的理论依据和行动指南。不同的历史阶段,党和国家的方针政策都具有鲜明的时代特色。讲解员坚持学习党和国家的方针政策,是提高政治素质、把握时代脉搏的有效途径。当今国际政治风云变幻,国内时事政治新理念、新思维、新名词层出不穷,讲解工作是博物馆教育的窗口,讲解员应学习掌握最新的时事政治内容,及时了解大千世界发生了什么,把博物馆教育工作与社会最新发展动态紧密结合,使讲解服务真正做到贴近实际、贴近生活、贴近群众。

---

[1] 段勇. 美国博物馆 [M]. 北京:科学出版社,2003:59.

（二）职业素质

职业素质指从业者在一定生理和心理条件的基础上，通过教育培训、职业实践、自我修炼等途径形成和发展起来的，在职业活动中起决定性作用的、内在的、相对稳定的基本品质。讲解员除了要遵守基本的社会礼仪规范和坚持提升个人修养外，还要有较高的职业素质。讲解员职业素质的高低直接影响到博物馆的文化传播水平和管理水平。讲解员的职业素质是以马克思主义理论为依据，以高尚的人生观和价值观为科学指导，以全心全意为人民服务为宗旨，以对广大观众进行爱国主义教育、思想道德教育和科学文化教育为职业目的。讲解员的职业素质最终体现在能否保质保量地完成博物馆的社会教育任务，能否很好地为观众服务，能否真正地贯彻为人民服务的宗旨。

博物馆讲解员要想提高职业素质，应重点做好以下两点：第一，讲解员在上岗前要认真学习博物馆各项管理制度，尤其是社教工作岗位职责，明确工作任务并领会其精神实质，形成相应的职业态度，包括正确认知本岗位工作的意义、端正服务态度、提高服务能力等方面。讲解员作为博物馆的文化代言人，其工作内容会产生良好的社会效益，所以讲解员在工作实践中应遵守各项管理制度，随时比照责任规定对自己的思想和行为进行自我检查，及时纠正自己的行为偏差，防患于未然，同时坚持正确的言行举止，使之成为一种职业道德行为习惯。

第二，讲解员必须爱岗敬业，具有奉献精神。面对来自五湖四海的观众，讲解员既会有获得观众的肯定、赞扬、掌声时的欢笑，又会有不被观众理解时的委屈，讲解员应在讲解工作结束之后进行总结，及时发现问题，及时纠正，不断提升自己的讲解水平。讲解员应该分析观众、理解观众，经常换位思考，如思考"如果我是观众，喜欢什么样的讲解服务"等，讲解工作不应拘泥于背诵复述讲解词，而应该做一个有心人，根据观众的需要，不断丰富自己的知识储备量，加强思维的逻辑性，提高语言表达能力、沟通能力等业务水平。

（三）专业素质

专业素质是讲解员的核心竞争力。专业素质包括较高的文化水平和专业技术能力，是讲解员开展讲解工作的基础。讲解员应具备以下专业素质。

1. 编写讲解词的能力

博物馆讲解员需要从多个角度对陈列展览进行分析，收集展品的信息资料，深入挖掘展品的人文价值，以此撰写讲解词。讲解员通过文字的合理引导，帮助观众领悟陈列展览的文化内涵，启发观众进行思考，使观众产生良好的观展体验。

在编写讲解词之前，讲解员应该尽可能全面掌握与本馆陈列展览有关的文化知识。比如湖北省博物馆的讲解员，应做到对楚文化相关历史文化知识侃侃而谈。民族类博物馆讲解员应充分掌握党和国家的民族理论与民族政策，熟悉各民族不同的风俗文化。历史类博物馆的讲解员，必须广泛涉猎历史学、考古学、美学、教育学、心理学等领域。讲解员需要不断提高专业知识储备、完善业务能力，才能在面对不同主题的陈列展览内容时做到讲解起来驾轻就熟。

2. 语言表达能力

讲解工作是一门语言的艺术，语言表达能力首先体现在讲解员应该具备良好的有声语言表达技巧，如普通话标准、声音洪亮、语速适中、节奏富于变化，讲解富有感染力等。讲解员的语言表达能力还体现在口才良好，能运用标准口语即普通话说话，做到词汇丰富、表意准确、措辞得体、语法规范、条理分明、逻辑严谨、中心突出、富有情感，能熟练自如地运用讲述、抒情、议论、说明、对话等各种表达技巧，讲解过程中，善于运用比喻、借代、比拟、示现、对偶、排比、映衬、象征、摹形、摹声、摹色等修辞手法，能恰到好处地运用副语言和势态语言，真正达到言语运用的正确性、规范性和技巧性等要求。

随着社会主义文化的大繁荣大发展，博物馆迎来了新的历史发展机遇。近年来，新建场馆不断增加，硬件和基础设施不断完善，走进博物馆参观的观众也日趋增多。社会公众的文化素养和鉴赏水平不断提高，向身处一线工作岗位的社教人员，尤其是对讲解员提出了新的挑战。博物馆事业的大发展要求讲解员必须成为业内"专家"，能做到从不同文化侧面向不同文化层次的观众揭示文物藏品丰富的文化内涵，并要求讲解员对文物藏品的历史底蕴进行深入挖掘、提炼与升华，再通过独立思考、信息整合，调动自身的知识储备，实现讲解工作的再创造，充分发挥讲解员作为博物馆与观众沟通的桥梁和纽带的重要作用。

3. 亲和力

亲和力是一种使人愿意接近的亲切感，讲解员的亲和力能拉近与观众之间的距离，消除双方的距离感和陌生感。亲和力的塑造是语言、表情、眼神、动作等多种要素的综合表现，尤其在语言表达方面，发音吐字清楚、语气温和、语调柔和能增加亲和力。另外，亲和力还表现在态度真诚、举止温文尔雅、精神饱满、眼神亲切、面带微笑等方面。博物馆讲解员要善于学习，管理好自己的情绪、语言表达、面部表情、肢体动作等，逐步成长为受观众喜爱的优秀讲解员。如果在讲解工作中，自顾自说，敷衍地完成讲解任务，眼神冷漠，行为举止拒人于千里之外，这样的讲解是不具备亲和力的。

4. 正确使用文明礼貌用语

讲解员是博物馆的形象代言人，其一言一行直接影响到博物馆的形象。文明礼貌用语是表达尊重他人的最基本的外在表现，讲解员在开展社会教育工作时，应多用文明礼貌用语。在讲解接待工作中，讲解员要多使用尊敬词、客气词，善用感谢语，如谢谢、多谢、非常感谢等，以唤起对方的愉悦和理解之情。说"谢谢"的时候，应该以热情的目光注视着对方，有时还要说明原因，如"谢谢您的鼓励"等。慎用道歉语，若说了不妥的话，要及时、诚恳地道歉，如"对不起，实在抱歉，请多原谅"等，此外还有"失迎、失敬"等客气词。使用文明礼貌用语是讲解员个人修养的体现，也表达了对观众的尊重。

5. 因人施讲

因人施讲是博物馆讲解员在开展讲解工作时，根据不同观众的年龄、职业、文化背景等，预先了解观众不同的需求，有针对性地进行讲解。因人施讲理念起源于春秋时期孔子的教育理念，孔子认为"性相近也，习相远也"，"有教无类"，主张因材施教。因材施教和因人施讲的手段和方法有异曲同工之处，这一理念不仅是我国教育史上宝贵的传统，也是博物馆教育理论的起源，至今仍有时代意义。"因人施讲"体现出对观众的尊重，彰显了讲解员的职业素养和专业精神。讲解词虽是提前撰写完成的，但因不同的观众需求不同，讲解员需要根据实际情况，对预设的讲解词进行二次创作和加工，包括讲解内容的因人取舍、讲解方式的因人而异等。这就需要讲解员有广博的知识积累、较高的学识水平、完备的知识结构、娴熟的语言技巧，对讲解的内容烂熟于心且融会贯通，根据观众在参观目的、兴趣爱好、参观时间长短、个人素养，以及个人年龄、职业、气质、性格等诸多不同，在讲解内容、表述方式等方面均能随机应变，才能达到有取有舍、有张有弛、轻松自如、恰到好处。

因人施讲是衡量讲解员讲解水平的重要标志，是讲解专业技能的具体体现，是讲解员积极进取的有效途径。因人施讲的核心是针对性，具体实施步骤为熟悉陈列内容、分析观众、确定讲解重点和表现形式等。

（四）心理素质

心理素质，指在社会环境和社会实践中形成和发展的，主要是指人自身表现出来的稳定的、经常性的、本质的个性心理特征，包括信念、气质、意志、情绪、性格、兴趣等。我们应该认识到，人与人之间在心理素质上存在着先天的差异，但决定人的心理素质的主要因素则是后天的培养与实践。讲解员只有具备了成熟的心理素质，才能在各种环境中展现出良好的适应性，使教育实践产生积极的效果。

情绪是心理素质的外在体现。情绪受到自然环境、气候、心境、自身健康状况，尤其是社会环境等因素的影响和制约。人的情绪受到他人、周围环境和自身心理状态等因素的影响，但反过来，他人情绪的好坏也会影响自身的认知和行为。讲解员的情绪容易被观众的评价和行为所左右，这就要求讲解员尽可能客观地对待观众的评价，能调整和控制自己的情绪，保持积极、乐观、平静的情绪，克服消极、悲观、烦躁的情绪。情绪应该出于理性，应基于分析和思考，不应单纯依凭主体对客观事物的直觉反应而生发。除了客观看待观众的评价，讲解员还应自觉地将讲解内容所蕴含的情感与自己内在的情绪保持协调一致。比如：在讲解革命类题材中悲愤的内容时，应将自己的情绪和悲愤的情感保持一致；在讲解历史类或民族类题材时，随着讲解员的情绪表现，使观众的民族自豪感和文化自信油然而生、心领神会。讲解员还应熟练掌握口语表达的艺术和技巧，用富有情感色彩的标准口语和势态语言去引导观众，使之产生共鸣。然而，我们也必须看到，过分强烈的情绪会对主体产生负诱导的作用，不利于讲解员对情绪表达的自我调节与控制。也就是说，情绪表达讲究"度"的把握和拿捏，应有张有弛，适度自然。

讲解员良好的心理素质是职业素质的体现。讲解员每天要面对不同年龄阶段、不同文化背景、不同认知水平的观众，观众的需求多种多样，讲解员应该具备良好的心理素质，在观众面前要热情大方，讲解时要充满自信，娓娓道来。面对观众提出的诉求，讲解员要及时反馈和回应，超出博物馆教育工作以外的要求，要进行合理解释，工作中要避免过于情绪化，不将不良情绪带到工作中。这要求讲解员应该具备良好的心理素质，克服急躁、冲动等缺点，保持稳定的心态，在大众面前展现出富有亲和力、热情、耐心和周到的心理素质。外表热情大方、内心沉着冷静是一个讲解员应该具备的基本的心理素质，良好的心理素质也是讲解员必备的职业素质。

（五）应变能力

讲解员具备的应变能力是根据观众的不同要求采取有效的讲解策略和解决突发状况的能力。善于机变，巧于应付，变主动为被动，化不利为有利，是讲解员应具备的一种基本素质和技能。在讲解过程中，由于面临的情况错综复杂，讲解员往往会遇到始料未及的情况，如观众要求变更参观时间、参观路线，或对自己的讲解提出质疑或不同观点时，具备较强的应变能力可以使讲解员遇事不惊，随机应变，这就要求讲解员做到临场及时调整表达内容，改变表达的方式方法，机敏、巧妙地应付突发情况。而要做到这一点，首先，要思维敏捷、反应迅速，能对外来的信息及时做出准确的分析、判断，然后有针对性地做出回答；其次，要能审时度势，把握契机，从细微处见本质，遇到意外情况不惊慌失措，应巧于周旋，在适当的时候说适当的话，迅速扭转面临的困窘局面，调整为良好的状态继续投入讲解工作中。

（六）其他能力

对讲解员来说，还应具有一定的观察能力、感受能力、注意能力、记忆能力、沟通能力等。

观察能力，指的是人通过自己的视觉感官发现和把握事物特征的能力。观察是感性认识的一种重要方法，它是有目的、有选择性地对客观事物进行认真、细致的察看，即用眼睛远"观"近"察"，直观地了解和认识事物的真实情况和本来面貌。善于观察是讲解员在工作中必须具备的基本技能，讲解员应具有敏锐的观察力，善于捕捉和发现观众的来源、需求、情绪、行为和心理反应等，将观察所得加以分析，并迅速调整讲解状态。观察的方法有总体观察、细节观察、比较观察、进程观察等。

感受能力，指的是人的感官由于受到外界各种现象的刺激后所产生的一种与客体刺激相应的心理反应能力。感受能力离不开观察能力，它是建立在感觉和知觉基础之上的，但感受能力更具有主观能动性，包括强烈的情感因素和一定的认知、理解因素。感受与观察不同，观察主要依靠视觉，感受则同时运用视觉、听觉等感官全方位地接收各种信息，在更大范围内广收博采。如果讲解员对身边发生的一切态度冷漠、情感麻木，对观众的反应熟视无睹、漠不关心，缺乏敏锐的感受能力和丰富的情感，那么，讲解工作肯定是不够圆满的。

注意能力，指的是感知、记忆、思维、想象等心理活动指向并集中于一定对象的能力。注意不是一个独立的心理过程，它是伴随着其他心理过程的一种共同的心理特性。任何心理活动都以注意的指向性为开端，由注意的集中性而深入。注意可分为有意识注意、随意注意和随意后注意三种类型，具有选择、保持、调节或监督的功能。[①] 讲解员提高自身的注意能力，对提高讲解服务有积极的意义。

记忆能力，指的是人对经历过的事物、思考过的问题、体验过的情感能够识记、保持、再现的能力。识记，就是把某种事物的形象或表述词语留印在大脑里；保持，就是把通过识记而获得的事物形象或表述词语保存在大脑里，不使其遗忘，是识记的延续；再现，就是使识记和保存下来的事物形象或表述词语，在需要的时候通过回忆在头脑中重现出来。[②] 记忆能力对讲解员来说是非常重要的能力，对观众行为、意见、反馈等方面的记忆，有利于讲解员不断改进工作方法，不断积累讲解经验，从而提升专业能力。

沟通能力，指的是在各种社会实践活动中人与人接触、交往、应酬的能力，这是讲解员应具有的能力。讲解员与观众接触的过程中，不可避免存在想法和预期不一致的情况，这就需要讲解员提高沟通能力，学会理性劝说、客观解释，有理有据，避免误会扩大化，妥善处理好和观众之间的关系。

---

① 欧阳周.口语表达的艺术和技巧——通用口才学导论［M］.长沙：中南工业大学出版社，1998：86.

② 欧阳周.口语表达的艺术和技巧——通用口才学导论［M］.长沙：中南工业大学出版社，1998：85.

第二节　讲解员的形态规范

讲解员的形态规范，是讲解员外在的仪容、仪表、仪态合乎博物馆的环境和工作标准，是讲解员行为礼仪和个人修养的体现，也是讲解员综合素质的外在体现。讲解员的形态规范主要包括仪表仪态和礼仪规范。

一、仪表仪态

讲解员的工作性质决定着讲解员需要近距离直接面对观众，其外表、姿态、手势、眼神等行为举止都会直接或间接地影响到讲解效果，恰当地运用态势语言，能有效调动观众的视觉、听觉等感知觉。讲解员的仪表仪态包括着装、妆容、站立仪态、走动仪态、手势仪态等。

（一）着装

讲解员在进行讲解工作时，应穿着正装或与陈列展览相匹配的职业装、工作装或讲解服等。不同类型的博物馆的着装各具特色，如：革命类博物馆讲解员的着装一般为凸显红色文化和革命文化的红色正装，或者选用红色、黑色、白色搭配设计的正装；历史类博物馆讲解员的着装多为深色正装，以凸显端庄大方的气质；自然类博物馆和科技馆的讲解员的着装多根据本馆特色来搭配设计，可着正装，或另行设计符合本馆特色的职业装；民族类博物馆的讲解员除着正装外，亦可以穿着民族服装。

目前，我国大多数博物馆的女性讲解员一般穿职业正装，即上身穿西服，下身穿过膝半裙，颜色多为白色、黑色、红色、灰色等单色。女性讲解员的工作环境需要长期站立或走动，所穿鞋子一般为黑色半高跟皮鞋。讲解员的着装忌搭配多而杂的配饰，如夸张的耳环、项链、手链等。此外，根据不同的季节，有的博物馆会配发应季服装，如到了冬季，博物馆统一定做羽绒服或呢子大衣，特别是有些博物馆开设的陈列展览需要到室外进行讲解，保暖方面尤其重要。此外，夏款和春秋款讲解服也是国有大型博物馆的标配。对于行业博物馆、民营博物馆、高校博物馆等，可以根据本馆特点来定制服装，如高校博物馆会招聘本校学生来做志愿者讲解员，志愿者讲解员的着装比较灵活，如穿着统一定制的T恤和马甲等，展现出高校学子的青春气息。总之，讲解员的着装多给人一种沉稳严谨和庄重大方的感觉。

（二）妆容

女性讲解员上岗时应画淡妆，忌浓妆艳抹，发型应干净利落，长发一般将头发挽起，扎丸子头或编发盘发，一般不披发，因为披发显得比较休闲，缺乏职业感。讲解员忌涂夸张的指甲油、喷味道浓烈的香水，过于浮夸的造型不适合博物馆庄重的环境。总之，博物馆讲解员应体现出应有的职业素质和个人修养，不在外表上过分追求新异奇特和标新立异，也不能太过休闲，以示对观众的尊重。目前，我国博物馆讲解员大多为年轻女性（或男性），年轻人爱美无可厚非，但若把主要精力用在装扮外表以吸引观众注意，忽视文化内涵的提升，哗众取宠，得不偿失。一个讲解的非常精彩的讲解员，即使打扮简单朴素，同样会给观众留下好印象，发挥出讲解员应有的价值和作用。

（三）站立仪态

站立是讲解员在展厅开展社教工作时最基本的仪态。讲解员在站立时应和观众保持1米左右的安全距离，不可太近，否则容易在教育过程中带来压迫感，也不能太远，使观众无法听清楚讲解的内容。站立时应正面面向观众，或微微侧身，大致和展品保持45~60度夹角面，一方面，有利于介绍文物，引导观众观赏展品，另一方面，方便讲解员和观众进行交流，随时观察到观众的情绪和关注点，及时予以反馈。讲解员切忌在讲解时背对观众，不仅会遮挡展品影响观众看展，而且容易让观众误认为讲解员工作态度的不专业和不规范，甚至认为讲解员不礼貌，因为在日常生活中，人在表达拒绝、回避、不理睬等情绪时，常选择背向对方以表示不满。一旦观众产生这种负面情绪，就容易造成观展兴致下降，影响参观体验。此外，讲解员站立讲解时，体态应自然端庄，抬头挺胸收腹，切忌弯腰驼背，讲解时眼睛应真诚地平视观众，不能低头自顾自说，以免显得无精打采。讲解时，头部不能幅度过大地来回晃动，也不必僵直不动，应随着展品的陈列方位变动，如讲解陈列位置较高的展品，应抬头看向文物，讲解平柜中的小件展品应稍低头，引导观众的视线，自然而然地展现出饱满热情的讲解态度。

（四）走动仪态

走动是讲解员开展社教工作时的另一种基本仪态。讲解员应随着陈列展览的路线和各展品所需讲解时间的长短，时而停留，时而走动。当进入下一个展区或讲解下一个展品时，讲解员的走动路线具有一定引导作用，速度不能太快，观众跟不上步伐，也不能太慢，容易造成观众拥挤，应和观众保持约1米的距离，走动时兼顾大多数观众的移动速度，起到引导的作用。在展线变化、上下楼梯时，注意身体转动的角度，应半侧身引导观众。

（五）手势仪态

在讲解过程中，讲解员运用最多的态势语言就是手势，手势是讲解员介绍展品的辅助手段，恰当的手势能为观众提供视觉导向，把讲解词内容与展品有机结合起来，补充语言表达的不足，是有声语言的形象化和具体化，从而加深观众对展品的理解。

手势指向要有目的性和准确性。首先，手势有引导观众视线的作用，如介绍展品时，讲解员手掌向上，指向展品，使观众目光聚焦到展品上，手势切忌随意舞动，没有指向性，容易让人产生不专业的感觉，尤其是志愿者讲解员，讲到兴奋处易手舞足蹈，说话时辅助小动作不断，虽然自己非常尽兴，但给观众留下眼花缭乱、没有指向性的印象，因此手势仪态需要规范。其次，手势的明确指向性包括位置的准确性，如讲述某一器物的表面纹饰时，应指向纹饰明显处，讲述结构，应指向结构的具体部位，忌大而化之地随意指一下。讲解员的手势指向应随展品高低位置的变化而变化，且眼神应随着手势一同看向文物，以便引导观众欣赏和观察文物。展品是展览的主角，讲解员是引导者，手势起到辅助引导的作用，讲解员切忌使观众的注意力过于聚焦于自身，导致喧宾夺主、主次不分。目前有的大型博物馆，因部分展品离观众较远，所以采用激光笔来代替手势，但在博物馆传统讲解方式中，人工手势语言显得更为亲切自然，能够拉近观众与展品的距离，仍然有不可替代的作用。

二、讲解员的礼仪规范

中国是文明古国，自古就被誉为礼仪之邦，作为文明载体的传统礼仪在我国源远流长，正如孔子所说："人无礼则不生，事无礼则不成，国家无礼则不宁。"这三个"礼"各有含义，第一个"礼"指个人层面的行为规范，第二个"礼"指人与人之间的社交规则，第三个"礼"则是指国家层面的政治法律制度。礼仪是"礼"和"仪"的综合，"礼"是礼节，是表达尊敬的言语或动作，"仪"是仪式，是举行典礼的程序、形式。因此，礼仪是一个国家、一个民族、一个部门、一个行业乃至个人，在进行对外社交活动时必须遵循的行为规范和准则。礼仪的本质就是通过规范化的行为表达人际间的相互尊重、友善和体谅。

关于礼仪规范，从观众角度来说，针对不同群体，主要包括常规参观接待礼仪、涉外礼仪、特殊群体礼仪等。从讲解员自身来说，主要包括语言礼仪和行为礼仪。

（一）语言礼仪

语言礼仪又称有声礼仪，包括语音语调和礼貌用语等。在礼仪场合，语言、语气、口吻要注意平等和相互尊重。当开展日常讲解工作时，应保持自信热情的态度，语速适中，语调柔和，避免生硬和强势的语气。讲解员要善于运用商量的语气，如当观众提出不同意见时，要允许观众表达自己的看法，然后以商量的口吻，尽可能提供多种方式来解决观众的诉求。当遇到较为情绪化的观众时，讲解员应先用温和的语言安抚观众的情绪，冷静客观地处理问题，这种做法也是语言礼仪的表现。

在讲解接待工作中，礼貌用语的使用频率较高，比如问候语、感谢语、道歉语等。问候语包括"欢迎参观博物馆""请多指教""欢迎下次指导"等；感谢语，如"感谢提出您的意见和建议"等；道歉语包括"失迎""失敬""请多包涵""请多谅解"等。语言礼仪还包括当涉及他人隐私和敏感话题时，不要问、不要讲、不要论。

（二）行为礼仪

行为礼仪包括迎送、介绍、称谓、握手、讲解、合影、欢送等方面的礼仪。在涉及外宾接待及重要的接待工作中，每个细节都涉及礼仪规范。

1. 迎接观众

当迎接常规观众时，讲解员一般在展厅门口候场。当迎接重要观众时，讲解员及馆方主要负责人一般在博物馆大门口迎接，如果要体现馆方的诚意，应到停车场迎接重要观众下车，按既定参观线路引导进入展厅，这是高标准的迎接礼仪。

2. 介绍嘉宾

主宾双方初次见面，一般有介绍环节，应注意介绍的先后次序，介绍嘉宾的一般做法是将职位低的嘉宾介绍给职位高的嘉宾，将年少的介绍给年长的，将资历浅的介绍给资历深的，将男性介绍给女性。

3. 称谓称呼

称谓称呼也是行为礼仪的体现，称谓的基本原则是既要分等级，又要尊人屈己。博物馆的同行同事之间的称谓较为简单，年长的员工称呼年轻同事或晚辈可直呼小×（姓），或去掉姓氏的名字，如张昌华，可直呼昌华，以凸显关系亲近。涉及观众，特别是级别较高的重要观众，初次见面时讲解员应注意对其的称谓，对于年龄较长、德高望重者，应尊称×（姓）老，或称呼"×（姓）＋职务/职称"，如某教授、某省长、某部长等。在初次介绍时，为表尊重，应称"×（姓）＋职务/职称"，如张教授，待熟悉后，为表示亲近，可称"××（名字）＋职务/职称"。

4. 握手礼仪

握手礼仪起源于西方，在我国，握手不仅在见面和告辞时使用，还被作为一种祝贺、感谢和鼓励的表示。关于握手礼仪，一般由职位较高的向职位较低的、年长的向年少的、女性向男性或主人向客人主动伸手。博物馆在接待重要观众时，馆方代表应主动伸手握手，以示对来访者的尊敬和欢迎。标准的握手礼仪是距离来访者约一步，双腿立正，上身略向前倾，伸出右手，手掌呈垂直状态，四指并齐，拇指张开，手指稍用力握紧对方手掌。若握手时软弱无力，容易给人缺乏朝气和热情的感觉，若仅用指尖握手，显得态度较为冷淡，所以须把握好握手礼仪的分寸，握手可根据双方的亲密程度，初次见面握1～2下即可，一般持续3～5秒，上下轻微抖动

3~4次，切忌握住异性手久久不放，有失礼节。当戴手套或帽子需要握手时，一般应脱手套、摘帽握手，以示尊重。军人不必脱帽，应先行军礼再握手，双手握手则表示加倍诚挚的欢迎，比单手握手显得更为客气和热情。

5. 讲解礼仪

讲解礼仪是针对不同观众的需求，有针对性地开展讲解服务。针对特别重要的观众，讲解员应把握好讲解的时间和节奏，讲解员可以提前咨询具体参观时间，提前做好准备，便于掌控流程，在恰当的时间内完成讲解服务。讲解时，语言表达应简明扼要、准确灵活，与为常规参观观众提供的讲解服务不同，重要观众的参观时间一般都有限制，讲解员应在有限时间内，有选择性地将博物馆最精彩的部分着重介绍，而不能按照常规讲解流程逐一详细介绍。在选择讲解某一重点展品时，应注重对讲解词内容的取舍，不能照本宣科地一吐为快，而应根据观众的兴趣，选择重要信息予以介绍，如文物的年代、功能、内涵和价值等信息。因此，讲解员在讲解时需要灵活机动、随时应变，尽可能地满足观众的需求也是贯彻讲解礼仪的重要体现。

6. 合影礼仪

一般在重要的参观接待活动中，记者进行拍照、摄像或采访报道时，讲解员要帮助协调人员，予以配合。若活动结束后安排合影留念环节，应提前确定好合影地点，合影地点一般选择在博物馆正门口，合影时要注意嘉宾的站位和座次，主嘉宾、主陪一般坐（站）在第一排中间，博物馆主要负责人及讲解员可根据对方嘉宾的提议适时加入合影队伍。

7. 欢送礼仪

博物馆参观流程结束后，讲解员应明确告知观众"所有展厅全部参观完毕，感谢各位来宾的光临，欢迎下次来馆参观指导"等话语，给观众一个圆满的结尾。对于重要观众，讲解员应陪同到出口处，将其送上车，目送车辆离开，并挥手致意，做到整个讲解服务善始善终、有头有尾。特别是在接待外宾时，礼仪看似是一件小事，却直接关系到国际形象的大事，组织接待的讲解员的任何一言一行、言谈举止、举手投足都会反映出一个国家、一个城市、一座博物馆的精神面貌。因此，讲解员应具备较高的政治觉悟，牢固树立起为人民服务的观念，努力创造一流的服务水平。

第三节　讲解团队构成

讲解团队是博物馆开展社会教育的人才队伍，讲解团队的人才构成、综合素质直接影响到博物馆教育的效果。讲解团队主要包括专职讲解团队和志愿者讲解团队。

一、专职讲解团队

专职讲解团队是博物馆专职从事讲解的社教工作人员，是博物馆讲解团队的"正规军"。自博物馆免费开放后，很多博物馆都建立起专职讲解团队，专职讲解团队一般会对讲解员的年龄结构、专业知识、学术研究等方面进行综合考量，从而形成较为合理的人才梯队。这种做法既保持了整个讲解团队的相对稳定，又通过加强管理，引入一定的激励机制，促进了博物馆社教工作的发展。如河南博物院通过对入职年限、工作能力及业务成绩等方面综合考核，将讲解团队成员分成三个档次，为普通讲解员、二级讲解员、一级讲解员，各档次的任职条件及专业技术能力均有对应的要求。但在实际工作中，河南博物院对讲解员的档次认定并非刻板地固定不变，而是随着讲解员的业务考核、工作表现或其他情况定时调整。湖北荆州博物馆专职讲解团队的人员构成拟定为四个等级：一级讲解员、二级讲解员、三级讲解员、四级讲解员。馆内每两年举行一次讲解比赛，以比赛成绩与日常工作得分相加的方式对讲解员进行等级评定。河南博物院、荆州博物馆的讲解员等级评定制度，将员工待遇与自身的工作实绩、讲解能力等方面挂钩，激发了讲解员的学习动力和工作热情，促进了专职讲解团队整体素质的全面提升。国有大中型博物馆一般都有配置专职讲解团队，按专业技术水平分为高级讲解员、中级讲解员和初级讲解员。此外，博物馆的业务职称级别分为研究馆员、副研究馆员、馆员、助理馆员四个等级。研究馆员和副研究馆员属于高级职称，是具有一定研究能力和带团队能力的级别，馆员对应中级职称，助理馆员对应初级职称。在文博系统，虽然没有严格界定高级讲解员、中级讲解员和初级讲解员，但专业技术水平可以和相应职称对应。

（一）高级讲解员

高级讲解员又称专家型讲解员或研究型讲解员，对应正高级或副高级职称，是从事讲解工作15年以上的资深社会教育工作者。高级讲解员的讲解接待批次超过1000次，对博物馆讲解和社会教育领域有深入研究，能独立策划大型品牌社教活动，具备较高的科研能力、活动策划能力及团队管理能力，可以独立承担高层次重要观众如党和国家领导人、外国元首、海内外知名专家学者的讲解服务。此外，高级讲解员须出版过有关宣传教育方面的论著，或在核心期刊上发表过相关的学术论文，或主持过省部级以上的课题、获得各类省部级以上的奖项，并对博物馆社会教育工作有较为独到的见解和深入的研究。我国博物馆目前的讲解员团队大多是年轻人，讲解队伍的稳定性不够，有的讲解员从事讲解工作一段时候后就选择了转行，能长期扎根讲解一线岗位并扎根于科研领域、取得一定成绩的是少数，因此，我国目前研究型讲解员和专家型讲解员人才缺乏。

（二）中级讲解员

中级讲解员又称骨干型讲解员，对应中级职称，是博物馆讲解团队的中坚力量和骨干成员，这一部分讲解员在讲解团队中占比较大，承担了大量的博物馆日常讲解工作。中级讲解员一般拥有5~10年的一线工作经验积累，具有较为扎实的专业技能基础，有较强的语言表达能力和沟通能力，具有一定的社会教育活动策划能力，能独立撰写讲解词和策划方案并组织实施。中级讲解员是讲解团队的重要力量，能基本满足大型参观团队及社会各界观众在博物馆参观时的讲解需求。

（三）初级讲解员

初级讲解员在讲解团队中占有一定比例，这类讲解员一般入职年限在5年以内，入职时间较短，缺乏应对各种场合及不同类型观众的经验。但这一部分讲解员年轻有朝气，善于学习新事物，接受能力强，而且精力充沛，一般活跃在展厅接待最前线，能独立开展讲解工作，能辅助社会教育活动的策划和组织流程，能较为出色地完成一般大型参观团队的讲解工作。

二、志愿者讲解团队

相较于专职讲解团队，志愿者讲解团队是义务的、临时的和非强制性的社会团队。志愿者出于对博物馆讲解工作的热爱，或是想要得到能力的锻炼和提升、增长阅历和经验，主动并自愿参加这一团队。

根据中国的具体情况来说，志愿者是"自愿参加相关团体组织，在自身条件许可的情况下，在不谋求任何物质、金钱及相关利益回报的前提下，合理运用社会现有的资源，志愿奉献个人可以奉献的东西，为帮助有一定需要的人士，开展力所能及的、切合实际的，具一定专业性、技能性、长期性服务活动的人"[1]。20世纪90年代，我国博物馆开始出现志愿者并迅速发展，特别是在2008年我国的博物馆实施免费开放政策以来，各博物馆都在努力吸收志愿者，越来越多的有识之士怀着对讲解工作的热爱加入志愿者队伍，积极推动着博物馆教育事业的发展，成为社会文明进步的重要标志。中国博物馆协会志愿者专业委员会2012年年会通过了《中国博物馆协会志愿者专业委员会章程》和《中国博物馆志愿者条例》[2]，为博物馆志愿者服务的规范化管理提供了制度保证。

志愿者这种形式在世界各地、各行各业被广泛采用。博物馆志愿者为博物馆事业的发展做出了重要贡献，缓解了博物馆人力和经费不足的情况，同时，志愿者通

---

[1] 刘涛. 社会工作基础与实务 [M]. 北京：中国社会出版社，2012：189.
[2] 马建辉，王晓宁. 中国高校博物馆建设研究. 北京：新华出版社，2015：248.

过参与博物馆的各项工作,自身能力得到了锻炼和提升;从博物馆角度来看,志愿者无偿地为博物馆提供社会教育服务,通过志愿者的宣讲,扩大了博物馆的影响力。在经费紧张的情况下,美国半数以上的博物馆招聘了大量志愿者,其中70%以上的私人博物馆及艺术类博物馆均使用了志愿者。全美博物馆的志愿者人数甚至达到博物馆正式员工的一半以上。

志愿者是博物馆社会教育工作的一支重要力量,发挥了重要作用,我国博物馆志愿者的工作程序规范、管理体系严格,创造的社会效益明显。想要成为大型博物馆的志愿者,需要经过报名、培训、考核等环节的筛选,最终才能成为一名合格的志愿者。志愿者团队管理包括志愿者上岗前需要经过岗前培训,有评比、竞争和淘汰机制。团队管理的重要性不容忽视,有的博物馆招聘志愿者讲解人员,因培训不到位、考核不规范、管理不严格,导致部分志愿者讲解人员在讲解过程中随意篡改讲解词,误解文物本身的内涵,造成一定的负面社会影响。博物馆应加强对志愿者的管理,提升志愿者的专业技能,为观众提供较为专业的讲解服务。志愿者日益成为各大博物馆开展社会教育工作的有力帮手,特别是高校博物馆、行业博物馆等场馆缺乏专职讲解人员,志愿者更是发挥着中坚力量。高校博物馆可以充分利用丰富的大学生资源,一方面为大学生提供志愿者讲解岗位,让大学生在实践中得到锻炼,收获实习履历,另一方面也对扩大博物馆的社会影响力和节约经费开支具有重要意义。

第四节 讲解团队建设

一、常规培训

开展常规培训是为了有组织地提升讲解团队成员的专业技能。常规培训主要是加强讲解员的专业知识学习和提升专业能力,包括语言表达能力、接待能力、写作能力、策划能力、沟通能力、应变能力、组织协调能力等;培训方法包括循序渐进式培训、因材施教式培训等;培训方式则主要分为短期培训和长效培训。

(一)培训内容

加强专业知识的学习和提升专业技能,是专业讲解员的必修课。专业知识是讲解员传播科学文化、开展社会教育的基础,不同类型博物馆的讲解员应具备不同领域的专业知识,如:历史类博物馆的讲解员应具备历史学、考古学和文物鉴赏等方面的知识;艺术类博物馆的讲解员应具备绘画、雕塑、书法等方面的审美理解能力;

自然科技类场馆的讲解员应具备物理、化学、生物、电子信息等方面的前沿知识；自然历史类博物馆的讲解员应具备动物学、植物学、环境生态学等方面的知识；民族类博物馆的讲解员应具备民族学、人类学等方面的知识，了解我国的民族政策。除了掌握相关领域的知识，作为一线讲解员，还应具备教育学、心理学等领域的学科知识。正如人们常说"要给观众一杯水，自己就必须有一桶水"，这就需要讲解员进行长期积累，厚积薄发，游刃有余地做好讲解本职工作。为了获取更多的专业知识，讲解员除了参加博物馆组织的常规培训和学习，自身也要开拓进取、刻苦钻研，持之以恒地学习，才能逐步完善个人知识体系。

讲解员除了加强专业知识的学习，更重要的是应提升自身的专业技能，这是讲解员从事社教工作的安身立命之本。讲解员的专业技能主要包括语言表达能力、写作能力、策划能力、沟通能力、组织协调能力、应变能力等。讲解工作是一门语言艺术，良好的语言表达能力是讲解员的基本功，应做到普通话标准、发音吐字规范、流利的口头表达等；写作能力主要是撰写高质量的讲解词，包括基本陈列解说词、临时展览解说词等；策划能力是可以针对不同类型的受众策划出丰富多彩的社教活动；沟通能力、组织协调能力、应变能力则包括在讲解过程中遇到突发情况时，能够随机应变，进行有效的沟通和协调各方关系，妥善地处理好问题。

（二）培训方法

培训方法主要包括循序渐进式培训和因材施教式培训。任何一个讲解员的专业知识和专业技能都要通过自身的努力循序渐进地提升，遵循由简单到复杂、由低级到高级的发展规律，而不能拔苗助长。当讲解员普通话不标准、基本功不扎实时，只能通过日积月累的练习发音和广泛涉猎并转化为自己的知识储备，才能逐步提升自身的专业技能。

因材施教也是基本的培训方法。朱熹在总结我国古代教育家孔子的相关思想后总结出"因材施教"的教学理念，是指教育者要从学生的实际情况出发，因势利导，有的放矢地进行差别化教育，扬长避短，使每个学生都能实现个人能力充分的发展和成长。尽管讲解员的招聘有统一标准，但每个讲解员的知识结构、专业素养千差万别，个人的语言表达能力、理解能力、应变能力、组织协调能力等方面各不相同，博物馆的培训课程应根据讲解员的具体情况因材施教，讲解员也要根据自身情况，补齐自身短板，发扬自身优势。

（三）培训方式

培训方式主要包括短期培训、长效培训机制。短期培训是为了应对紧急情况而进行的短期培训，也称强化培训，如讲解员准备参加讲解比赛，就需要进行强化培训，在短时间内尽可能提升专业技能。

长效培训主要是博物馆开展的常规培训，博物馆应建立长期的培训机制，包括岗前培训和提升培训等。

岗前培训主要是针对新员工开展的关于学习了解博物馆的规章制度、部门职责、讲解员角色定位、讲解基本方法、日常接待礼仪、职业道德、馆内基本概况等内容的培训。岗前培训侧重资深讲解员对新讲解员的"传帮带""以老带新"，新讲解员通过观摩、自学、听课、试讲等环节提升个人讲解水平，尤其在试讲环节，博物馆要对讲解员的语言表达能力、知识储备情况等进行严格把关，认真考核，只有具备了以上几方面能力，才能成为一名合格的讲解员。

提升培训是指讲解员在完成了岗前培训，已经能够独立上岗完成基本讲解工作后，博物馆需要进一步提升其专业知识和专业技能而开展的系列培训。博物馆想要建立一支专业素质高、工作能力强、具有创造性和凝聚力的讲解团队，就必须建立起长效培训机制，其中包括召开小型研讨会、部门论坛、文博讲坛，组织专家授课、以赛代训、馆际交流、参观考察等。

二、讲解比赛

参加讲解比赛是提升培训的主要途径，一场讲解比赛，对于提升讲解员的综合素质有事半功倍的作用。讲解比赛也是博物馆同行之间相互交流、学习、展示的盛会。相比较日常培训，参加讲解比赛，以赛代训，能够有效促进讲解员的专业能力快速提升。讲解比赛和日常展厅讲解有很大的区别，讲解比赛是在有限时间内（一般为5分钟）将讲解词进行精彩的呈现，讲解比赛是对日常讲解工作的精华呈现，是平时的刻苦训练和经验积累的一次集中爆发和展示。在讲解比赛中，对讲解员的专业素质、心理素质、现场表现等方面的要求均高于日常讲解标准。通过讲解比赛，能规范日常讲解标准，也是选拔竞技型人才的一种有效措施。

（一）讲解比赛前准备

参加一次高水平、高规格的讲解比赛，对讲解员专业能力的提升不言而喻。参赛前，博物馆会先进行内部选拔，择优推荐优秀讲解员参加不同类型、不同规格的讲解比赛。选拔出来的讲解员要能代表本馆的最高水平，一旦被确定为种子选手，选手要按照比赛规则着重准备。

首先，根据大赛的要求确定选题。讲解比赛不同于日常展厅讲解，比赛的主题会因主办单位不同而有所变化，如：湖北省文博系统首届"楚风杯"讲解员大赛要求讲解讲解员所在博物馆的历史文物；2021年湖北省文博系统红色故事培训班暨"庆祝中国共产党成立100周年"全国博物馆讲解大赛，要求讲解荆楚革命先烈或革命文物等。总之，不同赛事的主题不同，讲解员要根据主题撰写讲解词。例如全国科技活动周组委会每年会组织全国科普讲解大赛，各省份都会组织选拔赛，要想走向全国舞台，讲解员只有经过重重闯关，在各省份的舞台斩获头筹，才有资格参加全国的比赛。该科普讲解大赛的选题比较广泛，只要是和自然科学知识有关的都可以进行讲解，如何确定讲解主题，可以从以下角度出发：自己研究的方向，自己感兴趣的领域，能代表本地区、本部门、本校的特色，社会的热点、关注点、大事件，身边的科学小知识等。历史类博物馆的讲解员若参加科普讲解大赛，可以挖掘本馆历史文物中蕴含的科学价值、科学道理及科学知识，此外，文物的修复技术、文物蕴含的科学原理等都是较好的讲解词选题。选题确定后需要确定具体的题目，题目是讲解词的高度提炼，题目应做到先声夺人，让人印象深刻，切忌大而化之，内容空泛。

其次，打磨讲解词。选题和题目确定后，就要围绕题目撰写讲解词，先拟出讲解词的整体结构，明确从哪几个方面来阐述选题，再区分并突出重点环节。讲解词应注意字数，一般 5 分钟的讲解时长字数可控制在 800~900 字之间。一篇高质量的讲解词主题鲜明、结构完整、条理清晰、语言生动，包括好的开头、饱满的主干和令人回味的结尾，也就是常说的虎头、豹身、凤尾。同时，还需要对讲解词的每句话、每个细节字斟句酌地打磨，力求语言精练、有精气神。

再次，根据讲解词准备好 PPT。一般讲解比赛需要用 PPT 辅助讲解，PPT 通过对文字、图片、动画、视频等多种元素的综合运用，将信息以直观、生动的方式展示给观众。讲解比赛中，忌"文字＋图片"报告式 PPT，也要避免出现大篇幅的文字，PPT 内容应简洁明了，是对讲解内容的进一步解说或呈现，与讲解内容相辅相成，忌脱离讲解内容空洞地炫技，以致喧宾夺主。制作精美的 PPT 是讲解比赛的重要加分项。

从次，准备比赛服装。大型讲解比赛是相对正式的场合，对服装有一定要求，一般可着正装或本馆的讲解服，也可以根据比赛主题需要穿着特殊服装，如讲解少数民族文化题材的可以穿民族服装，讲解动物类题材的可以穿动物卡通服装，讲解军事题材的可以穿军装，讲解健康知识题材的可以穿白大褂，讲解运动题材的可以穿运动装等。此外，历史文化类讲解比赛中，女性选手一般上身着西服下身着半裙是比较稳妥的搭配，颜色以黑、白、红、蓝等纯色为主，少配饰，忌过于花哨和浮夸。总之，比赛服装应和讲解内容相匹配，起到锦上添花的作用。

最后，强化训练。参赛前，选手应熟练掌握讲解词，不仅要背得滚瓜烂熟，还需要深入理解每句话的含义，因此建议选手可以自己写讲解词，在创作的过程中则更容易理解讲解词背后的文化内涵。不仅如此，选手还需要强化训练语言表达能力。如果选手平时的语言表达能力就比较强，有扎实的基础，则可以重点在情感表现和舞台展现方面下功夫，增强现场感染力；如果选手的基本功不扎实，则需要从普通话标准发音、吐字用声、语言技巧等方面着手，重点提升。选手还可以在赛前请教有参赛经验的前辈给予业务指导，一个有丰富赛场经验的前辈的点拨、提醒和培训，选手业务能力的提升可以达到事半功倍的效果。

（二）讲解比赛现场中表现

讲解比赛现场是一次集中展示的机会。正式比赛前，选手应提前熟悉赛场，做到心中有数，包括熟悉舞台、拷贝PPT、抽签、彩排等。正式比赛当天，根据抽签顺序，女性选手可提前画好淡妆，在候场区等候，一般不建议讲解员在赛场候场，可能会增加自己的心理压力和焦虑情绪，比如看到实力不如自己的选手，容易轻敌，看到实力强劲、表现优秀的选手，则容易产生不自信的情绪，若自己的讲解顺序较靠后，也会因为长时间高度集中地观看比赛，导致精神疲劳，因此，建议选手在赛场外候场，调整情绪，养精蓄锐，做好上场准备。

上场后，当计时开始，选手应以饱满的热情，恰到好处地运用有声语言、肢体语言和情感语言，将讲解稿内容完美地呈现给现场观众和评委。有声语言是指讲解声音应清晰洪亮、明亮清脆，肢体语言是指可用手势和行走等姿态辅助讲解过程，情感语言是指运用眼神、面部表情来诠释讲解内容的感情色彩，将观众和评委带入选手营造的讲解氛围中，让观众和评委被现场精彩的表现深深地吸引，回味无穷。讲解结束后，选手应鞠躬行礼，表达对现场观众和评委的致谢。自主命题讲解结束后，有的讲解比赛还有随机命题和评委问答的环节，待各环节全部结束后评委亮分。

（三）讲解比赛后总结

一场讲解比赛的结束不是终点，而是新的起点，选手在赛后要及时总结比赛经验。赛后经验总结可以分为两个方面：一是选手的自我反思和自我总结；二是在馆内召开内部小型座谈会进行总结。总结的内容包括：向其他选手学习，分析优秀选手的哪些表现值得自身学习和借鉴，做到取长补短、优势互补；总结自身比赛中失误或出差错的地方，一场比赛不可能做到十全十美，总会有失误和遗憾，比如PPT细节不够完善、讲解稿撰写不够精彩、心理调适不当、临场语言差错等。总之，一场讲解比赛是一次难得的提升业务能力的机会，以赛代训，赛训结合，前期强化训练，现场呈现，参加讲解比赛能快速提高讲解员的专业水平。

虽然讲解比赛是提升讲解员专业素养的好时机，但讲解比赛并不是万能的。通过讲解比赛来提升讲解员的专业技能也是因人而异的，对于有一定语言表达天赋、声音条件好、形象气质佳和舞台经验丰富的选手，讲解比赛能够使其争得荣誉，收获认可，展现自身良好的专业素养。对于语言天赋一般、声音条件不突出、不擅长舞台表现的人，短时间内的培训也不容易有较大的提升，可能在讲解比赛中很难获得好的名次和荣誉。但在讲解比赛中能否获奖并不是评价一位讲解员是否优秀的唯一标准，能在各种讲解比赛中获奖的选手，不一定就在日常讲解中尽心尽力，也有可能缺乏耐心、眼高手低，在比赛中未获奖的选手，也不等于日常讲解质量不高。因此，讲解比赛只是评价讲解员业务水平的一个方面，是提升讲解员业务能力的主要途径之一，讲解比赛是否获奖和日常讲解质量并不能简单地画等号。

第十章

博物馆教育文本

第一节 博物馆讲解词特点

一、什么是博物馆讲解词

讲解词是讲解员传播科学文化的依据,是开展社会教育的基础。讲解词的编写,是对陈列展览和文物藏品的研究结果,是一项专业性较强的学术活动。首先讲解词应紧密围绕陈列展览的主题思想,科学客观地介绍博物馆的文化背景;其次讲解词应弥补博物馆陈列语言的不足,对之进行注释、补充、延伸;最后讲解词应深入浅出地做好文化转化工作,将深奥的知识转化为普通观众能听懂的语言表达。面对观众讲解时,讲解员不应拘泥于一字不落地机械性背诵讲解词,而应该依据实际情况恰如其分地灵活表达。讲解词的编写水准,直接反映着该博物馆的学术研究水平,同时也直接关系到讲解质量和宣传效果。优秀的讲解词应该具备科学性、知识性、思想性、艺术性、趣味性。

讲解词分为常规版讲解词、学术版讲解词、科普版讲解词、儿童版讲解词等。不同的讲解词针对不同的教育对象和观众的参观需求。常规版讲解词一般面向普通观众,常规版讲解词的撰写要求通俗易懂、深入浅出。学术版讲解词主要针对相关领域的专家学者,内容要有学术性,可以包含深奥的专业术语和前沿观点,不是十分适用于为普通观众进行讲解。科普版讲解词主要面向中小学生和社区居民等群体,作为科学知识的普及版,讲解词内容应通俗易懂,科普版讲解词的理解难度应低于常规版,更加口语化、形象化和通俗化。儿童版讲解词主要针对未成年小朋友,讲解词的撰写必须浅显、生动、有趣，容易引起小朋友的兴趣，应尽量减少专业术语，即使出现专业术语，也应用简单明了的语句解释清楚。

讲解词编写的三要素包括是什么、为什么、讲什么。"是什么"指陈列展览的原则、主题、内容及展品的名称；"为什么"指在"是什么"的基础上进一步深化研究，吃透陈列展览的目的，挖掘每件展品的文化内涵、价值、意义，展品之间的内在联系，展品的历史背景知识及展品背后的故事等信息；"讲什么"指讲解员在前两者的基础上，根据观众的需要进行讲解内容的取舍、选择恰当的语言表达方式等艺术的再创造。讲解词编写的三要素缺一不可且相互关联，只有掌握这三要素，才能使讲解工作观点正确、史物结合、言之有据、脉络清晰、深入浅出、生动有趣。

讲解员不能拘泥于刻板地背诵固定的讲解词，而必须具备独立编写讲解词的能力。

二、博物馆讲解词文体特点

讲解词的主要目的是描述对象、介绍知识、解释陈列展览展品及背后的原理和内涵等，因此，博物馆讲解词的文体大致属于说明文范畴。说明文是以说明为主要表达方式来介绍和解说事物、阐明事理而给人以知识的文章。它通过对实体事物的解说，或对抽象事理的阐释，使人们对事物的形态、构造、性质、种类、成因、功能、关系或对事理的概念、特点、来源、演变、异同等有所认识，从而获得有关的知识。[①] 说明文具有科学性、知识性、条理性。说明文不同于议论文，不需要提出论点、收集论据，然后进行系统的论证，也不同于记叙文，不要求对事物或事理做更多的形象描述，它只要求对事物或事理的特点进行客观准确的说明。虽然博物馆讲解词大致属于说明文文体，但不等于讲解词不能运用其他文体的表达手法。由于博物馆讲解词的传播对象具有大众化和全民性，讲解词也因此需要广泛借鉴和运用其他文体的修辞手法，使单调枯燥的说明文更形象、更生动、更易得到普及和传播。写作说明文常用的方法有下定义、做诠释、做比较、打比方、分类别、举例子、列数字等。

依据藏品性质和陈列内容，博物馆可以分为历史类、革命类、艺术类、科学类、综合类等类型，无论哪一类博物馆，其讲解词的内容无非是围绕着物、事、人或科学原理等展开说明，使观众认知事物的外观、性质、成因、发展、类别、功能等，或是了解人物的生平、经历、主要活动事迹，或是理解科学原理的概念、内容、规律、作用及其应用等。例如：

> 枣园革命旧址位于延安城西北15华里处，背山面水，视野开阔，环境优美。枣园因其多枣树而得名，曾是中共中央书记处机关旧址。中共中央

---

① 朱伯石．写作概论［M］．武汉：湖北教育出版社，1983：236.

书记处在1943年10月由杨家岭迁往枣园,在此领导了全党的整风运动和解放区军民大生产运动,筹备召开了中共七大,取得了抗战的胜利,带领中国人民度过了最为艰难的岁月。毛泽东、朱德、刘少奇、周恩来、任弼时、张闻天、彭德怀等中央领导人先后在此居住过。

这段讲解词即对枣园进行了科学准确的说明。

讲解词在表达方式上与说明文相同,主要采取说明的方式,同时兼顾议论、记叙、描写等表达方式。如在介绍一件文物时,除了说明该文物的名称、质地、时代、用途、制作工艺等,还可以对其纹饰、造型进行描述,同时叙述同类器物的起源和发展历史并加以议论和评价,当然这些议论、记叙、描写等表达方式都是为了将文物介绍清楚,是为说明文物服务的。

第二节 讲解词的撰写特点

讲解词不是发给观众阅读的文章,而是由讲解员直接向观众口述表达,帮助观众"听懂"陈列展览的科学资料,所以语言表达不能过于书面化,应转换成浅显易懂的语言,以利于观众理解。讲解词口语化应该做到语言深入浅出,帮助观众正确理解陈列展览的内容,做好文字转化工作。

一、专业术语的转化

(一)解释专业术语

讲解过程中,将历史学、考古学、自然科学等方面的专业术语或名词用通俗易懂的口语加以解释,使观众听起来不因过于深奥而感到枯燥。比如山东博物馆"文韵齐鲁"展厅的介绍:

下面我们进入周代的长清仙人台遗址。山东的周代诸侯国众多,有很多小国不为现代人所熟知,甚至文献记载都非常少,郱国就是其中一个,大家看,展板上这一部分的名字是什么?是的,郱国迷踪。为什么说迷踪呢?因为一直以来,史书上对于郱国只有一句话的记载,人们并不能确定郱国究竟在哪里。到了1995年,山东大学考古系师生在长清仙人台发现6座贵族墓葬,出土了带有"郱"字铭文的青铜器,证明了此为西周晚期至春秋时期东方古国郱国王室墓地。由此确定了郱国的位置,弥补了文献对郱国记载的空缺。由此可见,考古是可以补充历史的,此次考古发现具有十分重大的学术价值,被评为1995年度全国十大考古新发现。

这段讲解词将大家不熟悉的"邦国"介绍得十分清楚，简洁通俗。讲解词要防止专业术语的大量堆集，有些讲解词为了体现专业性，将各种晦涩难懂的专业术语简单地堆集铺陈，不做进一步解释，让观众听起来云里雾里，摸不着头脑；还有的讲解词过于追求通俗易懂，刻意回避专业术语，完全失去了传播知识的价值。因此，讲解词的撰写应做好"度"的把握，既不能过分堆集专业术语，也不能一味追求粗浅的大白话，要做好专业术语的解释，有理有据，深入浅出，这是撰写出优秀讲解词必须遵循的基本要求。

（二）转换古代汉语

历史类博物馆展陈有大量历史文物，而历史文物与古文献记载密切相关，在撰写讲解词时，可适当引用古文献，以增加讲解词的专业性，但应注意将古代汉语的表述形式转化为现代汉语的表述形式，使观众听起来不费力，拉近与观众之间的距离。如在介绍曾侯乙编钟的形状时，可引用沈括在《梦溪笔谈》中谈到先秦钟的一个显著特点——"古乐钟皆扁，如盒瓦"。为了使观众能够真正听懂，则需要解释什么是"盒瓦"。此处"盒"通"合"，先秦的乐钟形状都是合瓦形，所谓"合瓦"就是钟的形状如两片瓦对合起来。这里采用了比喻的修辞手法，就将现代人不易理解的"盒瓦"说清楚了。

（三）少用书面语

讲解词的语言表达尽量少用或不用书面语，应多与现代生活语境融会贯通，贴近生活，用词自然流畅，使观众听起来不别扭而且容易理解。如介绍古代的炊器"甑"，可以这样讲解：

> 上部的器物叫甑，用于盛放食物，下部的器物叫鬲，用于放水；中部有箅，箅上有孔可以通蒸汽，是用于蒸食物的炊具，功能相当于我们现在的蒸锅。

这里用蒸锅类比，就将古人的炊具解释清楚了

（四）注意古今异同

如"模范"一词，现代汉语指的是"值得学习的、作为榜样的人"，而古代"模范"多是指制造器物时所用的法式、规范、模型等。所以在撰写讲解词时，要注意一些表述含义的古今异同之处，须解释清楚。

（五）多用短句

讲解词应该尽可能将书面化的长句子分解成多个短句，这样处理后不仅使讲解

员表达起来轻松顺口，观众听起来也更易于理解。比如湖北省博物馆"曾侯乙"基本陈列展览中，在介绍兵器部分长兵器的杆的制作工艺时，讲解词是如此处理的：

> 这里陈列的戟、矛、龙、殳都属长兵器，长兵器的杆子通常有 2~3 米长，最长的可达 4 米多。这么长的杆子用什么材料、又是怎样制作的呢？如果单纯用木头容易断，用竹子容易弯，用铜又太笨重。古人可能尝试过多次，经过分析总结，最后形成了绝妙的做法：用长木杆为芯，外表包上长竹条，竹条外缠藤条，有的还用丝线缠紧，最后髹上生漆。这样制作的长兵器，集木、竹、丝、藤、漆的特长为一体，既能伸直不断，又比较轻便，平滑坚韧，刚柔相济，适合于在战车上使用。

这段讲解词多用短句，朗朗上口，观众十分容易理解。

二、讲解词的语言特点

讲解词有很强的逻辑思维即理论思维特性。逻辑思维就是在人们的认识过程中借助于概念、判断、推理等思维形式能动地反映客观事物或事理的理性认识过程。讲解词一般较少用形象思维，不像文学作品那样较多地表达感受和体验。讲解词既不像散文追求"形散神不散"的抒情感受，又不像小说细致地刻画人物心理活动或事物的状态。讲解词的逻辑思维着重表现在对人物、事物或科学原理进行客观、科学、系统的介绍，通过类比、分析、判断、归纳，形成条理清晰、层次分明、通俗易懂的科学资料，因此讲解词的语言表达应该做到客观精练、高度概括。

（一）科学客观

科学客观是讲解词的基本特点，语言表达应做到准确无误。围绕陈列展览的主题，对陈列内容进行精准到位的介绍，不能夸大其词，甚至随意自由发挥、偏离客观实际，以致误导观众。对文物、历史事件等的评价应恰如其分，慎用"最早""最大""举世无双""极品""绝品""唯一""第一"等词语。

在介绍学术观点时，应该做到全面、正确，或者是讲解带有普遍性的观点，不能过分依照个人喜好，甚至提出一些荒谬的说法。如曾侯乙墓出土的联禁对壶，正确的解释是：禁，是用来放置酒器的底座，出土时双壶摆放在同一个禁上，所以称联禁对壶。有些社会志愿者却信口开河："联禁是一种社会关系，姐妹的丈夫互称联禁。"殊不知此"联禁"非彼"连襟"也，这种解释令人贻笑大方。民族类博物馆在介绍少数民族风俗时应注意民族禁忌，如黎族"隆闺"，原是黎族父母为即将成年的孩子在离家不远的地方搭建的小房子，青年男女可以在"隆闺"对歌或寻找意中人，称为"玩隆闺"，这是过去黎族人民的传统习俗，但有的志愿者据此进行偏离客观实际的发挥：黎族男女不实行计划生育，可以随意在"隆闺"生孩子。类似这样的歪曲误解少数民族风俗习惯的讲解是绝对不可有的。

（二）层次分明

讲解词的结构应该层次分明，先讲什么，再讲什么，要有逻辑关系。哪些内容要重点讲，哪些内容一笔带过，应依据主题环环相扣、逐层深入，做到条理清晰，而不能没有逻辑性地随意发散，一会儿介绍器物的用途，一会儿解释其制作工艺，一会儿又回到器物用途的介绍，这样会使讲解词的结构层次杂乱无章，观众听起来也一头雾水、十分茫然。

（三）严谨规范

讲解词的语言应该严谨规范，避免啰唆、肤浅、语法错误等，遣词造句应具有高度概括性，精练准确。如"仙人台邿国贵族墓"的讲解词：

> 仙人台邿国贵族墓，集中体现了周礼中的丧葬和礼乐制度。仙人台遗址中，M6是规格最高的墓葬，推测为邿国国君，他的墓体现出很有意思的一点，我们都知道，到了东周的时候，周天子的势力衰落，出现了礼崩乐坏的现象。按照周礼，各级贵族的随葬品有严格的等级规定，天子九鼎八簋、诸侯七鼎六簋，等等。可我们看到这个邿国国君的墓中使用了十五鼎八簋，大大超出了他应有的规格，不过他的夫人倒是十分遵守周礼，这边展柜中的五个鼎还有四个簋就出土于国君夫人墓，她五鼎四簋的礼器组合，符合诸侯夫人的礼制。

讲解词的语言应该文明，具有亲和力，使观众感觉温暖友好。此外，除个别民俗类展览需要用民族语言进行介绍的特殊情况外，讲解时一般不使用方言土语或少数民族语言，应选择通用语言文字，也就是符合现代汉语语法规范或习惯的表达形式，以利于观众理解。

（四）生动有趣

作为面向广大观众的普及型语言，讲解词的语言表达除了要做到客观、严谨和规范外，还要做到生动有趣。讲解员应增强语言表达的艺术感染力，再配上饶有趣味和富有幽默感的讲解词，能最大限度地激发观众的参观兴趣，避免言词呆板枯燥使观众毫无聆听的兴致。

（五）善于运用修辞手法

巧妙地、恰如其分地运用比喻、比拟、夸张、引用、象征、反问、设问等修辞手法，能使讲解词的语言形象生动，使抽象的概念具象化，让静止的文物在观众的大脑中演变成生动逼真的场景，引人入胜，既利于观众理解文物的文化内涵，又令观众得到美学的启发。如在介绍编磬时，若描述其声音清脆悦耳，观众可能觉得比较抽象，不能直观感受编磬声音的特点，如果我们描述编磬的声音就像雨水"滴答滴答"的声音，运用修辞手法将抽象的形容词转换成对具体事物的描述，观众便能够迅速地理解相关事物的具象化特点。

（六）词语丰富多变

在确保讲解内容准确无误的前提下，讲解词的语言应尽量丰富多变，避免平铺直叙或反复使用同一个词汇。如介绍文物时，不管是瓷器、漆器，还是青铜器等，都反复使用"漂亮""精美"等形容词，就会显得陈词滥调、词汇贫乏。讲解员可以使用不同的近义词对老套的词汇加以替换，观众听起来也会有耳目一新之感。

（七）多讲故事

讲解词可以围绕着陈列展览的主题，展开讲解一些故事和典故，以增加表述的趣味性和吸引力。被誉为"解说之父"的提尔顿在1957年出版了《解说我们的袭产》，提出了六条讲解原则，指出讲解时应基于信息的揭示，但信息并不等同于讲解，为了更好地传达必要的信息，讲解员需要有讲故事的能力，故事大多通俗易懂，是观众易于接受的讲解方式，没有故事的讲解内容很难做到有趣且饱满。因此，与简单知识点的罗列相比，讲故事更容易让观众产生共鸣。[①] 如某民族类博物馆关于"蒙古族马头琴"的讲解词：

> 为什么蒙古族的马头琴做成了"马头"形状呢？这里有一个动人的传说故事：传说草原上有一个穷苦的牧民叫苏和，他养了一匹俊俏的小白马，这匹白马有着矫健的身姿，漂亮的毛色，可是后来被贪心的王爷知道了，王爷便派人强抢了小白马。在节日盛会上，王爷牵出了这匹小白马，准备向众人炫耀一番，只见小白马长啸一声，挣脱缰绳，冲着苏和家狂奔而去。王爷派人紧追小白马，并不停地抽打，小白马身受重伤，最后跟跟跄跄地倒在苏和家门口。看着奄奄一息的小白马，苏和伤心极了。为了纪念这匹心爱的小白马，苏和以马头为琴箱，以马的腿骨为琴柱，制作了一个马头琴，并特意在琴的顶端雕刻了一个小白马的马头。每当苏和想起自己的小白马，便拉起马头琴，伴随着低沉悠扬的琴声，诉说着草原上马头琴的故事。

---

① 朱才毅. 科普讲解新理念及实践研究[M]. 广州：广东教育出版社，2018.

这段讲解词中插入了一个小故事，使观众加深了对马头琴来源的理解。在讲解词中插入故事和典故，是为讲解主题服务，应点到为止，避免故事篇幅过长、情节复杂，以致淡化讲解主题。

此外，讲解文物时，将介绍的语言进行故事性转化，也是一种讲解手段。例如在湖南韶山毛泽东同志故居，讲解员在介绍毛泽东同志故居里陈列的文物时，便采用了讲故事的方法，将其曾经用过的物件及背后的故事进行了生动呈现：

> 这里是毛泽东小时候学习的地方。当年，毛泽东晚上读书用的就是这盏小油灯。夏天的晚上，蚊虫特别多，他就在床边摆上一张条凳，凳上放一盏灯，人躲到蚊帐里面，将头伸到帐子外看书；冬天，他常常躺在被子里读书到深夜。在毛泽东13~15岁停学的时候，他往往白天下地劳动，晚上读书到深夜，为了不让父母担心，毛泽东便用被子蒙住窗户，躲在房子里刻苦攻读。

这段故事是根据真实史实进行的二次创作，在讲解时能够让观众有身临其境之感，但此类创作要根据历史事实，不能胡编乱造、随意夸大事实，特别是有关历史类、革命类和伟人的事迹等，尤其要以事实为依据。

三、讲解词的语言表达形式和修辞手法

讲解词的语言表达形式和修辞手法丰富多样，主要包括描述、对比、类比、比喻、引入典故、提问、悬念等。

（一）描述

描述是撰写讲解词最基本和常用的一种语言表达形式。接受美学的创始人之一伊塞尔把各种著作分为一般性著作和文学著作两大类。他认为文学著作必须使用生动的、具体的形象化语言。这种语言，伊塞尔称之为"描写性语言"，以与"解释性语言"相区别。讲解词的描述语言不同于文学作品的描写表达方式，而是对文物的状态、材料、结构、造型等方面进行介绍和说明，以辅助对文物内涵的阐述和解释。虽然讲解词的描述语言不能完全等同于文学作品的描写形式，但可以借鉴文学表达方式，采用生动活泼的语言对文物进行描述。

（二）对比

对比是将不同的事物或同一事物的两个方面放在一起进行对比叙述，通过比较说明突出事物特征、增强表达效果的一种修辞手法。这种修辞手法突出了被对比事物的特征，有利于加强观众对事物的印象，使讲解词具有一定的深度和广度。事物是由正反、阴阳、虚实、真假、好坏、美丑、善恶等互相对立的两面构成的一个矛盾

统一体。古希腊哲学家赫拉克利特曾说:"相反的东西结合在一起,不同的音调造成最美的和谐。"对比式正是利用事物的强烈反差,从而构筑起一种"和谐"的结构形式。对比式和类比式既有联系又有区别,类比式是找二者之间的共同点进行比较,对比式则是找二者之间的不同点进行比较。

(三)类比

类比是基于两种不同事物或者道理之间的类似,借助喻体的特征,通过联想和想象来对本体加以修饰和描摹的一种文学修辞手法①,也是一种说理方法。类比的作用是借助类似事物的特征刻画突出本体事物特征,更直观形象地加深本体事物的理解,或加强作者的某种感情,烘托气氛,引起读者的联想。类比的逻辑推理能引起读者丰富的想象和强烈共鸣。在文学中,类比属于比喻范畴,与明喻、隐喻紧密相连,但又同中存异。类比是扩展式比喻,所涉及的两事物间的相似点往往非止一端,各各对应,形成逻辑推理的前提。②

(四)比喻

比喻就是打比方,是根据事物之间的相似点,把某一事物比作另一事物,把抽象变具体,把深奥变浅显,是讲解词撰写过程中常用的一种修辞手法。如讲解三滴水床时:

> 土家族三滴水床是一种大型家具,和汉族的拔步床、架子床、雕花床类似,有踏板,人可以走上去,像一间小屋子一样,具有私密性。

这里将大型床比作一间小屋子,让观众可以直观地理解土家族三滴水床的外观大小、内在含义等。

(五)引入典故

在撰写讲解词时,为了增强内容的说服力,往往需要引经据典,包括文献记载、名人轶事、传说故事等,由于讲解词的客观性和严肃性,所引的典故应有确切的依据,不可随意编造或臆断。如某民族类博物馆在讲解钻木取火的故事时:

> 钻木取火是黎族人传统的取火方式,古史记载,燧人氏钻木取火,随着科技发展,原始的钻木取火逐渐被现代取火方式代替,而海南岛黎族在

---

① 程文华,张恒权,冯志国.英汉修辞比较:理论与实践[M].青岛:中国海洋大学出版社,2017:236.
② 程文华,张恒权,冯志国.英汉修辞比较:理论与实践[M].青岛:中国海洋大学出版社,2017:238.

新中国成立前,仍然保留着原始取火方式,"礼失而求之野",黎族的钻木取火成为民族学研究的活化石。

这段讲解词就引用了两处经典:一个是燧人氏钻木取火,旧石器时代,燧人氏在燧明国(今河南商丘一带)钻木取火,成为华夏人工取火的发明者,教人熟食,结束了远古人类茹毛饮血的历史,开创了华夏文明,被奉为"火祖";另一个是"礼失而求之野",引自《汉书·艺文志》,源自孔子语,原语为"礼失而求诸野",后演变成谚语,意思是指古礼不传,可访民间。

(六)提问

讲解词中可设置提问环节,引起观众的好奇心和探索欲,引导观众思考。提问主要包括疑问句、反问句等,讲解词中运用最多的是疑问句,有利于引导观众进行思考,推进下一步的解答和讲解。反问句有反驳之意,易引起观众的抵触情绪,应尽量少用。

(七)悬念

悬念是讲解员在讲解时提前设置疑问,暂时不做回答,埋下包袱,让观众带着疑问听讲解,到了一定时机再解开谜底。如某民族类博物馆在讲解京族盘金绣对联时:

这组盘金绣对联是京族哈公作法时使用的宗教用品,后面展厅还有一件哈公作法时所穿着的绣花彩服饰,其与对联同属一套宗教用品,其纹样、颜色、材质和这副对联同类,看哪位观众能先发现。

这样当讲解完盘金绣对联时,观众就会留意还有哪个展厅的展品与这件展品是一个类型的物品,以及之间有何联系和区别。

第三节 讲解词的编写步骤

在编写讲解词时,既要有明确的主题思想,又要有完整的行文结构,讲解词的撰写应主次分明、衔接巧妙、过渡自然,可运用一些语言表达方式、修辞手法使整篇文章充满美感且立意深远。讲解词的编写应包括某一陈列展览的整体框架、陈列展品的逻辑顺序及每件展品(文物)的解说。

一、讲解词的编写步骤

（一）明确主题

明确主题是贯穿整篇讲解词的核心，是讲解词要表达的提纲挈领的思想。文章的主题思想正如一根主线将复杂的细节贯穿起来，使之不会零散杂乱。

讲解词的主题是讲解词的灵魂，即编写讲解词的核心。讲解词主题的确定，应做到以下三点。

一是要与陈列展览的主题保持一致，即陈列展览大纲中所表达的主题和内容。以北京某博物馆的陈列展览"屈家岭长江中游史前文化"为例，该展览的主题思想就是通过陈列湖北境内的新石器时代不同阶段的文化遗存，如城背溪文化、大溪文化、屈家岭文化和石家河文化等（其中屈家岭文化是第一个被发现和命名的，也是第一个被认识的极具代表性的一种文化，因此以屈家岭文化为主体），展示长江中游丰富的史前文化，揭示江汉地区史前氏族社会的生活面貌和精神世界。该展览讲解词的编写就应该围绕这一主题来进行。

二是符合客观规律。讲解词的编写在于揭示事物的本来面貌，不能违反事物发展的客观规律，更不能随意编造。

三是符合时代精神。历史类博物馆的陈列展览大多以追溯历史、讲述文化、弘扬精神为主题，每个时代都有不同的时代主题和时代主旋律，陈列展览和讲解词的主题思想应与时俱进，与新时期党和国家的方针政策相统一。比如民族类博物馆，就应与新时期党的民族工作一起砥砺前行。新时期的民族工作，以铸牢中华民族共同体意识为主线：以铸牢中华民族共同体意识为"纲"，作为制定政策、规划的指导原则和根本指针；以铸牢中华民族共同体意识为"魂"，将共同体意识像芯片一样植入各项民族工作之中；以铸牢中华民族共同体意识为"度"，作为评价民族工作成效的根本标准和重要尺度。过去常常仅单独陈列某一民族的历史文化展览，强调民族的差异性和独特性，而忽视少数民族与汉族及其他少数民族的共同性因素。新时期民族类博物馆的工作也要以铸牢中华民族共同体意识为主线，在陈列展览、讲解词方面更加突出共同性，更加聚焦中华民族共同体建设。如陈列展览的主题为"土家族历史文化展"，不仅应反映土家族的历史起源、政治制度、经济生产、灿烂文化等民族因素，而且要通过展品、图文等反映土家族与汉族及周边民族交往交流交融的史实，体现出各民族共同开拓辽阔的疆域、共同书写悠久的历史、共同创造灿烂的文化、共同培育伟大的精神。讲解词不能单一地简单介绍土家族文化的独特性，而应将展品背后体现出的各民族交往交流交融及融合性和共同性因素讲清楚，做到共同性和差异性、民族性和区域性的辩证统一，这也是新时代民族博物馆的发展主线。

（二）收集材料

讲解词的主题确定后，接着要开展的工作即围绕主题选择和收集相关材料。收集的材料应具备典型性，能充分诠释主题思想，具备高度的概括性，为突出主题服务。编写讲解词所需的材料一般包括：一是文物相关的历史背景知识、同类文物的发展历史及相关文献资料等；二是被讲解的对象涉及的名称、年代、来源、作用、质地、尺寸、纹饰、造型及主要价值等方面的资料；三是新的学术研究动态，如相关领域的考古新发现、专家新的学术成果等，做到知识的内化吸收；四是新的时代要求。

（三）确定讲解框架

讲解框架是讲解词的基本结构，包括开头、主干内容和结尾。无论是编写一个陈列展览的完整讲解词，还是陈列展览中某一展区、某一文物的讲解词，都需要列出提纲，形成讲解框架。如讲解某一文物时，开头应言简意赅，不能过于冗长、绕弯子，可直入主题，牢牢地抓住观众的耳朵。如"穿在身上的空调——苗族竹衣"的讲解词："朋友，您见过用竹子做的衣服吗？竹衣有什么特殊功能呢，今天就带您了解一件特殊的服饰——竹衣。"开门见山，直奔主题，通过提问，引起观众的好奇心。主干部分是讲解词的重中之重，也是讲解词着墨最多的部分。在编写解说词时，主干部分不能拘泥于宽泛的"面"，而应灵活安排若干兴奋"点"，将观众感兴趣的"点"串起来，以此来调动观众的参观情绪，减轻观众的视觉疲劳。讲解词忌泛泛而谈，而应抓住关键信息、关键知识点进行提炼和拓展，弱化"面"突出"点"。

编写某一陈列展览的完整讲解词时，不仅要关注每个点（展品），还要关注展品与展品之间的内在逻辑关系，将"点"与"点"串联起来，形成一个整体，避免碎片化地、孤立地介绍单件展品。因此，陈列展览讲解词的框架可依照陈列大纲来确定，编写层次上可与陈列大纲的结构保持一致，这也符合观众参观的线路和顺序。讲解词的编写中，在不违背陈列展览基本结构的前提下，可以设置重点介绍的展品和非重点介绍的展品。介绍重点展品的篇幅一般较长，讲解顺序可以有以下几种安排。

逻辑顺序。讲解词可以按照事物、事理的内在逻辑关系，由个别到一般、具体到抽象、主要到次要、现象到本质、原因到结果等角度对展品进行介绍说明，如可按逻辑顺序，对文物的工艺流程、制作工序、制作材料等方面进行全面的讲解。这一讲解顺序适合介绍传统工艺类文物。

时间顺序。按照事物发展的先后顺序进行说明，如介绍文物背景、人物履历、事件经过等。这一讲解顺序适合介绍历史人物的生平经历。

空间顺序。按照里外、上下、左右、前后等顺序进行说明。这一讲解顺序适合介绍古建筑、遗址、遗迹等内容。

此外，在讲解展览与展览之间、展品与展品之间的关系都需要承上启下的过渡语，讲解词中的过渡语起到了承上启下和起承转合的作用。

（四）升华主题

讲解词的结尾有画龙点睛的作用。讲解词作为一种说明文，结构应该完整，因而结尾部分非常重要，它起着概括总结、前后照应、升华主题、引人深思、启发教育的作用。同时讲解词的结尾还应该留有想象空间，引导观众去思考，激发他们的探索兴趣。

以下两篇讲解词，一篇是人文历史类讲解词，一篇是自然科学类讲解词，两篇讲解词各有千秋，符合讲解词编写的一般规律。

穿在身上的空调——苗族竹衣

朋友，您见过用竹子做的衣服吗？竹衣有什么特殊功能呢，今天就带您了解一件特殊的服饰——竹衣。

博物馆珍藏的这件竹衣，是民国时期的苗乡竹衣，征集于湖南湘西城步县苗族聚居区。竹衣整体呈金黄色，V字领，领口有三颗纽扣，短袖，略有收腰，仔细看，每根小竹管经过精心打磨后，用棉线穿制而成。

竹衣有什么特殊功能呢？竹衣原是古代汉族达官贵人在炎热的夏季穿在官服最里层的贴身的特殊衣物，用于隔汗和降温，俗称"隔汗衣"，由于绿色天然，且工艺复杂，是衣中的奢侈品。

展出的苗族竹衣是以当地高山竹——篁竹为原料，经选材、切段、打磨、抛光，手工穿制而成，是苗族富裕人家的奢侈品。此外，在民间，道士做法事，戏曲演员演出，也穿具有隔汗功能的竹衣。可见，竹衣在各民族中均有穿着。

过去没有空调，炎热的夏季，穿上一件凉爽的隔汗竹衣，可谓穿在身上的空调！由于苗家的竹衣制作精美，古代曾作为进贡朝廷的贡品，又称"苗乡贡衣"。

（撰稿：林毅红）

量子卫星与信息安全

21世纪是信息的时代，信息为我们带来了巨大的便利，同时也给我们带来了一些困扰。如高科技网络犯罪、邮件泄露、病毒的入侵都对信息安全造成了巨大的危害。而量子卫星的主要作用，就是为我们编织一个巨大的信息安全网络。大家一定会好奇，量子卫星究竟是怎样保护我们的信息安全的呢？就让我们一起揭秘它的神奇之处。

我国自主研发的世界首颗量子卫星"墨子号"于2016年8月16日发射升空，开辟了量子通信技术的新时代。大家知道它为什么叫"墨子号"吗？两千多年前，墨子就发现了光是沿直线传播的，从而奠定了光通信和量子通信的基础，于是我们就用"墨子号"纪念墨子在早期物理光学方面的成就。

在信息时代，保证我们信息安全最好的办法就是给信息加密。传统的加密方式有两种，一种叫作对称加密，发送者需要用一把钥匙给信息进行加密，接收者则需要用一把一模一样的钥匙解密信息。第二种方式叫作非对称加密，接收者需要用一把与之对应的不同的钥匙来对信息解密。这两种加密方式曾经对信息安全发挥了重要作用，然而，道高一尺，魔高一丈，配置钥匙变成了轻而易举的事情，我们的信息也就无时无刻不处在危险之中。

那么，世界上真的没有安全的加密方式了吗？聪明的科学家想出了第三种方式，那就是：量子加密。量子是物理量的最小形态，它的最大特质就是不可克隆，黑客们无法"配置"一模一样的量子钥匙，自然也就无法获取用户的合法信息。当然，量子加密的应用还离不开量子卫星。在轨运行的量子卫星会在太空配好两把量子钥匙，并且发送给两个地面接收站，处于地面站之间，我们就可以轻松地用这两把钥匙进行信息加密、解密，进而进行信息交流，不用担心信息的泄露了。

有了量子卫星作为信息安全的守护者，我国的网络安全会穿上一层严密的防护服，国防事业也会获得更大的发展。

（撰稿：杨志鹏）

二、如何撰写一篇精彩的讲解词

讲解词撰写水平的高低，直接关系着博物馆的学术研究水平，也直接关系着讲解质量和传播效果。讲解词应具备思想性、知识性、科学性、艺术性和趣味性。首先，讲解词应紧密围绕陈列展览的主题思想，科学客观地传播中华优秀传统文化；其次，讲解词应弥补静态陈列方式的不足，对展览内容进行解释、补充和延伸，同时讲解词应将深奥知识深入浅出地转述。写好一篇讲解词，首先要掌握好讲解词的框架结构，框架结构是文章的思路，也是文章的脉络和逻辑关系，是陈列展览的单元与单元之间、文物与文物之间的内在联系和外在形式的统一。

讲解词的框架结构一般根据陈列大纲来撰写，陈列大纲主要包括前言、单元、小组、文物四级逐步细化的结构，讲解词一般先简要进行陈列展览的整体概述，让观众有个总体印象，再分述展览各单元的基本内容，在讲解每个单元的重点文物时，要详细地描述，对每件文物的描述可根据逻辑顺序、时间顺序、空间顺序等进行解说。

要写好讲解词，离不开一个好的开头、精彩的主干和主题升华的结尾。

1. 开头

好的开头犹如虎头，可以提振精神，让人眼前一亮。开头采取设置提问、引入典故等形式，能够引人入胜，增强吸引力。如2014年全国科普讲解大赛十佳选手，神农草堂中医药博物馆的讲解员兰岚的讲解词便以"神秘植物——曼陀罗"开头：

> 熟悉金庸先生的武侠小说《神雕侠侣》的朋友都知道，杨过落入绝情谷，中了"情花之毒"，这"情花"的真身，就是曼陀罗。曼陀罗又叫洋金花、山茄子、醉心花，是一种原产于印度，并广泛分布在温带至热带的植物。

这个开头就以大家熟悉的小说内容引入主题，激发观众的兴趣。

2. 主干

主干是讲解词的核心和关键部分。主干要层次分明，依据主题，环环相扣，逐层深入，应做到条理清晰，逻辑性强，不能没有逻辑性地随意发散，一个问题没讲清楚，又谈起另一个问题，东扯西拉，杂乱无章。主干部分的撰写可按照总分总式或递进式等结构展开，将知识点的内在逻辑关系讲清解明，信息含量要丰富。行文除了做到严谨规范以外，还要通俗易懂、生动有趣，这就需要运用各种语言表达形式和修辞手法，使抽象的概念具体化和形象化，深入浅出、合乎逻辑，做到言之有物、言之有据、言之有理、言之有神、言之有趣，力求达到科学性、知识性、趣味性、互动性等方面合而为一。

关于不同类型讲解词主干部分的撰写，以下主要对知识介绍性讲解词、阐释性讲解词的主干部分写作的逻辑关系进行简要介绍。

关于知识介绍性讲解词，主干部分的撰写可以遵循是什么—有什么（如纹饰、造型、色彩、材质、功能、价值等）—为什么（成因、关系、演变、异同）的逻辑关系来分析，要重点突出，切忌广而散。

对于阐释性讲解词，主干部分的撰写以立论为主，即摆事实、讲道理，主要运用抽象思维，以概念、判断、推理、论证等形式逻辑的手段来阐明表达主体的思想、态度和主张，重在阐明事理，明辨是非，以理服人。这就要求"理形于言，叙事成论"，真正做到有"理"有"据"、重"理"重"据"，将道理说深说透。言之成理，持之有故，即以透彻的道理和胜于雄辩的事实阐明表达主体的主张和观点，达到"精微而朗畅""理得而辞顺"。阐释性讲解词以"立"为主,是从正面阐明和论证表达主体的主张和观点的正确性,一般都包含有论点、论据、论证三要素。

论点统率论据和论证,论据和论证服从并服务于论点,三者紧密联系,缺一不可。论点也叫论断,它是主体对所论述问题提出的主张、看法和表明的态度,也就是被证明的对象,主要解决"证明什么"的问题。论点总是以判断的形式出现,明确表示主体对所论述问题的肯定或否定、赞成或反对。论点既是论证的出发点,又是论证的落脚点。论点决定着选取什么样的材料做论据,也决定着用什么方法来进行论证。

论据是用来证明论点的依据,是说明论点的理由和材料,主要解决"用什么来证明"的问题。一个论点是否成立,与论据有着十分密切的关系。论据确凿可靠,论点才站得住脚;论据充分、全面,论点才能有强大的说服力。所以说,论据是论点的基础,论点是靠论据来支撑的。论据主要包括两个方面:事实论据和理论论据。前者指有客观存在的各种情况,如人证、物证、典型事例、历史资料、统计数字等。后者指已经被实践证明过的、正确的理论,包括科学的原理、定律、公式等,可以直接引用或间接用来证明论点。

论证的过程,是分析问题、解决问题的过程,也就是逻辑推理的过程。一篇讲解词,只包含正确、新颖的论点,确凿充足的论据还不够,还必须通过富有逻辑性的论证,恰当地揭示出论点和论据之间内在的逻辑关系,做到观点和材料的有机统一。如何做到论证充分,有以下几种说理方法。

一是归纳说理。亚里士多德在《论辩篇》中指出:"归纳法是有说服力和简单明了的,从感性认识的观点看来是比较方便和简单易行的。"所以归纳法在说理论证中运用得比较普遍。运用归纳说理,事例要典型、真实,绝不能任意罗列材料,将个别情况当作普遍真理,必须认真分析各个事例之间内在的逻辑联系,从就事论事前进到就事论理,结论才可能是正确的,否则就容易犯"轻率概括"和"以偏概全"的错误。

二是演绎说理。这是根据符合客观规律的普遍原理去推断个别事物,从而得出新的结论或新的观点的一种说理技巧。演绎说理与归纳说理正好相反,其特点是从一般到个别,也符合人们的认知活动规律。因为,人们在认知一类事物的共同本质以后,可据此继续认知其他的个别事物,找出其特殊的本质。演绎推理又叫三段论证法,通常由三个判断构成:第一个用来提出问题、分析问题的一般原理和原则,叫大前提,这是演绎推理的根据;第二个提出所要分析的那个事物及其某一方面的属性,指出它同这个一般原理、原则的联系,叫小前提;第三个表述所要推出的结论。

三是分析说理。这是一种通过分析问题、剖析事理以揭示事物的本质属性,从而阐明论点的正确性的一种说理方法。为使论点得到全面、深刻的证明,就得从横向与纵向、正面与反面、现实与历史等多个角度看问题，多层次地进行分析，以避免片面化和绝对化。而要进行分析，就必须善于抓住实质。如果在分析中只见现象，不见本质，定然是"无的放矢"。

四是类比说理。这是一种将两类或两个某些属性相同或相似的事物放在一起比较，从而得出有关结论的一种证明和说理的技巧。"类"指类似，"比"指比较。类比的过程，是由表及里的过程。如果说，类比的事物是"表"的话，那么，借助类比所证明的事物或道理就是"里"。从特殊到特殊、从个别到个别，正是这一方法的根本标志。

3. 结尾

结尾字数不需要太多，点到为止，起到画龙点睛的作用。讲解词可以用一段话或一句话结尾，可点明主题，突出重点，言至即收，止于当止，升华主题，耐人寻味。

以下是自然科学类的讲解词，运用了多种修辞手法，将难懂的药学知识对观众进行了科普教育。

被"降服"的毒药

"春花秋月何时了？往事知多少。"这是南唐后主李煜留下的千古名唱，大家一定好奇南唐后主是怎么被毒死的。据说死时"头足相就，状若牵机"，后世推测一代帝王可能死于牵机之毒。牵机是何种毒药？牵机又称马钱子，过量服用可引起强直性惊厥反复发作，造成衰竭与窒息。

其实马钱子在医学上应用千年而不衰，如果采用砂烫等特殊的炮制手段可使醚键受热断裂，化学结构发生改变，毒性显著降低，可以使其镇痛止咳的作用得到保留甚至增强。

由此可见，所谓的"毒药"都是"双刃剑"，毒性虽大，但只要经过科学、严格的炮制、配伍、控制用量，并找准适应病证，就能治病救人。

下面我向大家介绍几种中药界赫赫有名的"毒药"，来探一探它们究竟"是敌是友"，如何"化敌为友"。

乌头，毛茛科植物，主根入药以后叫乌头，侧根入药叫附子。乌头和附子中所含的双酯型生物碱有剧毒，少量的乌头就可以让一个成年人顷刻毙命。熟悉《三国演义》的朋友对关云长刮骨疗毒的桥段想必并不陌生，相传当年关云长所中的便是乌头之毒。既然乌头属大毒之物，为什么古人还经常用乌头和附子抢救危重病人呢，真是为了"以毒攻毒"吗？原来，古人在使用乌头时对炮制方法很有讲究，要求长时间的煎煮方能使用。我们用现代医学的观点来对这一炮制方法进行解读：长时间地煎煮可使酯键水解，第一个酯键断裂的时候,它的毒性变为原来的1/200,如果第二个酯键也断裂了,它的毒性变为原来的1/2000,但是它的治疗功效却被保留下来了。说到这里我们不得不感叹古人的用药智慧。

古人常讲"药之害在医不在药",善用、巧用所谓的"毒药",有时也能起到化腐朽为神奇的效果。比如下面的例子:砒霜,我国古代赫赫有名的毒药之一;雄黄,让白娘子现形之物。它们都是砷的化合物,属剧毒或大毒之物,使人闻风丧胆,避而远之。但是现代医学发现砷制剂是战胜急性早幼粒性细胞白血病的利器。砷制剂可以诱导早幼粒细胞分化,促进癌细胞凋亡,从而达到治疗目的。真可谓是汝之砒霜,彼之蜜糖。

大家不难发现,事物皆有其两面性,当我们以传承、创新的科学态度重新审视中医药文化,不断汲取古人的智慧,便能降服这些所谓的"毒药",化敌为友,为我所用,不断碰撞出新的火花,使智慧如生命般繁衍,生生不息。

(撰稿:孙焕)

这篇有关植物学知识的讲解词,选题巧妙,并额外列举了三种"毒药"——乌头、砒霜、雄黄,运用分析说理、类比说理和归纳说理,向公众解释了几种传统的毒药通过恰当的炮制技术,可以化敌为友,转化为治病良药,也就是"药之害在医不在药",如果善用、巧用所谓的毒药,也能起到化腐朽为神奇的效果。首先,作者讲述了南唐后主李煜被毒死的传闻,据说其死时"头足相就,状若牵机",引起观众的好奇,并讲明后世推测一代帝王可能死于"牵机"之毒,"牵机又称马钱子,过量服用可引起强直性惊厥反复发作,造成衰竭与窒息"。而后作者话锋一转,"所谓的"毒药"都是'双刃剑',毒性虽大,但只要经过科学、严格的炮制、配伍、控制用量,并找准适应病证,就能治病救人"。讲解词中大量运用修辞手法,如引用了文学作品和民间传说故事中的桥段——南唐后主李煜留下的千古名唱、关云长所中的乌头之毒、让白娘子现形的雄黄等,非常形象,饶有趣味。讲解词中还运用了对比手法——"真可谓是汝之砒霜,彼之蜜糖",运用拟人手法,探讨毒药"是敌是友""化敌为友"等。整篇稿子并不是文学化创作或生活化表达,而是有一定专业深度和广度的科普讲解词,如"长时间地煎煮可使酯键水解,第一个酯键断裂的时候,它的毒性变为原来的1/200,如果第二个酯键也断裂了,它的毒性变为原来的1/2000",文中提到的这些数据具有专业知识特点。又如"现代医学发现砷制剂是战胜急性早幼粒性细胞白血病的利器。砷制剂可以诱导早幼粒细胞分化,促进癌细胞凋亡,从而达到治疗目的"。这些都是科普类讲解稿必须具备的专业性。

下面是两篇有关气象卫星的科普类讲解词和科技考古类讲解词。

为风而来，为云而生——探秘"风云四号"气象卫星

今年（2021年）7月1日，北京天安门盛大的建党百年庆祝活动，吸引全球目光。盛典时值北京主汛期，雷雨冰雹多地频现，气象保障压力空前。"为避开高温，百年庆典提前一小时；为避开阴雨，烟火晚会提前一天。"如此精准的气象保障服务是如何做到的？有全体气象人的努力，也离不开背后一位重量级"人物"的加持助力——气象卫星风云四号。

从它的名字大家就能猜到，它已经有几位"哥哥"在为我们的气象观测工作保驾护航，它们就是风云家族"四兄弟"。

"风云家族"四兄弟分为两大派：极轨派和静止派。两大派有各自分工，极轨派的风云一号和三号绕地球南北两极运动，可以获取全球大气观测数据，是实施全球监测的"巡逻兵"。静止派的风云二号和四号与地球自转同步，位置相对地球静止，可以获取我国所在区域的连续动态观测数据，是坚守岗位的"哨兵"。

作为静止派的风云四号卫星，并不是一动不动，而是名副其实的"千里眼"，它佩戴着我国最先进的多通道扫描成像辐射计，从多达15个不同的通道监视调皮大气的一举一动，单次观测区域最大可覆盖地球表面的三分之一。在全圆盘卫星云图上，天山的积雪、青藏高原的湖泊、东北华北区域的对流云团、南北半球高纬度区域的涡旋云系等都逃不过风云四号卫星的法眼。

这么宽广的眼界，小范围局部性的天气变化能监测到吗？小动作当然也逃不过风云"老师"的火眼金睛。2021年8月11日至12日，湖北多地遭遇极端强降雨，湖北襄阳的宜城最大降水量496.4毫米，一天就下了半年的量。尽管出现突破历史极值的降水，夜间暴雨云团也难逃风云四号卫星的法眼，预报服务人员提前捕捉到特大暴雨的"踪迹"，连续发出预警信号，最大限度降低了人民生命财产的损失。

建党百年庆典临近之际，气象工作者们精准研判，让6月3日刚成功发射不久的风云四号B星提前开机，最终提供了精密到1分钟、250米分辨率的大气信息，用肉眼清晰地看到分钟级的"风起云涌"变化过程，圆满完成了这场盛会的气象保障。

一分钟意味着什么？风云四号能在百万平方公里区域分钟级连续观测成像，可有效监测极端天气的生成、发展和消亡过程，为短临天气预报提供更高频次的观测数据。

"地球从未如此清晰，天亦有可测风云"，为风而来、为云而生的风云四号卫星，将"精准、快速、智能"这几样绝技，在天气监测与预报、气象防灾减灾、应对气候变化、生态环境监测等领域做出了更大贡献。

藏在牙齿中的"锶"乡之情

这是1999年出土于河南安阳的单体甗,但是令人惊奇的是,伴随它一同出土的还有盛放于其中的人头骨。这个人头是安阳本地人吗?他又来自何处?这些答案,其实都藏在头骨中一颗小小的牙齿中。

提到牙齿,大家都知道,牙齿之所以这么坚硬,是因为牙齿含有钙,在人的骨骼和牙齿中,与钙相似的还有一种化学元素,那便是锶。自然界中锶的同位素共有四种:锶88、锶87、锶86、锶84。当不同锶同位素组成的岩石在风化作用下形成土壤,锶也随之进入土壤和地表的沉积物中,进而渗入地下水中,如此,不同的地质构成特征形成了不同锶的分布区域。而人生活在地球上,是要喝水、要吃饭的,那么人在吃喝的过程中就把地表上的矿物质吸收到自己的身体里了,因此,生活在不同锶同位素组成的不同地质背景环境中的人,其体内的锶同位素组成就有可能存在不同或差异,这种不同和差异就成为追溯人类生存地的依据。

作为人体必需的微量元素,人体内99%的锶都存在于骨骼和牙齿中,因此骨骼和牙齿是锶的主要存储地。人在吃喝时吸收的矿物质会改变骨骼里的锶同位素比值,但它不会改变牙齿牙釉质上锶同位素的比值。这是因为人的牙齿在换牙后,牙齿表层上的牙釉质一旦形成,里面的矿物质含量就永远都不会变了。就是说,如果一个人生活在A地,死在A地,那么他的牙釉质里的锶同位素比值和骨骼里的比值永远是一样的。但如果他生活在A地,长大后换了牙,牙釉质里面的锶同位素比值已经形成了,而他又离开A地去了较远的B地,在B地长年的生活,他的牙釉质上的同位素比值依旧是不变的,但骨骼里的锶同位素比值则会发生变化。根据这个原理,我们就可以追溯人类的栖息地,而隐藏在牙齿中的锶,也就相当于区域性的指纹特征了。最终,专家们通过对牙齿中锶同位素的分析,为这位埋藏千年的古人找到了归宿地——安阳偏东偏南的某个地方。

作为人体内小小的元素锶,却有着大大的作用,不仅守护着人类的健康,更是承载了中国人的故土情结。

(撰稿:李孟月)

第十一章

博物馆教育的艺术表达

博物馆讲解是一种语言表达艺术和交流沟通的行为,不是所有的讲解都属于讲解艺术的范畴,只有让观众产生艺术美感的讲解方式才能称为讲解艺术,否则只能称为复述和一般介绍。讲解艺术不仅仅是口语表达行为,而且是一种需要进行艺术加工和艺术创作的行为,是浓缩了技术、技巧、情感和美感的行为,因此,讲解也是一门语言表达的艺术。

如何把语言表达得准确、贴切、得体、巧妙、感人、鲜明、生动、有力,具有美感,这就形成了一门新兴的横向边缘交叉学科——口才学。近年来,随着口语表达艺术和技巧的发展,特别是演讲学、辩论学、谈判学的日益成熟,口才学作为一门年轻的分支学科,已经进入建构独立而完整的学科体系的崭新阶段。[①] 口才学正是一门关于讲解艺术的学问,讲解艺术包括语言交流艺术、情感交流艺术及心灵交流艺术三个层次:语言交流是讲解的前提,是技巧层面的运用,是讲解艺术的初级层面;情感交流是讲解艺术的较高层次,是用心用情的结果;心灵交流是灵魂和精神的碰撞共鸣,是最高层次的讲解艺术,需要综合运用技巧、情感和思想,才能触及灵魂,直达人心。

一般的讲解工作具有系统性和流程化的特点,是讲解员在充分理解陈列展览、对专业知识融会贯通的基础上,撰写出通俗易懂的讲解词,通过有声语言和无声语言的结合,引导参观观众将视觉(展品)、听觉(声音)转化为自身的感性认识。如果在讲解过程中,讲解员想要将语言表达进行艺术再创造,使有声语言令观众产生愉悦感和吸引力,就需要其研究讲解的方法和技巧。讲解艺术既属于技术层面,又属于艺术层面,讲解员不仅要研究文物相关领域的专业知识,构建扎实的专业知识框架,还要不断研究语言表达技巧,才能在讲解工作中游刃有余。正如苏东海先生

[①] 欧阳周. 口语表达的艺术和技巧——通用口才学导论[M]. 长沙:中南工业大学出版社,1998:2.

所言:"重视讲解工作,要特别重视口头讲解,口头讲解是任何讲解工具都代替不了的,面对面的口头讲解是最具亲和力的交流,是博物馆与观众直接交流的桥梁,是博物馆教育中最具人性化、情感化的桥梁。"①

第一节 讲解的语言表达艺术

什么是语言表达艺术?所谓语言表达艺术,就是为提高口语表达效能而有目的、有意识地运用各种表达手段、方式、技艺、技法和技巧。②口语表达在本质上属于一种特殊的社会实践活动,由于口语表达强调艺术性,即讲究口语运用需要鲜明、准确、得体、巧妙、生动、有力,能打动人、感染人、征服人,因此口语表达的魅力在于它克服了平日讲话时的粗糙、简略、啰唆、杂乱、重复等缺点,融汇了语言艺术——诗歌、戏剧、小说等的表现方式和修辞手法,从而形成了一种具有美感和艺术化的社会实践活动。这不仅体现了口语表达主体对表达内容的深刻认识和审美把握,而且体现了口语表达主体对口语表达手段、方式、方法、技艺、技法、技巧的熟练掌握和得心应手的运用。③

讲解与口语表达在技术层面有某种重合,有时甚至可以互相取代,但它们的内涵和侧重点是有所不同的,不能将它们混同起来。口语表达艺术体现在辩论时的有理有据或演讲时的号召力,讲解艺术则是在讲解词基础上的二次创作,是基于讲解词又高于讲解词的语言表达艺术,不是讲解词的简单复述,需要一定的表达技巧。讲解员正是依靠语言表达技巧,将文物信息有针对性地传播出去,让观众接收、理解文物的内涵。因此,讲解员要努力练习并提升自己的语言表达技巧。

语言艺术专家李燕杰在《育人要讲艺术》中说过,语言艺术必须具有"相声的幽默、小说的形象、戏剧的冲突、诗朗诵的激情",使人"如临其境、如见其人、如闻其声"。讲解员应在合乎规范、尊重科学的前提下,使自己的讲解语言富有艺术性。

一、语言的相关概念及含义

什么是语言?语言是声音和意义相结合的符号系统,是人类最重要的交际工具和思维工具,是一种特殊的社会现象。人类与其他动物的根本区别之一,是人类能

---

① 单霁翔. 博物馆的观众服务 [M]. 天津:天津大学出版社,2017:199.
② 欧阳周. 口语表达的艺术和技巧——通用口才学导论 [M]. 长沙:中南工业大学出版社,1998:8.
③ 欧阳周. 口语表达的艺术和技巧——通用口才学导论 [M]. 长沙:中南工业大学出版社,1998:9.

够运用语言表达思想，进行交际，以便相互了解、协调共同的活动、组织社会的生产。如果没有语言，人类社会就无法存在和发展。语言是以语音为物质外壳、以词汇为建筑材料、以语法为结构规律而构成的体系，具有全民性、社会性和体系性的特点。①

语言是一种符号系统，是"能指"和"所指"的结合。所谓语言符号的"能指"是其形式部分，即能为人的感官所感知的语音；语言符号的"所指"是其内容部分，即通过语音表达出来的语义。语音和语义是密不可分的：语音如果不表达某种确切的意义，就不成其为语言的要素，而只是一种物理现象；语义如不依附于某种确定的声音，也无从存在。语言正是在能指与所指，即语音与语义的矛盾统一体中存在着和发展着。一般来说，语音、词汇、语法是语言的三要素。它们相互关联、相互对立，共同构成语言的整体。

二、讲解语言的艺术表达

（一）语言的准确性

讲解语言要求准确通顺，这是对讲解语言最基本、最起码的要求。语言的准确性主要体现在：一是符合语言规范，用语准确，意思表达清楚，不会产生歧义；二是指讲解内容本身必须符合科学事实，保证信息的客观性，不能随意捏造，切忌主观臆断；三要把握信息的全面性，切忌依据片面的信息下结论，讲解员不能因为自己对对象一知半解，而使讲解产生片面性，要精心地选择最确切、最恰当的词语，正确地反映客观事物，恰当地揭示客观事理，贴切地表达思想感情，准确地传递各种信息，做到"意能称物""情通达意"，每个字、词、句都用得妥帖、适当，恰如其分。这样，观众一听就能准确无误地理解讲解的内容和含义，与讲解员之间有效的沟通交流也就有了必要的前提和基础。

怎样才能做到用词准确呢？第一，要主题明确、思路清晰。讲解是"内识"的"外化"，是对客观事物规律性、条理化的反映。只有主题明确、思路清晰，知道自己在讲什么和怎样讲，才能表达得清楚明白；如果事先没有理清思路，思维处于混乱模糊的状态，那就肯定无法表达清楚，用词无法准确。第二，要尊重客观事实，实事求是，不说空话、套话和废话。第三，对所反映的事物和所说明的事理有清楚明晰的认识，对其外观、性质、特征及与其他事物、事理的关系了如指掌，这样，所选用的词语和所做出的判断，才符合所反映对象的实际。第四，要真正弄懂每个词语的确切含义和它所能使用的范围，否则，不是用错词，就是用得不准确、不恰当。第五，

---

① 欧阳周. 口语表达的艺术和技巧——通用口才学导论［M］. 长沙：中南工业大学出版社，1998：3.

要把握好词语使用的分寸，认真区分某些词语在时间、范围、主次、程度、条件、数量等方面的差别，所引用的数字、数据要反复核实。

语言的准确性表现在讲解内容上，即讲解员在讲解时不能信口开河、张冠李戴，否则就会传递出错误的知识，"含糊其词"会导致观众接收信息困难，乃至产生误解。讲解员在讲解及回答观众的问题时，一定要做到传递信息的正确无误，讲解一件文物，要做到言之有据。证据有本证和旁证之分，本证就是根据文物的外形、纹饰、质地、铭文等客观存在的信息加以证明，旁证就是根据史书文献等记载的内容加以证明，应以本证为主，旁证为辅，对文物进行全方位的讲解。讲解员的语言越是科学、严谨，满足观众的求知欲，越能吸引观众，越能得到观众的尊重和认可。讲解员要使自己讲解的内容具有准确性，这不仅要求讲解员下功夫记忆大量专业基础知识，而且要对自己所讲解的人物、事物等加以理解、认真分析，更多地涉猎相关领域的知识，只有正确的记忆、理解、内化所讲解的内容，才能做到胸有成竹，才能确保语言的准确性。

例如：讲解员在讲解一件古代的冰（温）酒器鉴缶时，说鉴缶是中国时间最早的"土冰箱"，观众们议论纷纷，有的观众用疑惑的眼光看着讲解员，有的观众直言不讳地对讲解员提出异议："古代没有电啊，冰箱怎么制冰呢？"有的观众说："古代的冰箱和现代的冰箱作用一样吗？"还有的说："古代的冰是怎样做出来的呢？"讲解员微笑着一一回答观众的提问，用丰富的知识论证鉴缶为什么叫作"土冰箱"。第一，古代的"土冰箱"不是我们现代意义上的电冰箱，古代是没有电的，电冰箱在19世纪初才发明出来，但"土冰箱"和电冰箱的功能大致相同，都用于冷藏。第二，"土冰箱"有独特的内部结构，由内外两个部分组成，里面一层叫缶，外面一层叫鉴。缶装酒，鉴装冰，鉴镂空盖正中的方孔正好套住缶的口沿。缶的底部有三个穿眼的圈足，鉴的底部安有三个弯形栓钩，正好插入缶底部的圈足里，中间一个倒钩装有活动栓，插入圈足后即自动倒下，牢固勾住缶的底部，使之不能移动。使用时，缶内装酒，缶的四周放置冰块，用以冰酒。第三，古代的冰不是人造冰，而是使用自然冰。自然冰是怎么做的呢？据史书《周礼·天官冢宰》记载："凌人，掌冰，正岁十有二月，令斩冰，三其凌。春，始治鉴。"古代有专门掌管制冰的人，叫凌人。他们每年农历十二月在江河湖泊开凿冰块，将冰块收藏在很深的地窖里，到了来年春天祭祖时取出冰块放在冰鉴里使用。《诗经·豳风·七月》记载："二之日凿冰冲冲，三之日纳于凌阴。"《周礼·天官冢宰》记载："祭祀供冰鉴。"说明当时的人们已懂得窖藏自然冰，并用于冷藏食物。这样的解答既通俗易懂，又有理有据，令人信服。

（撰稿：钱红）

(二)语言的生动性

讲解语言的生动性,包括语言的形象性和趣味性。要使公众在博物馆享受到诗情画意的美感,对讲解的内容产生共鸣,就要求讲解员的语言表达具有生动性。如果讲解员的语言表达绘声绘色,那么观众就会在大脑中对其所介绍的事物再次进行想象加工,进而感悟和理解事物的内在含义。

讲解本身就是一种语言再创造的过程。要做到语言的生动性,就要求讲解员掌握丰富的知识和语汇,善于将讲解词的书面化语言、复杂的情节内容,转化为风趣生动的口语化语言,将讲解的知识内容由枯燥深奥变得形象生动,从而带给观众美的享受。讲解员语言的生动性能增强讲解的感染力,使观众入情入境地对参观对象产生浓厚的兴趣。讲解中如果词语搭配得当,语言表达如行云流水,便能让观众在轻松活泼的氛围中受到启发和教育。为此,讲解中可以适时穿插古今中外著名人物的典故、史料及相关领域专业知识,也可以充分运用排比、拟人、比喻等修辞手法,发挥形象思维和逻辑的力量,使讲解语言生动形象,富有勃勃生机。

恰如其分的讲解方式可以保证讲解工作达到良好的效果,针对不同类型的观众,讲解员只有悉心观察他们的心理特征及个人需求,及时准确地做出必要的回应,使讲解工作不仅仅停留在讲解词的简单复述,而且向观众传递自己真挚的情感及对陈列展览的深度理解、情感认知,以取代严肃、呆板、生硬的说教式讲解,"化深奥为浅显,不舍其本,变枯燥为有趣,不显其俗"[1],不断增强讲解的吸引力、感染力,实现与观众在情感上的交流互动,充分调动观众的参观兴趣和积极性,激发观众对科学文化的思考和探索,引起讲解员与观众之间的共鸣。

(三)语言的趣味性

语言的趣味性比生动性更能吸引人,更易与观众产生共鸣,给观众带来深刻的印象。讲解中富有幽默感,不仅使话语生动有趣,而且在与观众的沟通交流中,运用机智、轻松、诙谐、风趣的言辞,能缩短与观众之间的距离,创造出良好的交谈气氛,让观众如沐春风,以达到沟通心灵的目的。

语言的趣味性大体上可分为愉悦式幽默、哲理式幽默、讥讽式幽默和解嘲式幽默四种。愉悦式幽默是指在人际交往过程中,表达主体运用得体的幽默性谈话,表现出自己的智慧、风度和素养,赢得人们的好感,借助轻松愉悦的氛围,达到语言表达的目的,这是讲解中主要运用的一种方式。哲理式幽默是使自己的言谈内容精当,见解深刻,有个人独到的看法,通过理性的内容揭示出生活中的哲理,引发人们对人生、对社会的严肃思考,并从中受到某种启迪和教育。哲理式幽默是较高层

---

[1] 邢继贤. 讲解员成长之路 [M]. 广州:广东人民出版社,2013:283.

次的幽默，体现出讲解员的智慧和修养。讥讽式幽默是采用倒错、乖谬、悖理的形式，通过"寓庄于谐"的手法，嘲讽社会上的不良现象，歌颂真善美，批判假丑恶，以达到鞭挞邪恶、伸张正气的目的。解嘲式幽默是当无意间处于尴尬境况的时候，借助于自我解嘲的言辞，使自己体面地摆脱窘境，这是一种豁达大度和充满智慧的表现。①

讲解语言的诙谐幽默、风趣活泼，能营造出轻松愉快的氛围。要使语言具有趣味性，讲解员就要善于捕捉话题，巧妙地运用比喻，或是善意的反语、类比等修辞手法。通过灵活运用语言的趣味性，可起到消除疲劳、振奋精神的效果，使观众在轻松的欢声笑语中增长见识。在使用幽默语言的时候，语言的趣味性就是要学会轻松地开玩笑或善意地逗乐，使用健康、积极向上的语言，讲解时急中生智，临场应变，往往能化尴尬为幽默，化沉闷为欢笑。幽默的语言底蕴丰富、意味深长、耐人寻味，能更好地传递自己的观点和主张，获取观众的共鸣和支持。

（四）语言的精练性

语言的精练性，就是言简意赅，讲解要简洁、精练，以尽可能少的语言表达出尽可能多的内容，没有废话，没有辞藻堆砌，没有不必要的词语重复。莎士比亚说过："简洁的语言是智慧的灵魂，冗长的语言则是肤浅的藻饰。"讲解语言与文章写作一样，讲求"意则期多，字唯求少"，真正做到"言约而旨丰"。明明两三句话就能说清楚的道理，却说了一大篇话，反而会模糊原本要传达的主要意思。当今社会人们的生活节奏明显加快，一切事情都讲究效率，讲解正是用来传递知识和信息的，应该力求简明扼要，增加信息的密度和容量，以质取胜。例如 1936 年 10 月 19 日，上海各界代表举行公祭鲁迅先生的大会，出版界的代表邹韬奋只在会上做了一句话的演讲："今天天气不早，我愿用一句话来纪念先生：许多人是不战而屈，鲁迅先生是战而不屈！"这短短的一句话，高度概括了鲁迅先生伟大的人格。

怎样才能做到语言精练？第一，要加强思维的条理性、精密性的训练。言语絮烦，主要是由于思维缺乏条理性、精密性的缘故。思维模糊不清，没有形成完整的认知，当然也就难以用简明的言辞来表达清楚。第二，要抓住要点，突出中心。讲解语言的表达最忌离题胡扯，不着边际。它也和写文章一样，应该主题明确，紧扣中心，不枝不蔓，不乱不散，主题应像一根红线贯穿于整个讲解的始终。第三，要抓住最关键的信息焦点，也就是抓住问题的要害，而舍弃那些非本质的细枝末节，以短小精悍、要言不烦取胜，真正体现出精要的要求。第四，要言之有序，先说什么，后说什么，何者为主，何者为次，前后内容如何衔接、呼应，在讲解前要有通盘的考虑，做

---

① 欧阳周. 口语表达的艺术和技巧——通用口才学导论 [M]. 长沙：中南工业大学出版社，1998：222-223.

到条理分明、秩序井然，形成严谨细密、首尾圆合的结构。第五，要反复推敲，删繁就简，精益求精，言半而功倍。讲解时尽量不说"说不定""差不多""大概""可能"等模棱两可、令人费解的话。第六，要长话短说，多用短句，避免啰唆和不必要的重复，尤其是要下决心克服"嗯""啊""这个""那个""对不对""是不是""你懂吗"等个人习惯的口头禅。当然，简洁不等于简陋，而是"贵乎精要"，语言精练，言简意赅，是一个词当两个词用，一句话当两句话用，是说的少而囊括的内容多，是"以一当十""以少胜多"。如果一味简省，为简省而简省，以致影响了内容的表达，那就成了肤浅、简陋。[①]

讲解员在讲解时，有时会根据观众的需求，对已有讲解词进行临场整合。如当观众赶时间时，讲解员会对原本准备的讲解词进行取舍和压缩，这就需要抓住讲解词的关键信息和知识点，力求简练精辟，忌絮絮叨叨，绕来绕去，浪费时间。时间对观众来说是很宝贵的，讲解员要"挤掉"语言中不必要的"水分"，尽可能做到语言精辟凝练，并保留其本身深刻的思想内涵和知识含量。同时，还要尽可能运用饱含哲理、引人深思的诗词格言、名人警句、历史典故等，代替冗长平淡、肤浅空泛的讲解语言。《礼记·学记》曰："其言也约而达，微而臧，罕譬而喻。"讲解语言要达到"约""微""罕"的境地，就必须对语言进行千锤百炼，具有"沙里淘金"的功夫。下面这一篇关于"天眼"的科普类解说词，层次清晰，语言精练简洁。

大国重器——中国"天眼"

各位朋友们大家好，欢迎来到平塘天文馆，我是001号讲解员。今天我将为大家讲述大国重器的出生故事。故事的主人公名字叫"天眼"，也就是500米口径球面射电望远镜。它可是个"斜杠青年"，我国自主研发，突破极限，未来20年世界领先可都是它的标签。俗话说，"天将降大任于斯人也，必先苦其心志，劳其筋骨"，这么厉害的家伙，它的出生也必定会经历很多磨难。

要确保"天眼"能够健康诞生，必须突破三大难关。第一，百米极限。利用平塘县巨型洼地的优良台址，"天眼"成为世界上第一大巨型望远镜，500米口径的它，总面积大约有30个足球场那么大，大家看，"天眼"的形状像不像一个大眼睛。第二，灵活观测。"天眼"会根据天体的方位，控制下拉索，调整反射面，从而形成一个可移动的直径300米的观测面。形象地说，反射面是我们的眼球，下拉索是我们的肌肉神经，而随天体移动的观测面就是我们的眼珠。灵活的它，一眼可以看穿137亿光年。第三，精确对

---

① 刘秀梅. 口才训练艺术 [M]. 长春：时代文艺出版社，2001：35-36.

焦。上图的设备是"天眼"的馈源舱,馈源舱的作用是接收反射信号,类似于我们的瞳孔,你别看它小,却足有30吨的重量。大家看,"天眼"外围有6座支撑塔,分别用一根钢索拉住馈源舱,通过改变钢索长度调整馈源舱位置,使之精确地接收信号。

怀胎22年之后,"天眼"终于出生了,天赋异禀的它还十分努力勤奋!"天眼"的主要任务是探索宇宙演变以及发现地外文明,最重要的是寻找脉冲星。找到脉冲星以后,就可以根据它的信号位置进行定位,从而应用于深空探测、星际旅行等领域。从它出生到如今短短两年时间,中国天眼已找到59颗脉冲星[①]。这些数据将帮助我们绘制早期宇宙地图。天眼也逐渐成长为名副其实的大国重器!

(撰稿:倪妮)

(五)语言的启发性

语言要有启发性,才能达到讲解的目的。并不是每个人都是天生的探索者,有的时候也需要来自别人的启发。讲解的过程中可以将陈述的语气转化为提问或设问,从而启发观众思考。例如:

> 古代兵器是许多博物馆的常设展品,看兵器的观众大都是学生,尤其是男孩子更是对其喜爱有加,他们常常围着兵器展品议论纷纷。讲解员可以抓住孩子们的猎奇心理,普及古代兵器的基础知识,比如什么是冷兵器、什么是热兵器、什么是刺兵器、什么是勾兵器,讲到矛和盾时,可以介绍矛是刺兵,戈是勾兵,盾是防护工具。刺兵和勾兵是古代步兵的主要武器,一个用于刺杀,一个用于钩割,还可以把矛和盾、攻击和防御联系在一起讲,穿插"自相矛盾"的故事,告诉学生做人做事要实事求是、客观真实,不要做自相矛盾的事情。学生马上就能明白矛和盾原始用途之外的含义,既能学到古代兵器的常识,又能懂得一些做人的道理。

(撰稿:钱红)

语言的启发性是指讲解员通过设置提问环节,启发观众思考。启发式讲解是一种讲解方式,在讲解过程中,设置问题应有"度",不能过多设置问题,消磨观众的耐心,观众是因为不了解具体情况才愿意听你讲,若过多地把问题抛给观众,则会让观众兴味索然。问题的启发也要根据不同类型的观众做具体的设问,如学生群体对新鲜事物好奇心旺盛,讲解员在讲解少数民族的"铜鼓信仰"时,可抛出问题,如"我们可以看到铜鼓鼓面上铸造了青蛙,那人们为什么要铸造青蛙呢",这

---

① 截至2018年9月。

就会引起观众的好奇心，因为南方农耕民族认为青蛙的鸣叫意味着将要下雨，铸造青蛙正是和祈雨有关，祈求风调雨顺。这种提问围绕主题，简洁明了，能迅速唤起观众的思考，之后的解释也通俗易懂，使观众能很快地明白铜鼓对于少数民族的重要性和其中蕴含的文化内涵。启发式提问也要根据具体情况而定，如重要领导参观时，由于参观时间有限，不能停留太久，因此应简明扼要地介绍，不用或少用启发式提问。

（六）语言的礼貌性

中华民族素称礼仪之邦，源远流长的中华优秀传统文化，铸就了中华民族重视礼仪、礼节、礼让、礼貌的鲜明个性。《礼记》指出："言语之美，穆穆皇皇。"意思是说，言谈的优美，在于真诚、和气、文雅。运用文明礼貌的语言，巧妙地应付讲解时出现的意想不到的情况，这是讲解工作的一个基本准则。言为心声，文明礼貌的语言是讲解员应有的素质、修养的体现。文明礼貌的语言主要表现在以下三个方面。

一是真诚，指谦逊、虚心、诚恳、恭敬，能真诚待人，胸怀坦荡，尊重他人，包括尊重他人的人格、尊严和隐私，自觉回避他人的忌讳，能坦诚地表达自己的看法，虚心接受他人的批评，不自以为是，不趾高气扬，不把自己的看法强加于他人。

二是和气，指说话时态度温和，语气尽量婉转，使人感到和蔼可亲，平易近人，愿意与你接近和交谈，能克制自己的情感冲动，用温和的态度和言语去化解矛盾，消除摩擦。

三是文雅，指言语健康、高雅、文明，不脏不俗，没有污秽的、粗野的、鄙俗的、低级趣味的语言。孔子认为："文质彬彬，然后君子。"说明文雅的言语是构成道德高尚的必要条件。对讲解员来说，文雅的言语反映了自身的文化教养，对整个社会来说，反映了社会的和谐良好的风气。

文明礼貌的言语能够让人和人之间真诚相待，和睦相处，也能帮助讲解员赢得观众的信任。"见面说话礼为先"，在文明礼貌的语言中，职业规范用语和职业忌语占有重要的地位。在"讲文明、树新风"的精神文明建设中，各行各业都在推广职业规范用语和职业忌语，即该说哪些话，不该说哪些话，成了不同职业岗位培训和职业道德的重要内容。如在商店，售货员的职业规范用语有"欢迎光临""谢谢惠顾""请恕冒昧""让您久等了"等。[①] 讲解工作中，也形成了一些约定俗成的习惯用语，这也是文明礼貌语言的重要组成部分，如"欢迎参观""讲解到此结束，欢迎下次参观""请多指教""请看""请随我来""小心地面"等。讲解中，讲解员多用询问、商量和

---

① 欧阳周. 口语表达的艺术和技巧——通用口才学导论[M]. 长沙：中南工业大学出版社，1998：254.

请求的语气，遇到观众有不当之处，也要语气委婉地规劝。文雅而谦逊的语言能表现出一个人的修养，彬彬有礼的语言会使观众产生对讲解员的信任感和亲切感，有利于相互间的沟通交流。

总之，讲解语言有其独特的艺术性。在讲解过程中，讲解员要做到内容具体、生动、有趣，既让观众听得明白，这就需要在"信"上做文章，内容真实可信，有理有据，又要让观众听得舒服，这就要在"美"上做文章，讲解语言的得体和优美，不仅反映出讲解员良好的职业素养，而且反映出对观众的尊重。博物馆讲解员只要做到语言准确、生动、文明、得体，那么讲解就一定会收到好的效果。

三、讲解语言的艺术运用

（一）讲解语言的对象性

任何一种语言表达行为，都是一种自觉的行为，都源于一定的动机、意图和目的，有着明显的对象和社会性。毛泽东同志在《反对党八股》一文中明确指出，坚决反对"空话连篇，言之无物""无的放矢，不看对象""自以为是，夸夸其谈"。一个人口若悬河，滔滔不绝，不考虑说话的目的，不顾及观众的感受和反应，为了表达而表达，这与真正的讲解艺术背道而驰。只有讲解目的明确，并灵活运用口语化表达的艺术和技巧，才能说得上是有美感的讲解。讲解的目的，因人、因事、因需求不同而各有不同，概括地说，主要有两点：一是"通意"，二是"悟他"。所谓通意，就是语能达意。悟他，是指能启发他人。只有做到了"通意"和"悟他"兼而有之，才能称得上是一次成功的讲解。

（二）书面语的口语化表达

书面语的口语化表达，是讲解语言主要的特征之一。所谓书面语，是指人们在书写和阅读文章时所使用的语言，文字为其主要的形式，它是在口语的基础上发展来的，具有严密的逻辑性和书卷气。什么是口语，《现代汉语词典》的定义是："谈话时使用的语言（区别于'书面语'）"。口语是口头语言的简称，是相对于书面语言而言的。具体地说，口语指的是人们在交际时，通过口说耳听，借助于声音和各种辅助手段来表情达意的语言。口语是人类语言的第一种基本形态，是一种诉诸耳治的，人与人之间应用最广泛、最基本的交流工具。[1] 口语是随着内容表达的需要自然而然地吐露出来并加以自我调节的，因为传播速度快捷，表达主体来不及对言语进行细致的加工润色，因而带有明显的鲜活性特点，表现为用语多用短语、短句，较少受语

---

[1] 欧阳周. 口语表达的艺术和技巧——通用口才学导论[M]. 长沙：中南工业大学出版社，1998：6.

法规范的限制，中间停顿多，使用关联词语少，用词自由广泛，灵活多样，具有浓厚的生活气息。

口语是书面语的基础和源泉，书面语是在口语的基础上产生和发展起来的。但并不是以口头形式出现的说话行为就是口语，会议报告、演讲等虽具有口头交际的鲜明特点，但在事先都要写成底稿，形成的书面文字还要经过润色加工。同理，博物馆讲解也不是完全的口语，而是提前撰写讲解词，并反复斟酌修改，在讲解词的基础上根据观众的需求对书面语进行通俗化、口语化再创造，使语言更容易理解，也就是书面语的口语化表达。口语比书面语听起来更生动活泼、自由灵活、富有感情色彩，但不及书面语完整、严谨、精确、规范和讲求逻辑性，只有将二者结合起来，做到书面语的口语化表达，讲解语言才能更具有艺术美感。关于书面语的口语化表达，可见下面这一篇关于环保主题的讲解词。

塑料 VS 蘑菇——环保反击战

塑料，在我们的生活中无所不在，小到一根吸管，大到航天飞行器，从工业生产到居家生活，塑料的身影如影随形。我们知道，塑料是一种高分子聚合物，在大自然中难以降解，已成为环境保护的"头号敌人"。世界许多国家包括中国，先后下达最严"禁塑令"，来抵御这场环保灾难，但收效甚微，面对"白色之殇"，科学界真的无能为力了吗？让我们从每天打交道的蘑菇中寻找答案。

提到蘑菇，大多数人想到的一定是那些可食用品种，实际上，这些只是真菌王国中很小的一部分。15亿年前，真菌以自己的方式进化出一个属于自己的王国，种类至少是植物的10倍。真菌的细胞中不含叶绿体，也没有质体，它们吸取营养的唯一途径就是依赖其四通八达的进食系统——菌丝体对其他有机物的分解和吸收。动物、植物的活体、死体，乃至落叶、断枝、土壤腐殖质都可以成为有机物的提供者。

说到这儿，有的朋友可能要问，塑料也是有机物，蘑菇能"吃"塑料吗？这个问题乍听上去有点天方夜谭，实际上，普通蘑菇真的不能降解塑料，但我们研究团队发现有一种特殊的蘑菇，叫作塔宾曲霉菌，则拥有这种神奇的魔力。

让我们首先来了解不同塑料的结构，聚氨酯塑料，主链上含有重复的氨基甲酸酯键结构单元，是一种性能优良的缓冲材料和保温材料，但和大多数的塑料一样，它不易降解，回收困难。塔宾曲霉菌就是它的克星，在聚氨酯表面生长，它分泌的消化液中含有可以破坏塑料分子间化学键的酶，其菌丝的物理强度还可以帮助"掰开"塑料聚合物。原本在自然环境中难以降解的塑料,两周就可以明显看到生物降解过程,两个月后培养基上的塑料聚合物基本消失,真是"一物降一物"啊!塔宾曲霉菌有望成为未来治理白色污染的"利器"。

"打败"塑料是一场艰辛的战斗,我们能不能找到一种更为经济环保的新材料来取代塑料呢?原来啊,除了"被动防守",蘑菇也可以帮我们"绝地反击"。在模具中,将蘑菇菌丝和各种农业废弃物比如秸秆混合,菌丝在有机基质上生长,还会长成富有黏性的菌毯,将秸秆牢牢地"黏合"起来,进而在模具中"长成"各种实用的物品。缓冲保护垫、灯罩、冲浪板、家具,甚至房子都可以通过这种方法"长出来"。这种方法不仅成本低廉,而且所使用的原料可以在环境中自然降解,非常环保。

蘑菇不仅仅是日常餐桌上的珍馐美馔,魔法世界里的通关秘钥,更是环保反击战中的排头兵与生力军。也许在不久的将来,我们可以住着蘑菇建造的房子,穿着蘑菇做的衣服。

(撰稿:孙焕)

(三)抽象道理具象化

对于专业术语、生僻词语、概念性和抽象性的道理,以及深奥的科技知识和科学原理等,观众一般都很难理解,讲解应该尽可能地将其具象化、简明化、通俗化,寓深奥的道理和专深的科技知识于形象的描述之中,使人易于理解和接受。据说,爱因斯坦在创立了相对论的学说以后,能够懂得这一学说的人很少。有一次,群众围住爱因斯坦,要他用最简单的话语来解释相对论。爱因斯坦想了一会,于是这样对大家说:"打个比方,你同你最亲爱的人坐在火炉旁,一个钟头过去了,你觉得只过了5分钟,反过来,你一个人孤孤单单地坐在热气逼人的火炉旁,只过了5分钟,但你却像坐了1个小时,这就是相对论。"爱因斯坦用人们在日常生活中所能体验到的真切感受,具象化地解释深奥晦涩的相对论,可谓通俗明了、一听就懂。同理,讲解过程中,经常会遇到专业术语或艰深晦涩的词语,这就需要讲解员将抽象道理具象化和形象化,使观众一听就能明白。关于抽象道理的具象化表达,可见下面这一篇讲解词。

表面活性剂的原理

我们知道,用皂液洗手对保持卫生和预防疾病具有一定的作用,尤其在病毒全球大流行的当下,勤洗手尤为重要。那么,为什么用皂液洗手能有效去除细菌和病毒呢?这是因为皂液里含有表面活性剂。

今天我就为大家分享表面活性剂的作用与工作原理。

首先，我们来看一个试验：在一杯水中加一滴油，油/水不能互溶。当加入少量洗涤剂并搅拌，我们会发现油溶解在水中，这就是洗涤去污作用。

表面活性剂是怎样去污的呢？在放大镜下，它的分子结构像火柴，火柴头亲水，火柴杆亲油。表面活性剂分子分散在油和水的界面，亲油端插入油中，把油包裹起来，表面呈现亲水性，因此能够很好地溶解在水中。病毒表面有一层保护膜，可以看作一滴油，很容易黏附在皮肤表面。只用清水洗手时，病毒很难被洗掉。如果加入表面活性剂，表面活性剂的亲油端会吸附在病毒表面，使其表面亲水，因此更容易被流水冲洗掉。此外，有研究表明，表面活性剂不仅能包裹住病毒，还能插入病毒包膜，只要时间足够，可以破坏包膜结构，"手撕"病毒。

由于我们的手部形状特征以及皮肤褶皱程度，使得手部有很多藏匿病毒的地方，因此，要使表面活性剂产生效果，我们需要反复搓洗20秒，养成认真洗手的习惯，不仅能清洁油污，还能有效地切断病毒的传播途径，"手"住自己和家人的健康。

（撰稿：黎永秀）

（四）明显的综合性

讲解工作是一项综合性的精神劳动，它不仅是单纯口语表达的问题，而且是语言表达主体（讲解员）多方面的知识、修养、能力、水平的综合运用和集中反映。讲解的综合性，主要体现在以下三个方面。首先，是生理与心理因素的综合。口语表达活动，必须通过心想、口说、耳听、目视、接收、反馈等各种生理、心理活动配合默契、协调一致共同完成，其中，每一个因素都可作为独立的单元而存在，具有自己独特的功用，同时又是口语表达活动的有机组成部分，共同为开展讲解工作服务。其次，是整体素质、学养与智慧的综合。讲解，不能单纯理解为背稿或口语表达能力，从根本上说，它是一个人的心理素质、基本修养和智慧的外显，与一个人的政治理论水平、思想境界、道德情操、知识储备、生活阅历、观察能力、感受能力、记忆能力、注意能力、思维能力、表达能力、交际能力、应变能力等密切相关。当然，表达能力是讲解员开展讲解工作所应具备的最基本的能力，然而只有当其与讲解员的各种综合素质、修养和其他能力紧密协调配合时，才能显现为良好的讲解能力。最后，与书面表达不同，口语表达具有传声性和表情性两大特点，再加上表达方式的丰富多样，就有着书面语所不及的独特优势。讲解时，通过语调的高低强弱、语速的快慢缓急等，加之富有情感色彩的各种表达方式的运用，大大增强了讲解语言的生命活力。

第二节　讲解的有声艺术

有声语言表达是通过声音传达信息的表达方式。讲解的有声语言表达有一定的规范和标准：在发声上，要做到发音标准，吐字归音准确；在语言节奏上，根据陈列内容，把握讲解语速的快慢缓急，做到有张有弛，掌握逻辑重音，逻辑顿歇；在语言运用上，表达准确，通俗易懂，明白简练；在文明用语上，谈吐文雅，适时运用文明礼貌语言，接待外宾时注意使用国际礼节用语；在语势表达上，深刻领会展品的内涵和思想，掌握好语气的感情色彩和分量，让有声语言表达的魅力体现在鲜活的语气上。

一、吐字归音

语言是由人的发音器官发出来的能够表示一定意义的声音，它是口语与口才的物质外壳。任何语言的词汇和语法构造只有跟语音相结合，才能成为可以感知的东西，实现语言的交际功能。[①] 因此，讲解时吐字要清晰，发音要规范，才能口齿清楚，顺畅流利，让人能听懂会意，这就要求讲解员自觉加强语音训练。

（一）普通话标准

用标准的普通话讲解，是讲解艺术的基础和前提，也是讲解员基本的职业素养。普通话和规范汉字是我国推广的通用语言文字，普通话又称标准语，是以北京语音为标准音、以北方话为基础方言，以典范的现代白话文著作为语法规范的现代汉民族共同语，同时又从其他方言中吸收了大量有生命力的词汇，以丰富自己的表现力。

我国幅员广阔，各种方言土语十分复杂。就全国来说，现代汉语大致可分为北方方言、吴方言、湘方言、赣方言、客家方言、闽北方言、闽南方言、粤方言八大语系。就湘方言而言，除长沙话以外，还有安化话、湘乡话、邵阳话、新化话、祁东话等多种次方言。[②] 与普通话在语音上距离最大的是粤方言、闽北方言及闽南方言。在有的地方，相隔一座山，语音就有很大的区别，给人际交往造成了障碍。如果讲解时吐字不准确、不规范，发音含混不清，方言土语口音浓重，或是南腔北调，就很难实现良好的沟通和交流。

[①] 欧阳周. 口语表达的艺术和技巧——通用口才学导论［M］. 长沙：中南工业大学出版社，1998：342.

[②] 欧阳周. 口语表达的艺术和技巧——通用口才学导论［M］. 长沙：中南工业大学出版社，1998：343.

在绝大多数场合，从事语言表达相关工作者应该讲普通话，练习发标准音。普通话的标准音与各方言的语音系统虽有不同，但也有一定的对应关系，可从声母、韵母和声调三方面加以辨正，主要分辨 n 和 l，zh、ch、sh 和 z、c、s，以及 f 和 h，把尖音改成团音，把浊音改成清音，读准标准音零声母的字，以及分辨送气声母和不送气声母等。① 这方面的训练内容很多，难以一一尽述，这就要求讲解员，尤其是有方言口音的讲解员要克服普通话语音不规范的问题，多学现代汉语语音学的知识并应用于实践，坚持多练多说，假以时日，讲话自然就接近标准音了。我国推广普通话已经很多年，在大中城市，学校基本实现了普通话教学全覆盖，但在部分山区或民族地区，仍有部分学生讲方言，普通话使用不熟练、不标准，特别是在福建、广东、广西等南方地区部分城市，方言仍是广大民众的日常交流用语。普通话不标准，对于人们的日常生活和交流没有问题，但对于从事语言艺术工作的讲解员，就需要尽量克服长期的方言交流环境导致的普通话发音不标准的问题。总之，只要经过坚持不懈的训练，一定能使自己说出的每个字的声母、韵母、声调都符合普通话的语音规范。

（二）吐音正确，按义定音

语言是声音和意义相结合的符号系统，要正确地表情达意，就得以声传义，切不可念错字音。汉字大部分是形声字，形声字的声符本来应是那个形声字的字音，但由于古今字音的变化，不少字音已和声符的读音不一样了。有些多音字，不同的音代表不同的意义或用法，如"差"在"差别"里念"chā"，在"差不多"里念"chà"，在"出差"里念"chāi"，在"参差"里念"cī"。遇到这种字，应当音随义转，才能准确表达它的意义。

（三）注意音变，准确表意

音变是指语音的变化。在说话时发出的连串的音节，由于音节与音节、音素与音素、声调与声调发生相互影响而发生变化，就产生了音变的现象。在普通话里，最常见的音变有变调、语气词"啊"的音变和韵母儿化的音变等。② 讲解员在学习和练习普通话时，必须掌握普通话的语音，准确读出每个音节的声、韵、调，注意它的音变，这是最起码的要求。如"子"，原来的声调是上声，而在"帘子"中，"子"就要发轻声，声音短而弱。又如，上声在上声音节前面变得近乎阳平，如"理想""舞蹈"

---

① 欧阳周. 口语表达的艺术和技巧——通用口才学导论［M］. 长沙：中南工业大学出版社，1998：343-344.

② 欧阳周. 口语表达的艺术和技巧——通用口才学导论［M］. 长沙：中南工业大学出版社，1998：344.

"演讲稿"等。两个上声相连，读成"阳上"，三个上声相连，读成"阳阳上"，因为前面两个音节音变后读"阳上"。连读时，第二个音节跟第三个音节又发生了音变，所以前两个都读成近乎阳平的声调。讲解员在讲解时，一定要注意音变的问题，并有意识地加以音变训练。如果不掌握好音变，不但说话使人听起来不自然、不悦耳，而且还会影响到意思的准确表达。

（四）声韵和谐，声调配合

声韵和谐主要指声、韵、调的配合。声、韵、调的配合，就出现了双声、叠韵、叠音、押韵的问题。声调配合，使音节高低升降有所变化，就出现了平仄相协、声调抑扬的问题。

在语言表达中，要充分利用双声、叠韵。双声、叠韵是汉语所特有的一种利用语音表达思想的形式。① 如"真的猛士，敢于直面惨淡的人生，敢于正视淋漓的鲜血"（鲁迅《纪念刘和珍君》），在这句话里，"淋漓""鲜血"是双声，"惨淡"是叠韵。叠音词是以重叠音节的形式构成的词。使用叠韵词，说起来朗朗上口、和谐悦耳，有很强的音乐性。如"苏州城里，有不少这样别致的小街小巷：长长的，瘦瘦的，曲曲又弯弯；石子路面，经夜露洒过，阵雨洗过，光滑、闪亮。在它的旁边，往往躺着一条小河，同样是长长的，瘦瘦的，曲曲又弯弯"（凤章《水港桥畔》），在这段话中，"长长""瘦瘦""曲曲""弯弯"等都是叠音词，其修辞效果与"长""瘦""曲""弯"显然是不同的。

讲话时还要讲究押韵。押韵指的是在不同的语句中的同一个位置上，运用韵母中韵腹相同或韵腹韵尾相同的字。如"敲冰踏雪麦坪前，半夜山村犹未眠。点点花灯当户照，齐占胜利在今年"（陈毅《元夜抵胡家坪》），在这首诗里，"前""眠""年"即押韵。朱自清在《新诗杂话》中说："韵是一种复沓，可以帮助情感的强调和意义的集中。至于带音乐性，方便记忆，还是次要的作用。"② 韵用得好，就会造成声音的回环，增强语言的音感美，这对渲染气氛、强调情感是有积极意义的。

在讲解时，要讲究词语的流畅悦耳，这就必须注意词语间声音的搭配。声音配合不好，就会拗口刺耳。汉语中有许多绕口令，就是利用声音的相近组合起来的，念起来很费劲，听起来颇吃力，却是进行语音训练的一种好的方式。但在说话时，要尽量避免把一些声音相类似的字组合在一起，以免拗口。有些话看似很清楚，说起来却感到别扭，如"事实上并不实事求是"，若改成"实际上并不实事求是"就顺口多了。要避免声音拗口，还必须注意平仄相谐。汉语是有声调的语言，汉语的音节配合

---

① 欧阳周．口语表达的艺术和技巧——通用口才学导论［M］．长沙：中南工业大学出版社，1998：345.

② 朱自清．论雅俗共赏［M］．成都：四川人民出版社，2017：96.

中，注意声调的协调，会大大增强语言的美感。如"一张白纸，没有负担，好写最新最美的文字，好画最新最美的画图"（毛泽东《介绍一个合作社》），在这句话里，"白纸""文字"是平仄，"负担""画图"是仄平，听起来就十分自然悦耳。

二、节奏韵律

在人类语言中，有声语言是最基本、最重要的交际工具，副语言和势态语言则是辅助性的交际工具。副语言之所以称为"副"，是因为它是一种伴随着有声语言而出现的特殊的语言现象，它和有声语言一样，同属于自然语言的范畴。副语言又称"类语言"，这种特殊的语言现象表现为两种类型：一是伴随着有声语言而出现的语音特征，如语调、语速、重音及特殊的语音停歇；二是表意的功能性发声，如笑声、哭声等。在讲解实践中，比较常用的有语调、语速、重音、停顿等。

副语言的恰当使用，能增强语言的节奏与韵律的艺术美感。节奏，就是语言表达的快慢有规律性的变化，所谓"停连"就是语言表达的停顿和连接，是辅助节奏的一种方式。当语言表达的快慢变化和情感表达相协调时，就会产生强烈的语言感染力和吸引力。讲解时，需要把握重音和轻音的对比，重点突出，凸显语言感染力；也需要把握好语言节奏的快慢，恰当地停顿与连接，听起来就会轻松愉悦；还要充分运用语速的快慢、语调的升降，从而表达出或轻快舒缓、或凝重慷慨的情绪。

（一）重音、轻音形成对比

表达主体根据表达的思想和感情的需要，特意把某句话、某个词组或某个词说得重一些，这就是重音。重音在讲解中起强调重点、加强语气、突出情感的作用。与重音相对，轻音在此处指语言中轻读的音。在讲解中，找到一句话的重音至关重要。重音一般可分为语法重音、逻辑重音和情感重音。在说话时，一句话中重音的位置不同，语义也就有所不同。例如：

　　请你抓紧校对这份文稿。（是"请"而非"叫"）
　　请你抓紧校对这份文稿。（是"你"而非"他人"）
　　请你抓紧校对这份文稿。（是"抓紧"而非"不紧不慢"）
　　请你抓紧校对这份文稿。（是"校对"而非"阅读"）
　　请你抓紧校对这份文稿。（是"这份"而非"其他"）
　　请你抓紧校对这份文稿。（是"文稿"而非"一般材料"）[①]

---

　　① 欧阳周.口语表达的艺术和技巧——通用口才学导论［M］.长沙：中南工业大学出版社，1998：169.

一句话中所有字的语义并不是同等重要的,而是有主次的不同,也就是逻辑重音。这就需要讲解员在拿到讲解词后,分析每一段甚至每一句话的主次内容,将主要内容重读,将次要内容轻读,使重音与轻音形成对比,从而产生节奏感和韵律感。重读的字和词,有强调重点和凸显情感的作用。

重音的运用是讲解技巧中非常重要的方法,恰当地运用重音,能产生强烈的语言魅力。根据重音的位置不同,可分为并列型重音、对比型重音、递进型重音等。并列型重音指在段落、语句中存在并列关系的某些短语或词语在发音时重读,如"黎族铜鼓具有音乐、祭祀的双重功能"这句话中,"音乐""祭祀"就是并列关系,均需要重读。对比型重音是对相对应或对立的词语重读,使事物特征更加突出。递进型重音是对句子中具有递进关系的词语重读。

重音的表达方法有高低强弱法,也就是情感重音。欲轻先重,欲重先轻,轻重相间,虚实相间,也是形成节奏韵律的重要方法。语流推进过程中,由于色彩和分量的需要,在加重声音之前,要先弱化声音,在轻化声音之前,要先强化声音。①

把握重音,是讲解工作的基本技巧。如果不能精准地确定重音,无重音或错用重音,都会影响讲解内容的准确表达。重音的确定,应从讲解的全部内容来考虑,不能只从一个句子出发。此外,重音的运用还要根据具体的语境,把握好重音的技巧,通过语音的轻重变化,准确地表达出每句话的真正内涵,使观众能由外部的言语描述领会理解展品内在的深刻含义。

(二)停顿、连接形成对比

停顿,或称顿挫,是说话时在句子前后或中间做或大或小的语言间歇。连接,是一句话的字词之间衔接着说。讲解中,找到停顿的词语至关重要。停顿一般可分为语法停顿和强调停顿两种。前者表示句子与句子、段落与段落、意群与意群之间的逻辑关系的停顿,所以又叫"逻辑停顿"。这种停顿在书面上一般用标点符号来表示,目的在于使语言表达层次分明。其停顿时间的长短排序,通常是:句号、问号、感叹号＞分号、冒号＞逗号＞顿号。②破折号、省略号较为特殊,停顿时间的长短酌情而定。后者是为了强调某个词语或某种情感所运用的停顿,又称"心理停顿"或"情感停顿"。其停顿的时间一般较语法停顿稍长,为的是给观众以想象、思考、回味的余地。停顿必须服从句子结构上和语义表达上的需要,否则就会割裂语义,表现出与原意有别的意思。

---

① 广播影视业务教育培训丛书编写组.广播电视播音主持业务[M].北京:中国国际广播出版社,2009:41.
② 欧阳周.口语表达的艺术和技巧——通用口才学导论[M].长沙:中南工业大学出版社,1998:171.

停顿是语言的一种自然现象，也是说话节奏的特殊处理。它并非思想感情的中断或空白，而是思想感情的延续和深化。之所以需要停顿，不仅是为了呼吸换气，更重要的是为了提示话题，更好地表达语句的意义和思想感情，同时给观众留下思考和回味的余地。

讲解过程中，为了增加语言感染力，经常用到停顿的技巧，从而产生语言的节奏美感，这就需要讲解员认真分析讲解词中的每一句话，在恰当的地方做出停顿。

停顿和连接是相关联的。"停"就是一句话适当停顿，"连"就是一句话轻快地连接起来。当要强调关键词时，需要适当停顿，引起观众注意，当讲解一般内容时，则快速连接，一停一连，语言的节奏就出来了，感染力就有了。讲解的过程中，连要连得顺畅，停要停得恰当。在连接时，要同时考虑停顿，在停顿中，要注意连接。要做到"声停意不停"，停连技巧的运用不能生搬硬套，要依文意，合文气，顺文势，做到欲停先连、欲连先停。

（三）语速快慢形成对比

语速，就是语流的速度，即说话音节的长短和整个语言表达进展的快慢。语速的快慢与表达主体的用语习惯有关，有的人习惯说话快，有的人习惯说话慢。同时，语速也与表达主体的感情、语气、语言的节奏等有关。如人们在欢快、焦急、激动时语速较快，在失望、哀痛、悲伤时语速较慢。语速还与不同地区、不同民族的语言结构特点有关。如法语语速快，平均每分钟约350个音节，日语约310个音节，英语约160个音节，汉语约200个音节。语速一般分为快速、中速和慢速，在现代汉语里，一般超过每分钟200个音节的为快速，150个音节左右为中速，100个音节以下则为慢速。[①]

讲解时应正确运用语速快慢对比的技巧来营造恰当的氛围。慢是指字音稍长，停顿多而时间长。快是指字音短促，停顿少而时间短，连接较多。重点句需要慢读时，前面句子则需要适当加快。重点句需要快读时，前面句子则需要适当减慢，应做到欲快先慢、欲慢先快。

讲解时切忌快慢错位，在语言表达时，该用中速的，却用了快速或慢速，该用慢速的，却用了快速和中速，该用快速的，却用了慢速和中速，这势必会影响到语言表达效果。若该快速表达时，说话拖拖拉拉，慢慢吞吞，一句三顿，腔调拖得很长，会令观众内心着急；若语速需要慢下来时，语速过快，像放连珠炮似的，使观众不知所云，顾此失彼，精神紧张，无法听懂讲解员所讲的内容。总之，讲解员要努力克服语速运用不当的弊病，切实掌握好说话时的语速技巧，恰到好处地交错运用不同节奏的语速，控纵有节，增强语言的清晰度和节奏感。

[①] 欧阳周.口语表达的艺术和技巧——通用口才学导论[M].长沙：中南工业大学出版社，1998：168.

（四）抑扬形成对比

"扬"一般指声音的趋势向上发展，显得明亮和高亢；"抑"一般指声音的趋势向下低伏，显得低沉和凝重。如果重点要表达"扬"，那么"扬"前要先"抑"，也就是先声音低沉，再逐步提高声音明亮度，形成抑扬变化之感；如果重点要表达"抑"，"抑"前要先"扬"，也就是先声音高亢，再逐步低沉，应做到欲扬先抑、欲抑先扬。扬、抑二者本身是相对而言的，作为讲解中的节奏韵律技巧，并没有什么绝对的运用标准。抑扬顿挫的转化和变化若运用恰当时，讲解时的节奏应是徐徐前进、慢慢推进、无缝衔接，听上去令人心潮澎湃；若运用不恰当时，节奏则会忽高忽低、忽上忽下，听上去令人匪夷所思。

（五）语调升降形成对比

在副语言中，语调是最具有表现力的。所谓语调，指一句话里能够表达说话人的态度或感情的一种语流调子，俗称语气。语调跟音量、音长、音高、停顿都有关系，但主要是由声音的高低变化形成的，并通常表现在句尾上，所以语调又称句调。每个句子都有一定的语调，以体现说话人的意思、情感和态度，没有语调也就不成其为句子。

语调与声调不同，声调是单个字的调子，即音节的高低升降。而语调是贯穿整个句子的调子，其功用在于表达句子的感情色彩。

一般说来，可将语调归纳为以下四种类型：第一类是高升调，语调由低到高，常用来表示反问、疑问、欢欣、惊异、紧张、警告、呼唤、号召、祝福等，也可用来表现激昂、愤慨的情绪；第二类是降抑调，语调由平而降，多为感叹句和一般祈使句，常用来表示感叹、恳求、祈使、自信、肯定、赞扬等；第三类是平直调，语调平稳正常，没有显著的变化，常用来表示庄重、严肃、虔诚、踌躇、压抑、冷淡等，也可表示悼念、悲痛的情绪，一般的陈述和说明用的都是平直调；第四类是曲折调，语调为前降后升中间低，或前升后降中间高，尾声拖长，大多是故作反语、讽刺、含蓄、夸张、幽默、惊奇、激动，或表示厌恶、犹疑不定、意在言外等。①

掌握语调技巧，可明显增强语言的表现力和感染力。讲解员在处理讲解过程中的语调时，首先要力求表达准确恰当、自然协调。在介绍展品时，多用亲切、轻松的语调；在参加讲解比赛演讲时，多用沉稳、自信的语调；在欢乐的氛围中，多用喜悦和热情的语调；表达悲哀的情绪时，多用低沉、凄切的语调；在庄重的场合，多用严肃、郑重的语调；等等。其次，讲解员在依据语境确定一个语调外，还应视讲解内容

---

① 欧阳周. 口语表达的艺术和技巧——通用口才学导论 [M]. 长沙：中南工业大学出版社，1998：167.

和情感的发展使语调有所变化,做到讲解过程起伏跌宕、丰富多彩、声情并茂,切不可自始至终只有一个调子,单调乏味,令人昏昏欲睡。

总之,讲解技巧是为讲解内容服务的。任何高超的讲解技巧,只有用来表现先进的文化和思想时,才能起到它应有的功用。讲解员的世界观和生活经验亦对其讲解技巧的运用起着制约作用,再高超的讲解技巧也不能弥补主体思想上的缺陷和生活经验的不足。

三、词汇丰富

词是能够运用的最小的语言单位,词汇是一种语言里所有词的总称。词和词汇是个体与整体的关系。人们在实践过程中对客观事物或现象有了认识,经过观察、分析、综合、抽象、概括,形成了概念,同时用一定的语言形式将它固定下来,于是就形成了词义。

讲解员要想把话说生动、讲贴切,充分发挥有声语言的表意功能,就要有丰富的词汇储备,在这个基础上才能做到用词贴切,也才能精心选择最确切、最恰当的词汇,正确地反映客观事物,真切地表达自己的思想感情。讲解员要不断丰富自己的词汇积累,要向观众学习生动活泼的词语,学会用观众听得懂和喜闻乐听的语言去说话。为此讲解员应努力学习,掌握更多的基本词汇、一般词汇、同义词、反义词、多义词、同音词,以及在当下仍具有较强表现力的古语、外来词、行业词、成语、格言、惯用语、谚语、歇后语等,并以它们为原料,根据不同场合的需要,精心地加以选用,增强讲解活动的艺术魅力。

四、表达流利

表达流利指说话吐字明快、连贯顺畅,犹如溪流一样潺潺淙淙,不凝滞,不阻隔,顺流而下,是讲解员开展讲解工作的必要条件之一。讲解员要想表达流利,就应做到以下几点。

首先,要语流通畅。人们在说话时,发出一连串的音素、音节,形成语流,这种语流就是我们听到的有声语言。要做到语流通畅,在说话时,语言结构要符合语法规则,语义上要符合逻辑事理,用语上要遵照约定俗成的习惯。否则,就会序列失当,结结巴巴。

其次,要语法规范。所谓语法,指的是语言中词、词组、句子、词组的结构规律。说话一定要符合语法规范,这是语言流利的基本条件。这就要求讲解员应做到:词序安排合理,复句里的各个分句和句群里的各个分句的相互关系要明确,关联词语要扣紧;句子的结构要完整;主语不简,谓语不漏,宾语不缺,附加成分要周全;相连词语的搭配要得当,也就是主谓要相配,动宾要相合,偏正要相应,联合要相当。

最后，讲解员要用通俗易懂的口语化讲解方式，尽可能少用书面语、古语和专业术语，要多用短句，尽量不用长句和复合句，使观众能够真正听懂。为了使语言形象生动、绘声绘色，还可有针对性地运用比喻等修辞方式，以增强语言的艺术感染力。

五、清亮圆润

清亮圆润，是指有声语言音色优美，音色如黄莺鸣叫般清亮悦耳，如朝露般晶莹圆润，富于变化，富有磁性，"掷地作金石声"，"大珠小珠落玉盘"，令人身心舒畅，富有讲解艺术的魅力。

声音是否清亮圆润，这既取决于讲解员发音器官的先天条件，又取决于后天有意识的训练。前者是难以改变的，而后者，只要通过正确的发声练习，经过刻苦的努力，坚持不懈，人人都可以达到相对圆润的嗓音，弥补先天嗓音条件的不足。讲解员如果先天的嗓音条件较好，又能自觉地进行训练，有目的、有意识地向广播电视播音员、节目主持人和话剧演员们学习，借用朗诵、戏剧、曲艺等的表演技巧和表达技巧，就会使声音达到更为理想的境界。

要使声音清亮圆润、富于变化、有力耐久，讲解员要自觉克服音量小、音质干瘪、漏气、鼻音太重和发音抖动等方面的不足，正确使用呼吸器官和共鸣腔，加强对声音的控制能力，使呼吸、声带闭合与咬字三者协调起来，从而使声音具有和谐、适度、清亮、圆润、磁性的美感。

六、有声语言的运用

有声语言的情感表达的类型可分为轻快型、凝重型、高亢型、舒缓型。

（一）轻快型讲解

轻快型讲解一般运用于对展品进行客观介绍等场景，没有过多的情感表达，因此讲解过程中重音、停顿等节奏技巧运用得较少，如"瓷器"展览中的一段讲解：

> 青花四爱图梅瓶，小口外撇，短颈丰肩，圈足平底。瓶身的肩部饰有凤穿牡丹图，腹部的四个菱形的开窗内描绘了这样四个小故事：王羲之爱兰、陶渊明爱菊、林和靖爱梅鹤、周敦颐爱莲。足部绘一圈仰覆莲纹，以卷草纹和锦带纹间隔三层纹饰，层次分明，繁而不乱。色彩青翠艳丽，带给人们以优雅明净的审美享受。

轻快型讲解由于语言缺乏较多的节奏变化和情感倾注，一般用来介绍展览或展品的基本信息，弊端是很难给观众留下深刻的印象，容易造成泛泛而谈的印象。

（二）凝重型讲解

凝重型讲解的运用是根据一定的场景、环境及讲解内容的严肃性，讲解氛围凝重、庄严，给人以反思、警醒。如革命类讲解，就需要这类情感表达。如"楚天英杰"展览中的一段讲解：

> 刘静庵1907年1月因叛徒出卖被捕。在狱中坚贞不屈，受尽酷刑，逼供时被鞭背1000多下，肉绽见骨，晕死数次，宁死不招。此手迹是刘静庵在曾用来衬垫背伤的汗巾上的题字。1911年6月他病逝于狱中。这是刘静庵烈士碑文的拓本。

（三）高亢型讲解

高亢型讲解一般运用于鼓舞、赞颂等情感表达，如"楚天英杰"展览中的一段讲解：

> 在中国革命史上，湖北是一个非常重要的区域，不仅革命的红旗始终不倒，更有无数的志士仁人为了国家独立、民族解放，赴汤蹈火，前赴后继，奉献了自己青春、热血甚至生命。

（四）舒缓型讲解

舒缓型讲解一般运用于平铺直叙地叙述、描绘某事物或场景等，如"书写历史"展览中的一段讲解：

> 竹简是纸张发明之前中国古代重要的书写载体之一，其使用最广泛，影响也最为深远。在商代，竹简已作为书写载体。考古发现最早的竹简是战国初年的曾侯乙墓竹简。纸张发明之后，竹简仍在使用，直到东晋，才退出历史舞台。

第三节 讲解的表情艺术

讲解除了运用有声语言之外，还可以借助面部表情、手势动作、身体姿态等非语言的手段来帮助和强化表达。人们习惯于将表情、手势、体态这些辅助表意手段总称为势态语言。要完成表情达意、传递信息的任务，应以有声语言为主，势态语言只起强调、补充、修饰和渲染的作用。但在一些特殊情况下，势态语言不但可以单独使用，甚至还可以表达出有声语言难以表达的思想感情。

势态语言又称体态语、行为语、动作语等,指的是以表情、手势、体态等为载体的交流活动。势态语言不同于人们平日的一般动作,它配合有声语言,是表露人的内心活动、交流思想感情的动作,具有表意功能,因而,它是一种具有一定语义的辅助性无声语言。而平日的一般动作,既无表意功能,又不传递信息,故不属于势态语言的范畴。

人们对势态语言进行全面、系统的科学研究,是从20世纪70年代开始的,西方一些人类学家、语言学家、心理学家、社会学家、行为学家对人类势态语言进行了潜心研究,取得了丰硕的成果,从而使人们认识到势态语言也是表义的符号体系,在人类的交往和交际中有着不可替代的地位。作为一种信息载体,我们不可低估和忽视势态语言的作用。

表情语言是通过面部表情来交流思想情感、传递信息的语言,表情语言是势态语言中最重要的一种。面部表情能灵敏、细腻、微妙地表达人们内心复杂的情绪,美国著名心理学家艾帕尔·梅拉别斯在经过调查后总结出这样一个结论:信息的总效应＝10％的文字＋35％的音调＋55％的面部表情。我们姑且不论这一结论是否精确可靠,但它却从侧面反映出面部表情传达信息的重要性。古人云:"诚于衷而形于外","喜怒形于色"。人的喜怒哀乐的情感,总会外露于面部表情,如眉飞色舞、笑逐颜开、笑容满面是心情愉悦的表现,颦眉蹙额、愁云满面是心情忧郁的表现。讲解员与观众之间的交流不仅通过有声语言,还可以通过面部表情来表达真挚的情感,其中以微笑和眼神具有独特而明显的传情达意的功能。

一、微笑

微笑是面部表情中无声的情感表达,有着极其丰富的内涵,有人说含蓄的微笑往往比口若悬河更可贵。微笑是善意和友好的表达方式,微笑可以以柔克刚、以静制动、沟通情感、融洽气氛、缓解矛盾、消融"坚冰"。在讲解过程中,讲解员要善于运用微笑,不仅能为观众带来轻松愉悦的感受,也能化解不必要的误解和尴尬。发自内心的微笑,是一个人有修养、有风度、有涵养的体现。但微笑也分具体情况、具体场合,如在召开重要会议、处理突发事件、参加追悼大会等场合,面带笑容就会显得不够庄重和礼貌。在用微笑传达情感时,一要真诚自然,发自内心,二是要适度得体,切不可皮笑肉不笑、虚情假意地笑等。

讲解员在讲解时,应面带真诚的微笑,给观众带来如沐春风的亲和力,让观众感受到讲解员良好的专业素养和和蔼可亲的工作态度,从而拉近与观众间的距离。讲解员的微笑应是自然的、亲切的、真诚的,而不是虚情假意和矫揉造作的,是发自内心对职业的热爱,这不仅是职业操守的体现,也是个人修养的体现。微笑是无声的语言,一个合格的专业讲解员必须做到微笑服务,这也是讲解员专业素质的重要体现。

二、眼神

眼神是面部表情中最生动、最复杂、最微妙,也最具表现力的势态语言。我们通常说,眼睛是心灵的窗户,眼神是人的内心思想活动的外露表达。眼神又称目光语,是运用眼睛的神态和神采来表达感情、传递信息的无声语言。在势态语言中,眼神能倾诉情感,沟通心灵。运用眼神的方法有平视法、对视法、虚视法和环视法等,在具体的运用中,应根据不同的场合、对象和内容来选择,还要根据情境的变化而变化。

讲解交流时,讲解员既要注意自身眼神的情感表达,也要及时发现观众的眼神变化。讲解员的视向很重要,一般为平视观众,以便观察观众的表情变化和心理变化。同时,目光环视观众,既要照顾全局,又要重点引导,环视观众时不可左顾右盼、随意扫视,防止分散观众注意力。当有观众提出问题时,讲解员应运用对视法,也就是用眼神和提问观众保持一对一交流,以表示对其的尊重和重视。当观众若有所思时,眼神一般为虚视,也就是陷入沉思,这时讲解员应及时发现,并对观众进一步引导;当观众眼神漫无目的、左顾右盼时,讲解员需要及时调整讲解内容;当观众面露失望或疲倦的神色时,讲解员应及时调整讲解内容或进度,不能自顾自说,脱离观众的感受,使讲解变得枯燥乏味。讲解员也应善用眼神传达信息:眼神是真诚、热情的,其积极的情绪能感染和打动观众;眼神是空洞、呆滞的,其敷衍的情绪也会影响到观众。眼神活动要与讲解内容相配合,如果讲解内容比较严肃,比如革命历史类讲解,讲解员可将视线调整到观众的双眼和鼻尖组成的小三角区域,这种注视会显得讲解员十分真诚,营造庄重的讲解氛围,从而掌握讲解的节奏和主动权。讲解员的眼神忌讳空洞无物,其任何一个细微表情都无法逃脱观众的眼睛,观众通过关注讲解员的眼神可以感知其内在情绪和专业性,一旦观众认为讲解员是在应付或敷衍,可能就会离开讲解员而选择自主观展。但并不代表观众选择自主观展就一定是讲解员的工作态度问题,这需要具体问题具体分析。

总之,讲解员的眼神和微笑是交流思想情感、传递信息的无声语言。实践证明,在博物馆教育过程中,充满自信、热情的眼神,真诚的微笑,能帮助讲解员与观众共情共鸣,从而对社会教育工作起到事半功倍的作用。

第四节 讲解的手势艺术

一、什么是手势语言

手势语言是讲解员运用手指、手掌、手臂的动作变化来表达情感的一种无声语言。手势语言不仅能辅助有声语言，有时还能代替有声语言，有人甚至将手势语言称为"口语表达的第二语言"。

手势语言是人类在漫长的发展过程中最早使用的一种交际工具。在原始社会，人类使用手势语言进行交流，当出现文字和有声语言后，手势语言则降为有声语言的辅助、补充和修饰的从属地位。《礼记》有云："说之，故言之；言之不足，故长言之；长言之不足，故嗟叹之；嗟叹之不足，故不知手之舞之足之蹈之。"在西方，古罗马著名政治家西塞罗则更加明确地指出："一切心理活动都伴随着指手画脚等动作，手势恰如人的语言，这种语言甚至连野蛮人都能理解。"[①] 在人类语言实践中，很多手势语言所表达的含义都是约定俗成的，如招手表示呼唤等。

二、手势语言表达情感的方式

手势语言按照表达功能的特点，可分为情意性手势、指示性手势、象形性手势和象征性手势。按其活动区域的不同，可分为上区手势、中区手势和下区手势。肩部以上的手势动作称为上区手势，一般表达赞许、肯定、积极、兴奋的意义，如高举手、高招手等；肩部以下到腰部的手势动作称为中区手势，多给人以平等、亲近、诚恳、心平气和的感受，如握手、鼓掌、致谢等手势；腰部以下的手势称为下区手势，一般表达对某事、某人的厌恶、鄙弃，也可用于对某一观点的反对或否定。

三、博物馆讲解手势语言的选择和运用

博物馆讲解的手势语言属于指示性手势。所谓指示性，是指运用手势引导观众观看展品，手势指的方向就是展品，一般运用上区手势和中区手势。当所指展品离观众较远时，如距离观众3～5米，可采用上区手势，也就是将手臂高高抬起，用臂关节达到指示效果；当展品离观众较近时，如距离观众2～3米，可采用中区手势，用臂关节和肘关节达到指示效果；当展品和观众距离在1米以内，则可运用手腕和肘关节来达到指示效果。

讲解过程中，手势语言除了表指向作用，还有情感表达作用。手势语言的恰当运用，直接关系到有声语言良好的表达效果。日常展厅讲解过程中，应灵活运用手势语言，不能自始至终保持一个手势，如两手交叉于腹部，显得呆滞死板，也不能手势语言泛滥，因过于兴奋，而显得动作零碎和杂乱，还要克服习惯性的小动作，如习惯性地搓手等，更不能出现用手指指向观众等不礼貌的手势语言。讲解过程中，应努力做到手势语言简单大方、优雅自然、准确干练、舒展自如、协调一致、恰到好处，才能增强无声语言的表达效果。

---

① 转引自黎运汉. 公关语言学[M]. 广州：暨南大学出版社，1990：280.

第五节 讲解的体态艺术

一、什么是体态语言

体态语言是利用人的身体姿势变化来传情达意的势态语言,包括站姿、坐姿、步姿、蹲姿、卧姿等,在讲解过程中最重要的是站姿和步姿。俗话说:"站有站相,坐有坐相","坐如钟、站如松、行如风"。人们在公众场合中所追求的良好的身体姿态,即抬头挺胸、站得正、立得直、坐得稳等。讲解员在进行讲解时,离不开站立、移动等体态语言。这些动作的变化都有其特定的含义,对有声语言起着强化、补充和修饰的作用。

二、体态语言的选择与运用

(一)站姿

站姿是讲解过程中一种必不可少的体态语言。站姿主要通过肩、腰、腿、脚等动作的变化来传情达意。讲解过程中,在不遮挡展品的前提下,通常的情况是两腿站直,胸部挺起,双手自然下垂,双目平视观众,表明精神振作、充满自信。当变换站姿,将双手自然下垂改成在腹部位置相交,就更显得端庄得体。若在站立时两脚稍微分开,身体重心不断由这只脚转移到另一只脚,胯骨放松,则显得轻松自如、神态自若。

讲解员在讲解时,若只是短时间站立讲话,两只脚应稍稍分开,呈45度角,一脚在前,一脚稍后;若长时间站立讲话,则两脚并排,可分开至与肩同等宽度,给人以潇洒自如、气宇轩昂的感觉。在迎送重要观众时,可辅之以欠身、手势引导等动作,给人以彬彬有礼、谦恭可亲的印象。

(二)步姿

步姿亦称移动,是通过行走的步态来传情达意。讲解过程中,讲解员需要随着展品和展厅变化而走动。在参加讲解比赛时,也可以在台上左右移动,通过与观众互动,活跃气氛,在向观众移动的过程中,缩短了与观众之间的距离,从而给人以亲切之感。

在不同的心境下,人们的步率、步幅、步姿等也会随着情绪的变化而变化。如:走路轻快,双臂摆动自然,说明有既定方向,有积极进取之感;两手插于袋中,两腿像灌了铅一样走走停停，给人以思绪茫然、若有所失之感；昂着头，扬着下巴，腿弯曲幅度小，步履缓慢，甚至迈着四方步，可能是一个性格很傲慢的人；步伐迈度一致、手臂摆动协调的人，很可能在军队受过列队训练。① 同样，作为引导观众参观行为的讲解员，其步姿也会反映出讲解员的工作状态和精神状态。

根据人们行走时的步姿，大体可分为五类：其一，自然型，行走时，步伐稳健，步幅不大不小，步速不快不慢，上身直立，两眼平视，手呈自然摆动，其主要含义是轻松、平静；其二，礼仪型，行走时步伐矫健，双膝弯曲度小，步幅、步率都适中，步伐和手的摆动有强烈的节奏感，眼睛正视前方，其主要含义是庄重、礼貌；其三，高昂型，行走时，步态轻盈，昂首挺胸，高视阔步，其主要含义是愉悦、自信和傲慢；其四，思索型，行走时，步速有快有慢，快者，踱来踱去，慢者，俯视地面，步伐迟缓，其主要含义是焦急、心事重重、一筹莫展；其五，沉郁型，行走时步伐沉重，步伐较小且慢，眼睛低垂，其主要含义是沮丧、痛苦。②

讲解时的步姿要求根据不同的情况选用不同的步姿：接待、交谈、引导、讲解时，宜用自然型步姿，显得落落大方；在讲解比赛、迎接宾客、出席庆典时，宜用礼仪型步姿，以示庄重和彬彬有礼。

（三）距离语言

与体姿语言密切相关的还有距离语言。人们在进行交流时，无论采取哪一种身体姿势，总要占据一定的空间，保持相应的距离。距离作为一种无声语言加入势态语言的研究行列是从20世纪60年代开始的。美国人类学家霍尔通过美国人交往距离的研究，依据距离来表明人们之间的关系程度，将人们的交往距离分为亲密距离、个人距离、社交距离、公众距离四种。亲密距离是父母与子女、夫妻、知己好友之间的距离，一般约半米，能感到对方身体的气息，显示出关系的密切和亲昵。个人距离是朋友、同事之间的距离，一般约1米，以伸手可握到对方的手，但又不易触摸到对方的身体为度，多用于非正式场合，显示出关系的一般友好。社交距离是与自己联系不多的人所保持的距离，相隔约3~6步，多用于正式场合，显示出尊重和礼貌。公众距离是在大会上或演讲时，台上讲话者与台下听众之间的距离，一般距离较远，有时舞台高度还高于台下听众的座位，多用于正式公开讲话或演讲的场合。

讲解员各种体态语言的选择和运用，既要有所节制，又要有所变化，以准确而适度地反映出自己的思想感情。讲解员的各种体态语言要相互配合，整体协调，使之

---

① 欧阳周. 实用文秘语言艺术 [M]. 长沙：中南工业大学出版社，1994：61.
② 黎运汉. 公关语言学 [M]. 广州：暨南大学出版社．1990：292-293.

具有整体连贯性，从而表现出风度美、气质美和韵致美，在观众面前塑造出自身专业得体的形象。总之，讲解员的体态语言要根据不同的场合、对象、目的、方式，选用不同的站姿、步姿，以优美、高雅、自然、协调取胜，再配合有声语言，以获得理想的讲解效果。

第十二章

不同类型博物馆讲解艺术

关于博物馆分类，各国采取了不同的分类标准。李济和曾昭燏合著的《博物馆》一书中，采取了"普通"和"专门"之分。普通博物馆的范围包括历史、艺术和科学三类，在三类之外，又增加了"工艺"一门，专门博物馆实际是在普通博物馆的门类之上发展而来的。在专门博物馆的分类上，曾昭燏采取了地域、时代、人物、主题、目的等多个标准。[①]《英国大百科全书》中将博物馆分为艺术、历史、科学、特殊博物馆（露天博物馆、地区博物馆以及具有博物馆职能的其他机构）四类。[②] 众多分类方法中按藏品性质划分是国际大多数博物馆运用最广泛的一种分类方法，此分类方法将博物馆分为艺术类、历史类、自然类、科学类等。[③] 通过对中外博物馆分类方法进行总结，可以得出以藏品性质为依据的划分方法是区分不同类型博物馆的最基础的方法，博物馆按照藏品性质进行分类，也是观众选择参观什么类型博物馆的外在需求。随着社会文化和科学技术的发展，博物馆的数量和种类越来越多。我国划分博物馆类型的主要依据是博物馆藏品、展出、教育活动的性质和特点，其次是它的经费来源和服务对象。因此，我国博物馆可大致划分为四大类，即社会历史类、自然科学类、文化艺术类和综合类。这四类划分是基于藏品的特点和性质的分类，符合大多数观众对博物馆的理解和认知。社会历史类博物馆，是以研究和反映社会历史的发展过程，历史上的重要事件和重要人物等为主要内容的博物馆。自然科学类博物馆，是以自然界和人类认知、保护和改造自然为内容的博物馆。文化艺术类博物馆，包括绘画、书法、工艺美术、文学、戏剧、建筑等。综合类博物馆，是兼具社会科学和自然科学双重性质的博物馆。本章选取了社会历史类和自然科学类博物馆进

[①] 龚钰轩，高华丽，黄永冲.浅谈博物馆类型划分依据及分类标准制度建设的思考［J］.中国博物馆，2022（2）：36-42.

[②] 龚钰轩，高华丽，黄永冲.浅谈博物馆类型划分依据及分类标准制度建设的思考［J］.中国博物馆，2022（2）：36-42.

[③] 龚钰轩，高华丽，黄永冲.浅谈博物馆类型划分依据及分类标准制度建设的思考［J］.中国博物馆，2022（2）：36-42.

行着重介绍,并增加了红色革命类博物馆讲解的相关内容,以传承革命文化、弘扬爱国之情,增强观众的民族自豪感和国家认同感。

不同类型博物馆的讲解要遵循讲解艺术的一般规律,如标准的普通话、正确的发音吐字、语音的轻重快慢、节奏韵律的把握、真诚的表情语言、恰当的手势语言及文明的体态语言等。但不同类型的博物馆因藏品不同、展览方式不同、教育目的不同,还要根据具体情况选择和运用最合适的讲解方式。

第一节　社会历史类博物馆讲解

社会历史类博物馆是以研究和反映社会历史的发展过程,历史上的重要事件和重要人物等为主要内容的博物馆。社会历史类博物馆既包括一般的国有博物馆,如中国国家博物馆、湖北省博物馆、湖南博物院等,也包括地方专题博物馆,如西安半坡博物馆、秦始皇兵马俑博物馆、泉州海外交通史博物馆、景德镇陶瓷民俗博物馆等。

社会历史类博物馆包括古代历史博物馆、近现代史博物馆,以及民族、民俗类博物馆等,这类博物馆存在的意义是从历史的角度对从古至今的人类社会、国家、地区、民族及个人的历史,做综合的、分期的或分类的研究和表现,提供实物证明,结合遗迹原貌、旧址复原、模型图版等辅助展品,诠释历史发展的过程及发展规律,在传播历史知识和历史经验的同时,提高人们认知社会、改造社会的水平,激发人们开拓创新、展望未来。

一、讲解目标

社会历史类博物馆是历史文化和民族精神的结晶,展现了华夏文明的形成和发展脉络。这类博物馆的讲解目标是向观众传播我国悠久的历史文化和弘扬伟大的民族精神,帮助观众了解中华大地多姿多彩的风俗文化,促进民族团结,传承爱国爱家的精神,帮助青少年观众树立起正确的人生观、价值观,做到以史为鉴,培养深厚的家国情怀。

二、讲解方式

社会历史类博物馆的讲解方式应以介绍性和诠释性讲解为主,其他手段为辅,侧重知识介绍,将社会历史发展脉络、文明社会的形成及多姿多彩的人文风貌讲清解明。社会历史类博物馆的藏品以历史文物、民族文物、宗教文物、生产生活器物为主,这类文物具有一定的专业性,涉及专有名词,因此以介绍性和诠释性讲解为主,将艰深晦涩的专业术语进行解读。

如"屈家岭文化的陶器，圈足器发达，凹底器较多"的语句中，什么是"圈足器"，什么是"凹底器"，就需要讲解员做进一步解释。又如"屈家岭文化的主要器型有簋、鼎、甑、豆、罐、盂、盆、碗、三足碟、杯、缸等"的语句中，提到的这些器型各自特点是什么，如何进行区别，也需要跟观众进一步讲清解明。若有观众问到屈家岭文化器型和大汶口文化器型有什么异同时，此处的讲解就既涉及专业名词，又需要运用横向比较的方法进行对比分析。

此外，社会历史类博物馆中较为常见的青铜器展品，其名称也比较复杂，涉及专有名词较多，如炊具中的鼎、甑、簋，酒器中的觚、爵、角、斝、尊、卣、罍等，观众比较难以辨别和区分，就需要讲解员逐个描述。

社会历史类博物馆中的民族类博物馆还会涉及原始崇拜、原始巫术及民族节日等知识，如苗族接龙仪式、苗族祭桥节、苗族姊妹节、苗族牯藏节、京族哈节、瑶族盘王节、畲族三月三等。这些历史文化知识大多专业性强，讲解员在讲解时可以将专业性、知识性与故事性有机地结合起来，深入浅出地将知识传递给观众。如"苗族祭桥节"的来源，讲解员就可以这样讲：

> 为什么苗族有祭桥的习俗呢？传说有一户苗家人家，多年未有子嗣，有一天这家媳妇做梦时有人告诉她，因为苗族山寨沟沟坎坎太多，你家孩子无法过河到你家，只有多修桥，才能子孙繁衍。于是这户人家开始修桥，果然第二年就喜得孩子。这个故事相沿成习，发展到后来，当地不仅修桥，也开始祭祀桥，由此成为苗族的特有风俗。

三、讲解风格

社会历史类博物馆的讲解风格应平实、亲切、自然、大方、庄重。这种风格是根据该类博物馆的性质和藏品特点决定的。平实庄重的讲解风格，不仅和文物极具文化内涵的特点相匹配，而且可以体现讲解的可信度和专业性。同时，社会历史类博物馆的讲解因过于追求严谨真实，导致有时会听起来比较枯燥和单调，容易让观众乏味，所以讲解员应在严谨真实的基础上，增加故事性和亲和力，让讲解变得亲切有趣，拉近观众与文物之间的距离。

四、讲解语言

社会历史类博物馆展出的古代文物，跨越了千年甚至上万年，距离人们当下的生活比较遥远，观众会感到比较陌生但又容易对其产生好奇心，想通过文物背后的故事来了解古人的生活状态。基于此，这类博物馆的讲解语言应遵循科学准确、简洁精练的要求，在此基础上，表达应尽量通俗易懂，可运用横向比较的方法，将古代生活与现代生活进行比较,如在观众参观到青铜酒器时可为其讲解古人饮酒和现代人饮酒所用器具的区别等。以下是三篇社会历史类博物馆藏品的讲解词:

穿越时空的卧具——三滴水床

床,与我们的生活密切相关,你见过体积大的像小屋子一样的床吗?今天就让我带着大家穿越历史,来了解一张土家族三滴水床。

大家请看,整张床呈喇叭形,三层进结构,有踏板,整张床就像一个富丽堂皇的小屋子,具有安全性、私密性和舒适性。

为什么叫三滴水床呢?有两种说法。一种是床的外观类似于屋檐滴水,是层进式结构,一层进就是一滴水,三层进就是三滴水,七层进就是七滴水,最多可达九滴水;二是土家族婚俗中有"哭嫁"的习俗,取出嫁姑娘的泪水滴答之意。

土家族主要生活在湘、鄂、川、黔四省交界的武陵山区。为什么土家族地区会有和汉族类似的大型床呢?改土归流前,土家族的日常起居以火塘为中心,流行火铺,也就是我们通常所说的大通铺。据史料记载:"湘西保靖土家人,不设桌凳,亦无床铺。"改土归流后,当地的流官(汉族官员)大力推行移风易俗,土家人开始吸收汉族的生活方式。随着汉族工匠大量迁入,富裕的土家人学习借鉴汉族奢华的拔步床,设计制作了适合土家族起居的滴水床。

三滴水床上的图案是多民族文化汇集的集中体现。床檐上雕刻有莲花,寓意着莲生贵子;金瓜寓意着瓜瓞绵绵;倒垂的蝙蝠寓意着福到家了。大家请看,床的右下角的雕花图案,案几上的花瓶里插了三支戟,寓意"平平安安,连升三级"。

此外,滴水床采用了中原家具常用的榫卯、浮雕、透雕、描金等多种传统工艺。土家族滴水床与中原家具有很多共同点,是民族文化交流交融的生动见证。

(撰稿:林毅红)

这篇讲解词语言平实、层次清楚,运用了多种修辞手法,不仅在讲解词中阐明了"三滴水"名称的由来,还将土家族"哭嫁"的民俗风情融入其中。此外,讲解词中对三滴水床诞生过程的解释,不仅涉及改土归流的历史事件,而且引申多民族文化汇集的历史背景,融入了民族融合大团结的思想。这样的讲解词,专业性强,通俗易懂,不仅把土家族三滴水床的名称由来讲清楚了,也证明土家族和汉族是你中有我、我中有你的共同体。

虎腿圆桌：土家人的雅居生活

"一桌一椅一卷书，一灯一人一杯茶"，是经典的中国古代中原文人雅居生活。博物馆就珍藏了一张清末土家族地区的虎腿圆桌。

圆桌可放茶具，可摆设花瓶、古玩。可见，清朝末年，这种雅致的生活情趣已在土家族地区非常盛行了。

为什么叫虎腿圆桌呢？这是因为桌腿为虎腿形状，"虎爪"栩栩如生。圆桌以虎腿为造型，正是土家族崇拜白虎的体现。

圆桌虽小，背后却隐藏着一部文化交融史。魏晋南北朝以前，汉人并没有桌凳之类的高足家具，人们席地而坐。直到唐朝，中原人才在西域传入的马扎和胡床的基础上，改进制作出桌子和凳子。清朝初年，土家族的饮食起居，仍未使用桌凳。改土归流后，经过汉族官员和工匠的大力推广，桌凳才开始进入当地富裕人家。

各民族文化水乳交融在虎腿圆桌这一载体上得到了体现。虎腿，是土家族图腾崇拜的典型反映；太极图、"暗八仙"纹饰、石榴和花草等吉祥图案，则是道教文化和中原文化的代表。榫卯工艺、黑漆金边，从技艺到色彩，无不彰显着中华民族共同的聪明才智和审美情趣。

（撰稿：李然）

这篇讲解词专业性与通俗性兼备，层次鲜明，语言简洁，以"一桌一椅一卷书，一灯一人一杯茶"导入，通过描述中原汉人的雅居生活引出土家人的雅居生活的具象化载体——虎腿圆桌，依次讲解了虎腿圆桌的功用、外形、纹饰等。然后以圆桌的外形发散思维，以器型之演化阐释了汉族和土家族的文化交融史。

海疆与内地文化交融的见证——京族绣花彩法衣

在中南民族大学民族学博物馆里，珍藏着一件孤品：清代京族绣花彩法衣。它是博物馆珍贵的文物之一。

它为什么如此珍贵呢？我们不得不提到京族这个少数民族。京族是越南的主体民族，它是我国56个民族大家庭中人数较少的唯一的海洋民族。京族的先民在秦汉时期属南越国，后归交趾郡，大约在15世纪，部分京族人先后从越南涂山迁徙到了如今的广西东兴。几百年来，京族在这里生息繁衍的过程中，积极融入汉文化，沉淀下了许多具有中原汉文化和海洋文化特色的风俗，其中最具代表性的就是京族哈节，还被列入首批国家级非物质文化遗产名录。

哈节源远流长，它积淀着京族的古风遗俗，见证着京族与汉族交往的历程，是京族文化的载体，而这件清代绣花彩法衣，是京族在过哈节祭海神时哈公所穿着的，有着明显的中华文化的特色，是目前国内保留下来唯一的一件。

　　京族绣花彩是多民族文化交融的体现。您看，服装的款式是红底绣花长坎肩，竖领，无袖，由前后两片长布在肩部缝合而成，这种似裙非裙的服饰称为贯头衣。什么是贯头衣呢？贯头衣又称套头衣，也就是不裁剪，在一片布中央挖一个洞，穿着时直接套头即可。贯头衣是古代百越民族普遍存在的一种服饰类型，在我国至今仍见于黎、彝、苗、瑶、佤等民族之中。可见，京族与周边的少数民族已经相互交融。

　　从纹样上看，京族已深深融入中华民族大家庭。绣花彩上半部正中间绣有威武的龙头，龙是中华民族共有的图腾，京族人认为龙神可以降妖除魔，绣有龙头，以祈求出海平安；下半部正中央，绣有海水江崖纹，海水江崖纹是常用于古代龙袍、官服下摆的吉祥纹样，带有着一统江山的含意。在汉族民间，海水江崖图案还常出现在瓷器、漆器等传统工艺品上。京族绣花彩的海水江崖纹，是中原汉文化与海洋文化的融合，寓意着龙神镇妖降魔、渔民出海平安。此外，服饰还绣有传统的蝙蝠纹和"寿"字纹，寓意"福山寿海"。此外，绣花彩刺绣工艺还采用中原汉族特殊的盘金绣工艺，盘金绣源于苏绣，工艺复杂，由于使用金线，看起来金碧辉煌。这件绣花彩法衣无论是款式、纹饰、色彩、工艺，都体现出海疆与内地在文化上的交融与共享。

（撰稿：林毅红）

　　服饰类题材的讲解词很容易出现泛泛而谈而没有重点、主题没有升华的问题。这篇讲解词抓住了两个重点——服饰的款式和纹饰，通过描述京族服饰的款式和纹饰，彰显了京族对中原各民族文化的主动吸收和融入，体现海疆民族与内地的交流交融，也证明了中原文化强大的包容性和吸纳力。讲解词开门见山，直接介绍这件清代京族绣花彩法衣是一件孤品，极其珍贵，由于京族人口较少，很多观众不太了解京族，也会对这个民族非常好奇，讲解词随后便介绍京族的来源和特色节日，哈公在特色节日哈节祭海神时所穿着的法衣就是这件珍贵的绣花彩法衣。讲解词中还介绍了法衣的款式、纹饰等，从这些细节中可以发现这一文物具有典型汉文化特征，体现了京族与汉族的交流交融。这篇讲解词主题鲜明，语言简洁生动，层次井然，行文脉络十分清晰、丝丝入扣。

第二节 自然科学类博物馆讲解

自然科学类博物馆是收藏、制作和陈列有关天文、地质、植物、动物、古生物和人类等方面具有历史意义的标本,以供科学研究和文化教育的机构。自然科学类博物馆的三大职能是收集保存标本、开展科学研究和进行宣传教育。世界著名的自然科学类博物馆有英国自然历史博物馆、法国国家自然历史博物馆、美国自然历史博物馆、比利时皇家自然历史博物馆、伦敦地质学博物馆、瑞典国家自然历史博物馆及日本国立科学博物馆等。除了专门的自然科学类博物馆,还有附设于大学里的自然科学类博物馆,如哈佛大学博物馆的自然历史博物馆等。大学里的博物馆以学术研究工作为主体,在教育工作方面也包括大学课程的专门教育和社会教育。

中国最早的自然博物馆,是法国天主教传教士于1868在上海徐家汇创办的以收藏动物标本为主的自然历史博物馆(原称徐家汇博物院)。1905年上海自强学会会员张謇在江苏南通创办的南通博物苑的自然部,是中国自建的第一个自然博物馆。[①] 目前,我国各大城市都有了规模较大的自然科学类博物馆或在博物馆内成立了自然部。自然科学类博物馆以分类、发展或生态的方法展示自然界,以立体的方法从宏观或微观方面展示科学成果,如中国地质博物馆、北京自然博物馆等。

自然科技类博物馆包括自然历史博物馆、专业科学技术博物馆、综合科学博物馆等,其展品主要包括生物标本、科学标本等,同时结合科学实验、机械模拟等,演示自然界的运行过程和人类认知、改造、保护自然的成果内容,解释自然界和人类社会的演变过程,增进观众对现代科学技术的了解,激发观众对科学知识的热爱,从而推动科学技术的发展。

一、讲解目标

保护自然是实现生态文明的基础和前提,是生态文明建设的根本措施。而想要从根本上建设生态文明,则必须通过人类自身环保意识的提高和自觉的自然保护行动。因此,保护生态,保护环境,就是保护人类的家园,这是自然科学类博物馆的教育目标,也是自然科学类博物馆的讲解目标。

人类社会的发展经历了漫长的文明进化过程,学者们从人与自然相互作用的角度,把人类生态文明的发展划分为几种形态:原始文明形态(采集、狩猎文明)—次生文明形态(农业文明)—继生文明形态(工业文明)—新时期的文明形态(生态文

---

① 中国大百科全书总编辑委员会《生物学》编辑委员会,中国大百科全书出版社编辑部. 中国大百科全书·生物学[M]. 北京:中国大百科全书出版社,1992:2323.

明）。构建全民参与自然保护的社会行动体系，是新时期的生态文明教育的重要任务。只有社会公众了解并认识到自然保护的重要意义，才会自觉地参与到自然保护的事业中来，而加强自然教育正是提高公众自然保护意识的一个有力手段和有效措施。走向生态文明新时代，建设美丽中国，是实现中华民族伟大复兴中国梦的重要内容。

自然科学类博物馆作为社会文化教育机构，拥有大量的生态文明教育资源，是进行生态文明教育的天然场所，承担着鼓励公众参与环境保护、全面提升公众环境科学素质的科学使命和社会价值。

除了自然历史类博物馆，我国还建立了各种级别的科学技术馆，科学技术馆的主要作用是普及科学知识和科学原理，是培养社会公众讲科学、爱科学、学科学、用科学的公益性科普教育机构。自然历史类博物馆和科学技术馆一起，共同促进全民科学素质和环境保护素养的整体提高。

二、讲解方式

自然科学类博物馆的讲解，不同于社会历史类和红色革命类博物馆的讲解，这类博物馆通过展示和讲解自然标本和模型、模拟自然环境和呈现自然现象等方式激发观众对自然科学的兴趣和热爱，是一种科普教育的讲解形式。通过讲解，让公众自然而然地接受自然教育，帮助观众树立起尊重自然、爱护自然、保护自然的价值观，提高观众的自然保护意识。

从讲解角度上看，这类博物馆的讲解员可将讲解和演示相结合，打破传统博物馆以讲解员主讲、观众被动听的状况，利用实物标本、科学实验、机械模拟等边示范边解说，并邀请观众亲身体验，从而增进观众对现代科学技术的了解，激发对科学知识的热爱。除讲解与展品有关的自然现象和自然史等方面的知识外，讲解员还可以将生态文明教育理念恰当地融入讲解过程中。比如：讲解古生物的化石展品时，可从宏观的角度，讲述生物的多样性和相互依存性；讲解岩石矿物和宝玉石展品时，可介绍人类对它们的认识、开发和利用，进而引申出因过度开采而导致资源枯竭的残酷现实，唤起观众的环保节约意识等。除了常规的讲解外，自然科学类博物馆还可以应用数字化解说方式（网站、信息发布系统、视频、音频、VR/AR、APP、小程序等多媒体设备）、出版物辅助教育方式（解说手册、科普读物、科学导游图、音像制品等各类纸质或电子出版物）等。除此之外，讲解员也要接受自然学科专业知识培训，只有具备丰富的自然科学知识，才能适时地回答观众提出的相关问题，有效地发挥自然科学类博物馆的自然教育功能。

三、讲解风格

自然科学类博物馆的讲解风格应大方、轻松、活泼。由于自然科技类博物馆的讲解不是"你说我听",而是边介绍边演示,这就需要讲解员不拘泥于传统讲解的标准化态势,否则过于一板一眼,会显得单调机械。讲解员可以发挥主导作用,增加与观众互动的环节,摒弃以知识灌输为主的讲解方式,把话语权交给每一位观众,引导观众说出在参观中的所思所想,突出观众是活动参与主体。如在动物题材的讲解中,讲解员可以化身为动物,用萌化和憨态可掬的动物形象,向观众传达动物保护的重要性,还可以采用情景剧扮演等形式,达到科普教育的效果。总之,自然科学类博物馆的讲解风格应灵动多变,不拘泥于传统讲解形式。

四、讲解语言

自然科学类博物馆的讲解主要是科普类讲解,就是要通过简洁明了的语言解释自然科学知识、生态环保知识和科学技术原理等。科普类讲解除了具备通用讲解语言的特点外,科学准确是其最主要的特点。因此,在讲解专业术语时,一定要用词准确,不能模棱两可。以下是2016年全国科普讲解大赛获奖作品"神秘的防弹衣"讲解词:

> 制作防弹衣的材料显然不会是普通的棉麻布料,当然,也不可能是小说中所谓的千年藤枝或万年金丝,它是用一种称为超高分子量聚乙烯纤维材料制成的。这名字听起来复杂又陌生,其实,就在我们的身边。我们日常所用的保鲜膜、塑料袋实际同出一门,都属于聚乙烯纤维。他们之间的差别在于分子量的不同,超高分子量聚乙烯纤维的分子量可以达到惊人的400万,是普通纤维的100倍以上。正是这一特点,使其具备了高强度和高抗张力性,这是防弹衣实现防弹的基础保障。

这篇讲解词中提到的数据和专业术语都比较科学准确,并通过举例子和类比的方法对专业术语进行解释说明,语言精练。因此,科普类讲解语言涉及科学原理、专有名词或科学术语时,需要将其解释清楚,尤其是科学原理,可用打比方的手法讲清解明。又如"神秘植物——曼陀罗"讲解词中的一段:

> 《本草纲目》中记载,曼陀罗全株有剧毒,其中种子最毒。曼陀罗虽然有剧毒,但我们不能忽略它的药用价值。我国东汉时期名医华佗所创制的"麻沸散",其主要成分就是"曼陀罗"。现代医学解密了曼陀罗麻醉的神秘面纱,正是一种非常特殊的化学成分——东莨菪碱。这种生物碱可以阻断副交感神经,对大脑皮层有明显的抑制作用,更为神奇的是,它还能使人的呼吸中枢兴奋。这样一来,患者在手术中就像睡着了一样,始终保持自主呼吸,全身肌肉放松,因此,临床上用于麻醉镇痛。

科普类讲解需要引经据典，但这并不等于戏说，而是严谨的科学知识的通俗化表达，是观众能够听得懂的科学语言，切忌专有名词的堆砌，也忌不科学、不严谨的解说。此外，科普类讲解尤其注重逻辑清晰、层次分明，先说什么，再说什么，有严密的逻辑关系，层层递进，而不是泛泛而谈。

以下是2019年和2020年全国科普讲解大赛的优秀讲解稿：

"纳"样神奇——走进"纳米"世界

大家对"纳米"这个词，应该并不陌生。就像米、厘米一样，纳米是一个长度的单位，1纳米等于10^{-9}米，相当于一根头发直径的七万分之一。如果您无法想象纳米有多小，就让我们拿地球和篮球做个比较，可以近似地帮我们理解纳米材料与普通材料之间的大小关系。

在纳米世界，人们是通过纳米技术直接操纵原子、分子来创造新物质。著名的物理学诺贝尔奖获得者Feynman曾指出："如果有一天可以按人的意志安排一个个原子，那将会产生怎样的奇迹？"看看这些纳米材料，它们具有喇叭形、环形等不同的形貌；同一种纳米材料还发出不同颜色的光；更有意思的是，普通的铁制成纳米尺寸的铁粉的时候，一改"不怕火烧"的"英雄本性"，变得"脾气暴躁"，易燃易爆。其实在自然界中的很多动物、植物也会因为自身具有某种纳米物质或者纳米结构，而表现出"与众不同"。蝴蝶的翅膀为什么会如此鲜艳？莲花为何"出淤泥而不染"呢？原来蝴蝶的翅膀里隐藏了数以千计的小鳞片而形成纳米梯形结构，对光的各种作用产生干涉；荷叶表面有很多纳米级的突起，使水无法附着而带走灰尘。在我们的生活中，纳米技术就在身边。我们手机屏幕色泽艳丽而能耗越来越低，衣服也可以不怕被弄脏了。这是为什么呢？让我们将大块材料与纳米材料做个比较，纳米材料的尺寸小，单位质量材料的表面积很大，表面原子所占比例大，材料本身的性质就发生改变。打个比方，比如大块金属，金属原子簇拥在一起，活动受限，"伸个懒腰"也很困难，而当到纳米尺度的时候，原先被束缚的化学键就能伸展开"胳膊"，金属原子活泼的天性就被释放出来，便产生了一系列新奇的性质。常见的金子是黄灿灿的，而在纳米尺度下，不同尺寸的金纳米颗粒就会显示出不同的颜色。它对光的吸收不同于正常的组织，并且通过表面等离子体共振效应产生热量。靶向定位癌细胞后，利用近红外激光照射激发金纳米粒子，可以诱导热疗，杀死癌细胞。这就是纳米金在肿瘤治疗中的应用。

纳米科技的发展，使人们认识、改造微观世界的水平提高到了一个新的高度。从科学家开始操纵"原子"写下"中国"的时候，我们的生活就因为纳米开始变得奇妙。今天的纳米技术已经让世界"纳"样神奇,未来必将因纳米技术而更加美好。

(撰稿:韩晓乐)

这篇有关"纳米"的科普类讲解稿,用词科学准确,解释深入浅出,逻辑脉络清晰,层次分明,语言生动活泼,通俗易懂。"纳米"属于专有名词,纳米材料对于普通群众来说比较陌生,大多数人知其然不知其所以然。如何让大众了解纳米的特点呢?首先作者开门见山,讲明纳米是一个长度的单位,1纳米等于10^{-9}米。当观众依然无法直观地理解纳米的微小时,作者打了个比方,表示相当于一根头发直径的七万分之一,很生动,如果还不能理解纳米尺寸到底有多小,便拿地球和篮球做比较,可以近似地帮观众理解纳米材料与普通材料之间的大小关系。接着重点介绍纳米材料的特性,"普通的铁制成纳米尺寸的铁粉的时候,一改'不怕火烧'的'英雄本性',变得'脾气暴躁',易燃易爆",用拟人化手法凸显出纳米材料的特点。作者还列举生活中常见的蝴蝶和荷花的例子来帮助观众更好地理解纳米材料的特性,并做了专业的解释,这样就解释清楚了纳米材料所蕴含的科学知识。

神奇的催化剂

我们每天都用牙膏,那您见过大象的牙膏吗?下面,请您屏住呼吸,见证奇迹的时刻到了。哇,大象牙膏制作成功!

原来,奥秘在这里:双氧水(过氧化氢)迅速分解产生大量氧气逸出,碰到洗涤精形成泡沫喷涌而出。而这其中有一个最为关键的角色——碘化钾,是它加快了双氧水的分解!

下面,让我们隆重请出今天的主人公——"我"——神奇的催化剂。

"我"到底是谁?"我"的中文名催化剂,英文名 Catalyst;"我"诞生于1836年,一位瑞典化学家通过甜酒变醋酸的意外,第一次发现了"我"的存在。我的性格很特别:"一变二不变","变"的是"我"能改变反应速率,多数情况下是加速,"不变"的是"我"的质量和化学性质在反应前后不变。

那么,问题来了,"我"为什么能加快反应速率呢?原来,反应物与生成的产物之间隔着一座能量的山峰,而催化剂可以通过与反应物形成中间物种,提供一条替代反应路径,其能量山峰的高度会明显降低。打个比方,假如没有催化剂,反应物需要翻越珠穆朗玛峰才能变成产物,而有了催化剂,反应物只需要轻松越过小山丘,就可以变成产物。路径不同,当然速率也就不一样了。

早在1918年,诺贝尔化学奖得主弗里茨·哈伯将氮气和氢气这两个性格孤傲的分子相互反应生成了氨气，实现了划时代意义的人工固氮，号称"将石头变成面包"，而"我"就是那个不可或缺的关键"媒人"——铁基催化剂。

相信人们不会忘记，20世纪60年代发生了震惊世界的畸形婴儿"反应停"事件，究其原因，治疗孕妇呕吐的药物"反应停"有两种分子：其中一种具有镇静效果，而另外一种却有致畸作用。所谓"差之毫厘，谬以千里"，怎么办？科学家还是将目光投向了神奇的"我"。

因为，"我"不仅可以加快反应速率，还能提高反应选择性呢！当反应物面对多条路径犯有选择困难症的时候，"我"可以化身指挥官，指挥反应物朝着特定方向走下去，最终生成我们所需要的目标产物，从而有效避免类似"反应停"悲剧的重演。

催天下之反应，化世间之道理。"我"就是您身边的好朋友——催化剂！

（撰稿：李琳）

这篇稿子轻松有趣，层次分明，逻辑严密，通俗易懂，是一篇优秀的科普类讲解稿。开篇用大象牙膏实验引出什么是催化剂，接着用最简洁的五个字"一变二不变"指出催化剂的特点，然后层层递进，进一步解释催化剂为什么能使反应速率加快，此处涉及很多专业知识，但作者采用对比和比喻手法，说明了一个现象，若没有催化剂，反应物需要翻越珠穆朗玛峰才能变成产物，而有了催化剂，反应物只需要轻松越过小山丘，在此基础上进一步解释催化剂不仅能加快反应速率，还有提高反应选择性这一特点。接着用拟人和比喻的修辞手法，解释催化剂为什么能提高反应选择性这一特点，通过将催化剂比喻成"指挥官"，指挥反应物朝着特定方向走下去，最终生成我们所需要的产物。该讲解稿既具有专业性，又通俗易懂、简洁明了，还普及了催化剂的化学知识，让人们了解到催化剂为何如此神奇的秘密。这篇讲解稿之所以成功，究其原因，主要在于作者对催化剂知识了然于胸，并采用了生活化和通俗化的语言，层层递进的逻辑，将深奥的道理讲得妙趣横生。

第三节 红色革命类博物馆讲解

红色革命类博物馆或纪念馆的作用主要是通过征集、收藏、保护近现代文物、革命文物、党史文物等，反映我国或某地区的旧民主主义革命、新民主主义革命等时期的重大历史事件，展示中国近现代史的基本概况，向公众进行爱国主义教育、革命传统教育和社会主义核心价值教育。红色革命类博物馆珍藏的革命文物凝结着中国共产党的光荣历史，展现了近代以来中国人民英勇奋斗的壮丽篇章，是革命文化的物质载体，是激发爱国热情、振奋民族精神的深厚滋养，也是中国共产党带领中国人民不忘初心、继续前进的力量源泉。

一、讲解基础

相比较其他类型博物馆的讲解词，红色革命类博物馆讲解词的要求更加严格，在保证讲解内容准确性和完整性的基础上，要体现强烈的意识形态特点，要把好政治关和史实关，反对历史虚无主义和文化虚无主义，坚持有史可讲、有事可说，史实清楚，主题突出，导向鲜明、内涵丰富，要做到见人见物见精神。这类博物馆的讲解词一般需要经过层层审核把关，一旦审核通过，讲解员要按照讲解词进行讲解，不得随意杜撰和修改，但可以根据讲解词的语义场景，进行合理的情感创作。

二、讲解目标

一件革命文物往往承载着一段可歌可泣的真实历史。革命文物承载着党和人民英勇奋斗的光荣历史，记载着中国革命的伟大历程和感人事迹，是党和国家的宝贵财富，是革命文化的物质载体，是弘扬革命传统和革命文化、加强社会主义精神文明建设、激发爱国热情、振奋民族精神的生动教材。革命文物连接着革命历史与当今社会发展，每件文物背后都蕴涵着一段让人振奋的革命史实，都刻画着一位革命先辈的光辉事迹。如何让革命文物焕发光彩，让革命文物"会说话"、感染人、教育人，是红色革命类博物馆教育工作者的主要目标。

革命文物如果只是在博物馆里静静地躺着，很难发挥其教育作用，只有通过讲解员声情并茂的讲述，传递出文物背后感人的革命故事，才能在焕发出新的光彩。充满感情的讲解能激发人们的爱国热情，振奋民族精神，更能让人们体会到中国共产党团结一心，带领中国人民不忘初心、继续前进的力量源泉。

目前，公众对革命文物的参观、红色旅游的体验有很大的需求，越来越多的青年观众自觉自发地走进革命旧址、革命博物馆、纪念馆，接受爱国主义教育和革命传统教育。

提升红色革命类博物馆的讲解质量，是开展爱国主义教育、培育社会主义核心价值观、弘扬革命精神、继承革命文化的重要保障。新时期，迫切需要深化革命文物价值挖掘阐释传播，讲解的目的是发挥革命文物服务大局、资政育人和推动社会发展的独特作用。革命文物讲解更侧重于用真挚的情感打动观众、感染观众、洗涤观众的灵魂，达到爱国主义教育、革命传统教育和社会主义核心价值教育的重要目标。

三、讲解方法

革命文物的讲解方法，与社会历史类文物的讲解有一定的相通之处，表现在讲解时应普通话标准，表达准确而流畅，语言有节奏韵律，手势和体态语言运用得体。同时，革命文物讲解也有其自身的特点，主要是情感表达应更加丰沛，多讲鼓舞人、激励人、感召人的话，多说一些打动人心、深入人心、扣人心弦的话，讲解员需要充分运用情感语言，准确表达革命文物的深刻内涵。重视革命文物讲解，让革命文物活起来，坚持突出社会效益、重在传承、强化政治教育功能，提升传播能力，把革命传统弘扬好、革命文化传承好。

革命文物的讲解方法，是将讲解和演讲结合起来，以介绍的口吻为基础，在此之上，应饱含深情地进行讲解。但革命文物讲解还是与一般意义上的演讲有区别，演讲注重号召力和感召力，需要慷慨激昂的情感。而革命文物的讲解，应注意"度"的把握，过于慷慨激昂，会偏离讲解本质，过于平实地介绍，则和红色革命主题不符，所以需要讲解员恰到好处地把握讲解的方法。

四、讲解风格

红色革命类博物馆的讲解风格应庄重、严肃、大方、真挚、投入。红色革命主题庄严肃然的讲解风格是对革命人物、革命事件秉持的最基本的敬畏和尊重。革命文物的讲解需要真挚感情的投入，应根据革命文物或革命事件本身所处的情境来表达情感，时而含蓄，时而低沉，时而高亢，时而平实，时而庄重，时而严肃，时而愤慨。讲解是比演讲更深刻内敛的表达形式，革命文物的讲解，是讲解员对革命精神和红色文化发自内心的情感共鸣、感同身受和心灵相通。以下是红色革命类讲解词"绣红旗"：

> "线儿长，针儿密，含着热泪绣红旗……"这首大家熟知的歌曲《绣红旗》，是电影《江姐》的插曲。江竹筠在狱中组织大家一针一线绣红旗的片段，至今让人泪目。历史上，"绣红旗"的故事不是虚构的，它真实地发生在国民党反动派关押共产党人的监狱中，只不过主人公并非"江姐"，而是一位热血男儿。1949年10月1日，天安门城楼上升起了第一面举世瞩目的五星红旗，向全世界庄严地宣告：一个崭新的中国诞生了，中国人民从此站起来了。
>
> 狱中的同志们听到激动不已、热泪盈眶。身在牢房，无法用敲锣打鼓燃放鞭炮的方式庆祝。于是，难友们用手铐、脚镣相互碰撞，发出清脆的声响，来倾诉压抑于心中许久的激情。这声音在平时听来是多么的阴森而残酷啊，而如今听来却是如此的美妙，如此的振奋人心。
>
> 被关押在白公馆平二室监狱的罗广斌见此情景，忽现一个念头，他动情地对室友们说："我们也来绣一面自己的五星旗吧，等到重庆解放的那一天，打着这面旗帜冲出牢房、迎接胜利。"于是，他们拿出了一床红色的绣

花被面和几张泛黄的草纸。说是绣,但他们既没有剪刀,也没有针线。所以,他们用一把铁片磨成的小刻刀将草纸刻成五颗五角星,没有糨糊,便用剩饭粘在红绸上。可是,谁也没有见过国旗真正的模样啊,所以他们只能凭借自己的想象,将一颗大星贴在被子中央,四颗小星贴在四个角落,象征着全国人民紧紧围绕在党中央周围。旗帜做好了,虽然粗糙,但难友们却把它当宝一样,小心翼翼地藏在了牢房角落一块松动的地板下面,还一起创作了诗——《我们也有一面五星红旗》。

遗憾的是,这面旗帜终究没能如愿在狱中升起。1949年11月27日,国民党特务对白公馆、渣滓洞的革命者进行了惨绝人寰的集体大屠杀,除少数人突围,200多名革命志士倒在了血泊之中……

这面共和国土地上唯一不像五星红旗的"五星红旗",如今静静地陈列在展柜里,没有动作也没有语言,却又仿佛在向我们述说着当年的故事,记录着参加这面红旗制作的狱中斗士。彼时的他们正当青春,为了信仰出生入死,前赴后继。今天的我们,更要像爱护生命一样,爱护五星红旗,因为它神圣而不可侵犯。"绣红旗"的故事在今天仍激励着我们,要接过先辈的伟大旗帜,树立远大理想,继续为实现中华民族伟大复兴的伟大梦想而奋斗。

(撰稿:周国燕)

这篇讲解词的情感是丰富的,情节也是感人和曲折的,如何讲好这段一波三折的历史故事,需要对讲解词充分地研究和琢磨,用真挚的情感进行表达。在讲解词开头,讲解员应表现出听到新中国诞生这一好消息的亢奋心情,仿佛和狱友一样,内心充满着希望、期盼和振奋;接下来,讲解员的情感应和狱友一样,怀着激动和期盼的心情绣红旗;随后,讲解员应怀着惋惜和沉痛的心情表达这些革命者最终没有冲出牢房,牺牲在黎明前的黑暗中的遗憾,讲到此处,讲解员须满怀深情,既为革命者大无畏的精神感到敬佩,又为革命者不能活着见证新中国诞生感到深深地痛心和惋惜,只有将自己设身处地置身于当时的情境,才能饱含真情实感,才能深深打动观众,这也是讲解的高潮部分。在讲解的最后,应升华主题。讲解员应充分表达绣红旗的故事对身为新时代的接班人的当代青年人的激励和启发。讲解员只有做到让情感随着讲解词的进展起伏,才能实现在讲解词基础上的情感创作。总之,红色革命类讲解的情感难度比社会历史类讲解的难度更大,需要讲解员仔细揣摩当时的历史情境,将自己置身其中,才能表达出最真挚的情感。

五、讲解语言

红色革命类博物馆的讲解语言同社会历史类博物馆一样,首先要做到准确生动、通俗易懂，其次，要善于运用细节描写，在细节中叩击人的灵魂。以下是红色革命类讲解词"抗联英雄赵一曼"：

> 大家从电影里，书里，已经认识了一位叫作赵一曼的抗联女英雄。赵一曼被捕以后，敌人对她进行了难以想象的非人折磨，企图用酷刑撬开她的嘴，比如吊烤、竹尖刺指甲、坐"老虎凳"、把烧红的烙铁刺进她腿部的伤口……赵一曼坚定的革命意志力让残忍的日军感到震惊，一个纤纤弱女子为什么如此坚强，由于她始终不说，日本人就起了杀心。
>
> 但你可能并不知道，她是一位普通的母亲。在生命的最后，她给儿子留下了一封家书。而这封家书，整整迟到了21年。这封家书是赵一曼在1936年8月2日被日寇押往珠河（今黑龙江省尚志市）的火车上，写给儿子陈掖贤（宁儿）的遗书。
>
> "宁儿，母亲对于你没有尽到教育的责任，实在是遗憾的事情。母亲因为坚决地做了抗日斗争，今天已经到了牺牲的前夕了，母亲和你在生前是永久没有见面的机会了，希望你，宁儿啊，赶快成人，来安慰你地下的母亲。"
>
> 这份记录在日军审讯档案里的家书，时隔21年后，才传到赵一曼的儿子——宁儿那里，而赵一曼的真实身份也在1957年被解开。知道赵一曼就是自己的母亲之后，宁儿曾专程前往东北，在东北烈士纪念馆，他用钢笔抄下了这封遗书。抄完后用钢笔在自己手臂上刺了"赵一曼"三个字，直到去世，那三个字都仍留在他手上。
>
> （撰稿：李蜜）

这段讲解词，有大量的细节描写，如严刑拷打的细节，而最让人动容的，是赵一曼写给宁儿的朴实而感人的家书，以及宁儿在手臂上刺了"赵一曼"三个字。这些细节描写，使人物形象更鲜活，故事更感染人。因此，革命类题材的讲解，不是喊口号、讲空话套话，而是善于抓住细节，通过细节描写，产生情感共鸣。

此外，讲解革命人物这种革命类题材，要善于借用描写手法表达革命人物的情感，如心理描写、环境描写、动作描写、表情描写等。革命类题材的讲解词，是在史实基础上的描写，是合乎情理的、合乎逻辑的表达，而不是脱离事实的编造，更不是夸大其词或歪曲杜撰。因此，讲解革命类题材要把握好"度"，缺乏丰沛的情感会显得寡淡，而过度的情感，会有煽情之嫌，必然带来适得其反的效果。

第十三章

博物馆教育发展展望

中国特色社会主义进入新时代，我国社会主要矛盾已经转化为人民日益增长的美好生活需要和不平衡不充分的发展之间的矛盾。身处全新历史方位，人民对美好精神文化生活的向往愈加强烈，更加渴求和希冀品质高、质量好的文化生活，迫切呼唤个性化、时代化的文化需求，这一重大转变对新征程上的文化建设提出了新的更高要求。文化使命责任重大，以人民为中心的思想要求我们在推进物质文明和精神文明协调发展的进程中，必须以满足人民的精神文化新需求为出发点，以满足人民对美好精神文化生活的新期待为落脚点，依托人民的创造性文化实践，保障人民的文化权益。博物馆作为赓续中华历史文脉，传播、弘扬优秀传统文化和科学知识的重要阵地，拥有宝贵而丰富的资源，如何充分发挥好博物馆的社会教育作用，让公众共享文化发展成果，共享时代美好生活，成为新时代的需求。

在2017年发布的"十三五"规划中，提出要"形成更加适应全民学习、终身学习的现代教育体系"，应充分利用图书馆、博物馆、文化馆等各类文化资源，广泛开展中华民族优秀传统文化、革命文化、社会主义先进文化教育，培育青少年学生文化认同和文化自信，加强多元文化教育和国际教育，提升跨文化沟通能力。改革开放以后，我们国家的教育事业取得了举世瞩目的成就，但公民文化修养和科学素养水平与发达国家相比还存在一定的差距。2016年2月国务院办公厅印发的《全民科学素质行动计划纲要实施方案（2016—2020）》中明确提出要"拓展校外青少年科技教育渠道，鼓励中小学校利用科技馆、青少年宫、科技博物馆、妇女儿童活动中心等各类科技场馆及科普教育基地资源，开展科技学习和实践活动。开展科技场馆、博物馆、科普大篷车进校园工作，探索科技教育校内外有效衔接的模式，推动实现科技教育活动在所有中小学全覆盖"。新时期，我国对博物馆社会教育的功能提出了新的要求。

第一节 博物馆教育面临的机遇

一、推进文化自信自强的时代需求

文化自信是一个国家、一个民族发展中最基本、最深沉、最持久的力量。推进文化自信自强是国家发展文化事业的重要任务,也是促进国家或地区文化发展的重要举措。新时代,我国文化建设在正本清源、守正创新中取得历史性成就、发生历史性变革。党的二十大报告,深刻阐明了文化在新时代新征程中的地位作用,明确了"推进文化自信自强,铸就社会主义文化新辉煌"的重大任务。中华民族的伟大复兴离不开文化繁荣昌盛所带来的思想引领、智力支持和精神涵养,中国式现代化的稳步推进离不开文化自信自强所提供的强大精神支撑。没有先进文化的积极引领,没有人民精神世界的极大丰富,没有民族精神力量的不断增强,一个国家、一个民族不可能屹立于世界民族之林。文化是刻印在民族血脉中的烙印,与中国人民的精气神息息相关,为绘制和描摹中国人民的精神世界图腾提供了先决条件,同时民族文化心理也会深刻影响其共有精神家园的模塑与构建。推进文化自信自强是建设好中华民族共有精神家园的核心主轴。[①]

博物馆不但是收藏展示文物的场所和文化殿堂,更是推进文化自信自强的教育阵地。为了满足人民过上美好生活的新期待,必须为人民提供丰富的高品质精神食粮。新时代,博物馆教育面临着新的发展机遇,需要发展社会主义先进文化,弘扬革命文化,传承中华优秀传统文化,在正本清源中实现历史与现实的统一,在守正创新中充分彰显人民性和时代性[②];博物馆需要将铸牢中华民族共同体意识贯穿博物馆教育中,于深化文化认同中汇聚民族力量,形成各民族同呼吸、共命运、心连心的强大精神纽带;博物馆需要更开放的视野、更宽广的胸襟、更包容的情怀去海纳百川,借鉴吸收各方优秀成果。博物馆作为传承历史文化和科学知识的阵地,"构筑中华民族共有精神家园"从来都不是抽象的理论演绎,而是具有鲜明目标指向的实践诠释。因此,博物馆教育应不断创新具有博物馆教育特色的新的方式、新的途径和新的举措。

---

① 高福进,杨世照. 推进文化自信自强,丰富人民精神世界[EB/OL]. (2022-11-20). https://www.whb.cn/zhuzhan/ztxyesd/20221120/496592.html.
② 高福进,杨世照. 推进文化自信自强,丰富人民精神世界[EB/OL]. (2022-11-20). https://www.whb.cn/zhuzhan/ztxyesd/20221120/496592.html.

二、社会发展和科技进步的需求

随着社会发展和科技进步，人与自然之间的和谐共处的理念，促使人们重新认识和思考人与自然的关系，人们意识到人类活动对自然的影响，意识到美好的环境需要人类的爱护。人们曾将自然视为社会发展的资源，将环境视为人类创造的生活空间。而博物馆教育长期以来重视对具体科学事实、科学知识的传播，重视对科学研究工作重大成果的宣传，发挥了传播科学知识的积极作用。科学素养的提升成为整个社会日益关注的话题，科学素养是指对科学研究及其成果的态度，对科学研究和科学知识在人类生活中的价值判断，是学习知识的意愿和投入，是将科学研究方法和科学知识运用于日常生活和工作的自觉程度，是寻求问题的解决办法时的思考路径。科学素养更多地体现在对科学研究和科学知识的态度和看法上。因此，新形势下自然科学类博物馆的社会教育要重视提高公众的科学素养，贯彻人与自然和谐共生的理念，帮助公众树立积极正确的自然观，懂得自然环境与文化环境是共生共融的，增长科学文化知识，正确认知事物的发展规律。

三、信息化时代的新需求

信息化时代，人们获取知识的途径更多元和便利，实体博物馆的优势逐渐削弱，虚拟博物馆、网络博物馆、线上博物馆等各种形式应运而生。就目前的社会现状而言，一方面社会生活节奏加快，人们更愿意将时间和精力投入自己感兴趣的事物中，没有空闲的精力和时间去参观一成不变的博物馆，另一方面，人们的选择范围变大，并不一定通过去实体博物馆来获取知识，通过其他途径也可以获取。面对信息化时代的新趋势，博物馆的数字化建设就显得极为重要。在数字时代，由于传播媒介和传播路径的拓展，博物馆可以通过数字化等形式突破时间和空间的局限，将馆内的文物在网络上形象化、具体化地展示出来，把每一件馆藏文物的历史背景及背后的故事用优美的语言讲述出来，加强与网友之间的互动交流，真正挖掘出每一件文物所蕴含的深层含义。对博物馆教育来说，数字化技术是手段，要将数字化技术与教育目标和教育内容有机结合起来，是当前及今后的时代命题。新时期，随着数字化技术日益先进和成熟，观众对文化生活、文化活动的便捷性、趣味性要求越来越高，博物馆如何利用好数字化技术进行传播和教育，是新时期面临的机遇和挑战。

四、博物馆自身发展需求

21世纪的中国，社会的发展使得人们对文化的需求日益呈现出多层次、多样化的特点，博物馆已成为文化、思想、学术交流碰撞的新空间，这就对博物馆教育的发展提出了新的要求，博物馆不能故步自封，不能仅仅依靠基本陈列和日常参观开展社会教育，而应当更主动、积极地构建新型文物价值传播体系，延伸博物馆的基本功能，契合现代博物馆的发展趋势，这也是博物馆自身发展的需要，也就表明博物馆要随着时代的变化做到与时俱进。

对馆藏文物进行"与时俱进"的阐释，探索陈列展览与社会教育的融合之路，也是新时期博物馆教育的内生需求。陈列展览是社会教育活动开展的基础，社会教育活动是对陈列展览的生动诠释。实际工作中，"展教"往往因陈列展览信息与教育人员获取的资料不对等，或因其他原因导致不能实现很好地融合。深入研究陈列展览，研究"展教"融合，为观众提供动态学习、参与体验的可能。加强活动开展与公众互动紧密结合，打破当前常规化、同质化的教育活动模式，多方面提升博物馆教育活动成为当今博物馆人需要不断探索、实践的使命新时代。中国综合国力的大幅提升为博物馆高质量发展提供了有力支撑。各级各类博物馆充分抓住国家战略布局带来的机遇，结合独特的政策、区位、文物等优势资源要素，不断扩大自身影响，吸引更多的文物资源，实现跨越发展。①

第二节　新形势下博物馆教育的新要求

一、青少年教育功能更加突出

未来的博物馆将更加注重开发青少年教育项目。早在 2015 年，国家文物局、教育部《关于加强文教结合、完善博物馆青少年教育功能的指导意见》明确提出，要按照"重参与、重过程、重体验"的教育理念，进一步突出博物馆教育特色，紧密结合国家课程、地方课程与学校课程，设计研发丰富多彩的博物馆青少年教育课程。博物馆教育课程可涵盖幼儿园、小学低年级、小学中高年级、初中、高中不同年龄段，明确每个课程的目标、体验内容、学习方式及评价办法。青少年是国家的希望和未来，突出青少年教育功能，是博物馆突出分众化教育的体现。过去博物馆更加注重成年人的参观，对青少年教育尚处于探索阶段，当下博物馆要注重青少年分众化教育，避免无差别的普适化教育方式。

各级各类博物馆要围绕青少年教育的需求，丰富博物馆教育内容，策划开展适合青少年学习和接受的陈列展览和教育活动，开发博物馆系列活动课程，充分挖掘博物馆教育资源，开发出适合青少年认知规律和教学需要的相关课程，并且在基本的课程中也可以融入博物馆教育内容。同时创新博物馆对青少年的教育方式，可以

---

① 翁淮南. 新发展理念下的中国博物馆发展趋势探析 [J]. 文博学刊，2020 (1)：60-67.

从创新博物馆学习方式、提升博物馆研学活动质量和纳入课后服务三个方面进行拓展。需要注意的是博物馆的教育形式，尤其是面对青少年这样的教育对象时，教育的形式必须有趣味性和互动性，这样才能增强学习者的学习效果，进而引导学生探索和思考。此外，应加强博物馆网络教育资源建设。博物馆要联合当地教育部门，利用数字信息技术建立网上博物馆资源平台和青少年教育资源库，通过远程教育终端系统、电视电台及其他网络视频互动系统进行传播，进一步扩大博物馆教育的覆盖面，切实增强博物馆教育的辐射力。

二、博物馆教育方式更加多元化

党和政府把充分发挥博物馆的教育作用和功能推到了前所未有的高度，同时也根据社会发展的需要，进一步制定了一系列政策措施，促进博物馆开发利用自身资源，建立馆校共建机制，与学校教育相结合，策划组织开展各类社会教育活动。通过考古发掘、陈列展示、学术研究，利用各种先进手段，不断创新展示、宣传、教育形式，充分让文物"活"起来。当下，大多数博物馆面向公众定期举办各类活动，如公益讲座、各类夏（冬）令营活动等，还有部分博物馆会提供一定的鉴定服务。尤其是随着社会对博物馆文化价值认识的普及，针对各年龄段学生的博物馆夏（冬）令营，成为家长和学生喜欢的新的学习方式。这种方式能让参与者近距离接触并了解博物馆藏品的文化内涵，通过沉浸式学习，掌握文物和博物馆相关知识，通过各类讲解培训和实践，全方位、多角度地提升参与者的文化积累、表达能力及心理素质。尤其是针对未成年开展的教育活动，博物馆讲解人员会用精准的语言把文物藏品的历史文化知识讲述出来，让未成年人受到更好的教育，提高历史文化修养和科学素养，陶冶情操，培育国家认同感和爱国主义精神。

随着时代的发展和公众对博物馆教育理解的日趋深入，博物馆教育被赋予了更多的时代使命，在传播知识之外开始承担起文化引领、产业支撑等多元任务。第一，博物馆教育在传播知识之外，还具有文化传承与保护、文化引领、建立文化自信等多元功能。第二，博物馆成为展示国家形象、发挥国家作用、提升国家话语权的重要途径。第三，博物馆具备支撑产业发展、传承产业文化、完善产业结构的作用，并以博物馆教育为途径向公众传播相关理念。由此可见，博物馆教育的目标、对象、形式，相较于以往均呈现出多元化趋势，在传播知识之余，与国家形象、社会文化、产业发展等多方面因素有了深度关联，在诸多方面和领域发挥了重要影响。

未来的博物馆教育，被赋予了更多的使命、责任和义务，这就决定了未来博物馆教育形式需要有更大的突破，不仅要吸引观众走进博物馆，使观众由被动走进博物馆参观转变为主动走进，成为一种自发自觉行为。博物馆教育方式更加多元和创新，不是仅停留在参观打卡的浅层面社会教育，也不是学校教育的翻版和二次"回炉",仍停留在"教"和"学"单一层面,更多的是通过跨界合作,扩大博物馆的影响力,如利用当前流行的微信、微博、抖音等新媒体平台积极开展宣传和引导,增加博物馆的正面曝光率,改变博物馆旧式的"养在深闺人未识",与各电视媒体合作,开发各种新的栏目和节目,由传承的纵向发展向传播的横向拓展。

博物馆拥有丰富的文化教育资源,这些资源是进行博物馆教育的最佳原料。博物馆的陈列展览也正是在这些文化资源的基础上开展的,以往的博物馆教育只注重陈列展览的设计策划,而缺少对博物馆文化资源的全面利用。在新形势下,公众对于博物馆教育的关注度越来越高,对于精神文化的需求愈演愈烈。博物馆教育必须要推动文化资源的发掘和诠释,立足博物馆丰富的资源开发形式多样的教育活动。各地博物馆要坚持"展教并重",策划适合中小学生的专题展览和教育活动,动员馆内策展人员及专家学者、社会力量参与博物馆教育资源开发。各地文物部门要指导博物馆设计适合进校园、下基层的流动展览和教育项目,利用青少年之家、乡村少年宫等,经常性组织开展参与面广、实践性强的博物馆教育活动。

三、博物馆教育主题应更加丰富

丰富教育主题是博物馆社会教育的重要部分。目前,博物馆教育存在主题比较单一、推出的教育内容老生常谈、对时代热点和群众关注的话题很少涉及等问题。教育活动单一、教育形式老套,不能满足社会公众对社会教育活动求新、求变的期望。快速发展的社会已经对个人的综合素质提出更高的要求。2020年国际博物馆日的主题"致力于平等的博物馆:多元和包容",鼓励博物馆拥有多样的观点,关注与个人、家庭、社区有密切关系的话题。[①] 博物馆教育如何组织策划好的新的教育项目,是每一个博物馆教育工作者必须要思考的问题。关键在于我们需要挖掘文物背后的故事及其精神文化内涵,立足于博物馆教育资源,从公众的需要出发,依据文物的不同文化意义开发丰富多彩的陈列展览和教育活动,积极与博物馆观众进行交流,使博物馆教育常变常新。

第三节 博物馆教育发展趋势

一、博物馆教育日益融入生活,聚焦人民文化需求

要让博物馆教育日益融入人们的生活。博物馆教育模式、展览展示、阐释传播

---

① 赵嘉玮.中国博物馆教育趋势研究[D].保定:河北大学,2021.

要顺应时代潮流，准确识变、科学应变、主动求变，创新方式和方法，拓宽视野和渠道，以高质量文化供给增强人民群众的文化获得感，丰富人们的精神世界。博物馆教育的受众是人民群众，博物馆教育要以人民为本，有针对性、分层次、分阶段满足不同群体的文化需求。博物馆教育只有逐渐融入人民群众日常生活，聚焦人民群众的文化需求，才能生根发芽，发展壮大。随着文旅深度融合，博物馆行业也和旅游行业逐步实现连接，博物馆教育日趋生活化和休闲化。我国实行博物馆免费开放以来，全民获得了前所未有的文化福利，博物馆从过去高不可攀的文化殿堂，逐渐走进百姓日常生活，成为群众文化生活的一部分。

随着免费开放政策的持续性和稳定性，国家继续加大对博物馆的投入，博物馆教育获得得长足发展。博物馆通过开展各种教育活动，不断丰富博物馆教育功能，主动提供进校园、进社区的服务，举办各种巡回展览、临时展览等，为全民终身学习提供便利条件。相比较过去博物馆"只可远观而不可亵玩"的橱窗式展示和庄重肃穆的氛围，博物馆教育也因此让人产生距离感、生硬感和高冷感，现代的博物馆教育形式应更加活泼和多元化，更加接地气，更加贴近百姓生活，让人感受到亲切感、生动感。由过去只能"看"和"听"的被动接收信息，转化为可以动手操作和亲身体验的氛围。博物馆教育形态更加自由、主动和开放，公众可以按照自己的意愿及喜好，有选择性地参与教育活动，可依据自己的能力和兴趣自主探索和体验，赋予观众更加愉悦的学习体验和更广泛的想象空间。

博物馆教育工作者需要进一步把握和运用文物合理利用的基本原则和方法，开展创新服务，使文物更好地融入生活、服务人民，同时，积极拓展文物对外交流平台，多渠道提升中华文化国际传播能力，努力实现从"听故事"到"讲好中国故事"再到"讲好中国与世界的故事"的转变。

二、博物馆教育融入时代需求和国家发展战略

让文物"活"起来是博物馆教育工作在新时代的一项新命题。据国家文物局的数据统计（截至2022年），我国拥有不可移动文物76.7万处，世界遗产56项，全国重点文物保护单位5058处，国家考古遗址公园36处，国家历史文化名城137座，我国博物馆数量5800余家[①]，并且还在不断增长。拥有如此丰厚的文化资源，如何让收藏在博物馆里的文物、陈列在广阔大地上的遗产、书写在古籍里的文字都活起来，成为新时期社会发展需求和文化大发展大繁荣的面临的挑战。

让文物"活"起来成为新时期加强文物价值的挖掘阐释和传播利用的根本遵循。党中央高度重视历史文化遗产的保护和传承工作，博物馆承担着实证阐释历史、引

---

① 李群撰文谈新时代文物工作：更好展示中华文明风采［EB/OL］．（2022-02-17）．https：//www.gov.cn/xinwen/2022-02/17/content_5674369.htm.

导价值取向、培育审美情趣的重大责任。让收藏在博物馆里的文物"活"起来，不能仅仅停留在文物的呈现形式层面，还要深入价值层面，在引导人们欣赏文物器型之美的同时，要把培育形成正确的历史观、价值观、文化观等放在突出位置，推介文物所蕴含的历史价值、文化价值、审美价值、科技价值和时代价值，这也是博物馆教育的时代责任。

让文物"活"起来，需要让博物馆里的文物"转"起来、"智"起来、"动"起来。"转"起来，即按照《中华人民共和国文物保护法》《博物馆条例》等有关规定，依法依规加大文物统筹协调力度，建立健全馆际文物交流合作机制，促进藏品借展和重要展览巡展常态化制度化，让更多的文物走出库房、走上展线。"智"起来，就是大力推进文物资源的数字化，运用大数据、云计算、人工智能等先进技术，建设智慧博物馆，实现文物信息资源开放共享。"动"起来，就是加速文物活化关键共性技术攻关，不断优化传播内容，丰富传播渠道，加强观众与文物互动，使古老文物在当代焕发新的活力。①"互联网＋中华文明"行动计划培育跨界融合发展新业态，云展览、云教育、云直播不断拓展博物馆文化服务辐射范围。从《国家宝藏》到《中国考古大会》，从《我在故宫修文物》到《假如国宝会说话》，文物在新时代与教育互动、与科技联姻、与创意嫁接、与旅游融合，不断满足人民对美好生活的向往。②。

这就要求博物馆教育工作者做好研究工作、提升学术能力，深入挖掘文物本身的故事和文物所属历史阶段的故事，在活态展示与创意传播中准确诠释中国人看待世界、看待社会、看待人生的独特价值观念。博物馆教育工作者只有深刻理解文物中蕴含的哲学思想、人文精神、价值理念和道德规范，才能准确提炼并展示中华优秀传统文化的精神标识，把文物承载的文化力量充分释放出来，推动中华优秀传统文化创造性转化、创新性发展，为实现中华民族伟大复兴中国梦提供不竭精神动力。

因此，博物馆教育要具备大视野和长远眼光，立足馆藏实际，紧盯国家发展战略，紧跟时代需求，放眼未来，具备更高、更宽、更长远的大视野，真正树立"百年树人"的教育理念。

三、创新数字化表达，构建博物馆教育元宇宙

元宇宙（metaverse）近来在互联网和科技领域极度流行，元宇宙是在一系列数字技术的加持下，构建出一个由现实世界映射或超越现实世界，并且可与现实世界交互的虚拟世界。与现实世界平行、反作用于现实世界、多种高技术综合，是未来元宇宙的三大特征。2022年3月26日来自全国50家博物馆、高校的60位馆长、学者

---

① 王春法．让文物活起来［N］．2020-12-30（9）．
② 李群撰文谈新时代文物工作：更好展示中华文明风采［EB/OL］．（2022-02-17）．https：//www.gov.cn/xinwen/2022-02/17/content_5674369.htm.

联名发布《关于博物馆积极参与建构元宇宙的倡议》，呼吁博物馆顺应时代发展，发挥自身优势，积极参与建构元宇宙。博物馆要充分认识到自身的资源优势，发挥研究、展陈、教育等功能特长，协同探索创建优质应用场景，在参与构建元宇宙中实现博物馆自身高质量发展。元宇宙技术有助于提升博物馆公共服务质量和效率，通过在展陈展览方式、教育服务模式等方面的数字化创新，以及对博物馆实体空间的数字化升级，为公众提供更好的公共文化产品和服务体验。[1]

总之，博物馆教育应树立大视野、宽口径和大教育理念，无论从服务国家战略、融入时代发展、满足人民群众日益增长的文化需求，还是从博物馆自身发展需要出发，博物馆教育应树立精品意识、品牌意识和学科意识。精品意识是博物馆教育的立足点和出发点，是博物馆教育的初心使命，只有博物馆教育质量提升，才能更好地满足社会公众的文化需求。品牌建设和品牌战略是博物馆教育功能的拓展，一座博物馆若没有自身的教育优势和特点，很难谈博物馆事业发展壮大，博物馆教育品牌建设和品牌战略是从不自觉到自觉、从无到有、从小到大、从弱到强、从中小博物馆到大博物馆，从博物馆人的自发探索到国家行业组织的肯定和推动，成为我国博物馆在新时代履行光荣使命、高质量发挥教育职能的重要支撑和一道亮丽的"风景线"。实践证明，博物馆教育树立品牌意识、实施品牌战略是明智之举。品牌是彰显博物馆教育特色和优势的最大法宝，是博物馆教育顺应时代发展赢得公众的重要手段，是博物馆教育自身可持续发展的有效载体，是博物馆与公众实现"双赢"的桥梁和纽带。[2] 博物馆教育还应树立学科意识，加强博物馆教育研究和人才培养，使这门新兴学科不断成长壮大，为博物馆事业发展服务，为博物馆建设服务，为社会培养更多人才。

---

[1] 杨燕，田丰. 博物馆元宇宙：穿越上下五千年的文化之旅 [J]. 科学教育与博物馆，2022（5）：35-44.

[2] 丁福利. 新时代博物馆教育高质量发展路在何方 [N]. 中国文物报，2021-12-07（5）.

　　《博物馆教育导论》是作者20多年长期从事博物馆教育工作的经验总结，并在实践基础上进行较为系统理论的思考的成果，既有一定的学术性和理论性，又对博物馆教育实践，尤其是讲解实务方面具有一定的指导性。

　　本教材的成功出版，首先感谢中南民族大学本科教材建设项目的资助和大力支持。其次，在本教材的编写过程中，湖北省博物馆社教部主任、研究馆员钱红不吝赐教，对本教材的编写提出了宝贵的指导意见。同时，中南民族大学文物与博物馆专业的庾华教授，也为本教材的编写给予了指导与帮助。此外，本专业的教师和学生们，也纷纷为本教材的编写群策群力。对此，一并深表谢意。

　　本教材由林毅红主撰，主要负责本教材的提纲目录、内容把关和全面统稿，同时，还邀请了文博专业的优秀研究生参与资料收集、文献整理和初稿部分章节的编写工作，具体分工为：徐书吟负责博物馆观众部分的编写，赵晓涵负责博物馆展览部分的编写，康思颖负责中外博物馆教育历史与现状部分的编写，漆佳旺负责博物馆讲解部分的编写，霍美君负责博物馆教育路径部分的编写，张泷负责博物馆未来展望部分的编写。